CONTAGEM REGRESSIVA: BIN LADEN

OUTRA OBRA DE CHRIS WALLACE

Contagem Regressiva 1945:
A Extraordinária História da Bomba Atômica
e os 116 Dias que Mudaram o Mundo

CONTAGEM REGRESSIVA: BIN LADEN

A VERDADEIRA HISTÓRIA DOS
247 DIAS DE CAÇADA AO
IDEALIZADOR DO 11 DE SETEMBRO

CHRIS WALLACE

COM MITCH WEISS

ALTA BOOKS
GRUPO EDITORIAL
Rio de Janeiro, 2023

Contagem Regressiva bin Laden

ISBN: 978-85-508-1844-3

Impresso no Brasil – 1ª Edição, 2023 – Edição revisada conforme o Acordo Ortográfico da Língua Portuguesa de 2009.

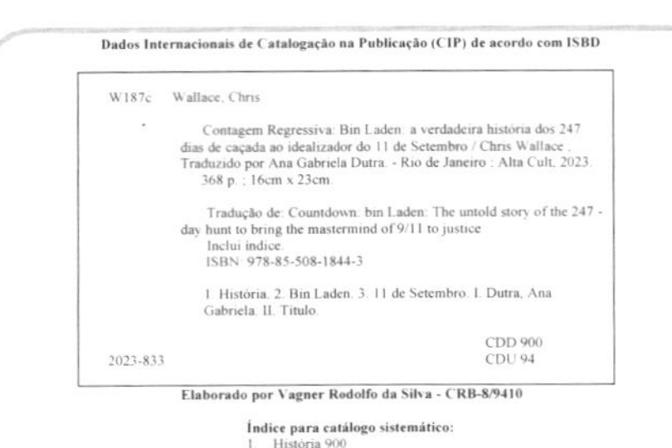
Dados Internacionais de Catalogação na Publicação (CIP) de acordo com ISBD

W187c Wallace, Chris

Contagem Regressiva: Bin Laden: a verdadeira história dos 247 dias de caçada ao idealizador do 11 de Setembro / Chris Wallace . Traduzido por Ana Gabriela Dutra. - Rio de Janeiro : Alta Cult, 2023.
368 p. ; 16cm x 23cm.

Tradução de: Countdown: bin Laden: The untold story of the 247 -day hunt to bring the mastermind of 9/11 to justice
Inclui índice.
ISBN: 978-85-508-1844-3

1. História. 2. Bin Laden. 3. 11 de Setembro. I. Dutra, Ana Gabriela. II. Título.

2023-833 CDD 900
CDU 94

Elaborado por Vagner Rodolfo da Silva - CRB-8/9410

Índice para catálogo sistemático:
1. História 900
2. História 94

Produção Editorial
Grupo Editorial Alta Books

Diretor Editorial
Anderson Vieira
anderson.vieira@altabooks.com.br

Editor
José Ruggeri
j.ruggeri@altabooks.com.br

Gerência Comercial
Claudio Lima
claudio@altabooks.com.br

Gerência Marketing
Andréa Guatiello
andrea@altabooks.com.br

Coordenação Comercial
Thiago Biaggi

Coordenação de Eventos
Viviane Paiva
comercial@altabooks.com.br

Coordenação ADM/Finc.
Solange Souza

Coordenação Logística
Waldir Rodrigues

Gestão de Pessoas
Jairo Araújo

Direitos Autorais
Raquel Porto
rights@altabooks.com.br

Assistente da Obra
Andreza Moraes
Marlon Souza

Produtores Editoriais
Illysabelle Trajano
Maria de Lourdes Borges
Paulo Gomes
Thales Silva
Thiê Alves

Equipe Comercial
Adenir Gomes
Ana Claudia Lima
Andrea Riccelli
Daiana Costa
Everson Sete
Kaique Luiz
Luana Santos
Maira Conceição
Nathasha Sales
Pablo Frazão

Equipe Editorial
Ana Clara Tambasco
Beatriz de Assis
Beatriz Frohe
Betânia Santos
Brenda Rodrigues
Caroline David
Erick Brandão
Elton Manhães
Gabriela Paiva
Gabriela Nataly
Henrique Waldez
Isabella Gibara
Karolayne Alves
Kelry Oliveira
Lorrahn Candido
Luana Maura
Marcelli Ferreira
Mariana Portugal
Matheus Mello
Milena Soares
Patricia Silvestre
Viviane Corrêa
Yasmin Sayonara

Marketing Editorial
Amanda Mucci
Ana Paula Ferreira
Beatriz Martins
Ellen Nascimento
Livia Carvalho
Guilherme Nunes
Thiago Brito

Atuaram na edição desta obra:

Tradução
Ana Gabriela Dutra

Copidesque
Bernardo Kallina

Revisão Gramatical
Caroline Costa e Silva
Hellen Suzuki

Projeto Gráfico | Diagramação
Rita Motta

Editora **afiliada à:**

ASSOCIADO CBL Câmara Brasileira do Livro

Rua Viúva Cláudio, 291 – Bairro Industrial do Jacaré
CEP: 20.970-031 – Rio de Janeiro (RJ)
Tels.: (21) 3278-8069 / 3278-8419
www.altabooks.com.br – altabooks@altabooks.com.br
Ouvidoria: ouvidoria@altabooks.com.br

Para William, Caroline, James, Sabine, Livi,
Jack, Teddy e meus futuros netos,
na esperança de encorajá-los a ler este livro um dia.

CONTAGEM REGRESSIVA:
247 DIAS

27 de agosto de 2010
Langley, Virgínia

Leon Panetta ficou sem palavras. Era quase perfeito demais. Um oficial de operações do alto escalão da Agência Central de Inteligência acabara de lhe contar sobre uma "fortaleza", uma casa de três andares no final de uma rua sem saída em um bairro luxuoso em Abbottabad, Paquistão. Panetta conteve uma onda de esperança e entusiasmo. Ele não queria compartilhar seu otimismo com mais ninguém na sala. Nem um sorriso. Nem um cumprimento. Ainda não.

Como diretor da CIA, uma das principais funções de Panetta era proteger os Estados Unidos de ataques terroristas estrangeiros. Isso significava supervisionar equipes de operadores, analistas e agentes trabalhando em diferentes partes do mundo, muitos deles em locais perigosos no Oriente Médio, no Sul da Ásia e na África. Todas as informações que chegavam à mesa de Panetta tinham que ser cuidadosamente verificadas antes que ele as passasse para seu chefe, o presidente Barack Obama. Mas era difícil não ficar entusiasmado com aquela pista. Afinal, a casa poderia ser o esconderijo do terrorista mais perigoso do mundo, um homem que praticamente desaparecera da face da terra: Osama bin Laden.

Panetta respirou fundo. Enquanto trabalhava para controlar as emoções, ele percebeu que muita coisa havia mudado rapidamente. Apenas meia hora antes, ele estava encerrando uma reunião de rotina. Todas as segundas, quartas e sextas-feiras, cerca de trinta analistas de inteligência, especialistas e agentes do Centro de Combate ao Terrorismo entravam em uma sala de conferências no mesmo corredor do escritório de Panetta, na sede da CIA, em Langley, Virgínia.

As reuniões começavam às 16h30 em ponto e duravam mais de noventa minutos. A equipe atualizava Panetta sobre as complicações no Oriente Médio, problemas que poderiam ameaçar a segurança dos Estados Unidos e seus aliados. Eles costumavam pular de um assunto para outro — e a reunião daquele dia não foi diferente. Eles mencionaram novos acontecimentos nas nações devastadas pela guerra do Iraque e do Afeganistão. Falaram sobre o perigoso papel que a notória organização terrorista Al-Qaeda ainda desempenhava em ambos os países.

Talvez por já ser tarde em uma sexta-feira dos últimos dias de verão, aquela reunião parecia durar uma eternidade. Então, quando terminou, os analistas, operadores e especialistas levantaram-se para sair da sala. Mas, enquanto pegavam suas pastas e documentos, três homens se aproximaram de Panetta, de Michael Morell, vice-diretor da CIA, e de Jeremy Bash, chefe de gabinete da agência de inteligência.

"Precisamos conversar a sós", disse-lhes Mike, diretor do Centro de Combate ao Terrorismo. Era uma atitude inusitada.

Pela frase e pelo tom de Mike, Panetta sentiu que havia algo errado. Geralmente, após uma reunião, as conversas eram iniciadas informalmente. Mas Mike e dois colegas respeitados — Gary, o chefe do Departamento Paquistão-Afeganistão (PAD), e Sam, o principal especialista em Al-Qaeda da agência — não aparentavam informalidade. Panetta percebeu pela expressão em seus rostos. Se *eles* solicitaram uma reunião privada, o assunto era importante.

"Vamos ao meu escritório", sugeriu Panetta.

O grupo o seguiu até o corredor. Após alguns passos, eles chegaram a uma das portas do escritório. Panetta a abriu, revelando uma sala maior, com revestimento de madeira escura e uma janela ampla, que se estendia pela parede do fundo, permitindo a entrada de luz natural. Do lado de fora, era possível avistar a floresta da Virgínia.

A mesa de Panetta estava encostada em uma das paredes. Acima dela, em uma moldura, havia uma velha bandeira norte-americana, pendurada ali por seu antecessor. A bandeira pertencia ao World Trade Center. Para Panetta, era como um lembrete diário do 11 de Setembro, das vítimas e da caçada a bin Laden. No lado oposto da sala, havia uma mesa de conferência, algumas cadeiras e uma televisão na parede. Era onde Panetta costumava fazer reuniões com dignitários e convidados estrangeiros. Mas, naquela tarde, ele faria uma reunião improvisada com os colegas.

Panetta sentou-se na ponta da mesa de conferência, enquanto Morell pegou sua cadeira habitual e se sentou do outro lado. Quando todos se acomodaram, os três homens não perderam tempo. Eles revelaram detalhes sobre um mensageiro que acreditavam ter laços estreitos com a Al-Qaeda.

"Encontramos esse cara chamado Abu Ahmed al-Kuwaiti", afirmou Mike.

Panetta deu de ombros, pois nunca tinha ouvido falar dele. Ao fitar Morell e Bash, percebeu que eles também não sabiam quem era. Então Mike, o agente Gary e o analista Sam se revezaram para falar sobre al-Kuwaiti — a nova pista que levou quase uma década para ser descoberta.

A busca começou logo após 11 de setembro de 2001 — o dia em que dezenove homens sequestraram quatro aviões e realizaram o pior ataque terrorista da história norte-americana. Os terroristas pilotaram dois dos aviões até as Torres Gêmeas do World Trade Center, em Nova York. O terceiro avião atingiu o Pentágono, nos arredores de Washington, D.C. E o quarto avião caiu em um campo em Shanksville, Pensilvânia. Ao todo, quase 3 mil pessoas foram mortas, incluindo as 2.606 que estavam no desabamento das Torres Gêmeas.

Os Estados Unidos logo rastrearam os ataques, atribuindo-os à Al-Qaeda, o grupo terrorista fundado por Osama bin Laden, um revolucionário islâmico barbudo, taciturno e armado que havia estabelecido campos de treinamento no Afeganistão, uma nação controlada por extremistas religiosos conhecidos como talibãs.

Horas após o desabamento das torres, o presidente George W. Bush fez um discurso televisionado e prometeu que os Estados Unidos atacariam a Al-Qaeda. Menos de um mês depois, uma coalizão liderada pelos EUA iniciou a Operação Liberdade Duradoura, uma ofensiva militar destinada a matar bin Laden e seus seguidores terroristas e derrubar o governo talibã, que apoiava e protegia a Al-Qaeda há anos.

Osama bin Laden, imagem estática de um vídeo de propaganda.

Com as forças da coalizão em campo, bin Laden e seus aliados fugiram para Tora Bora, uma remota área montanhosa no leste do Afeganistão, perto da fronteira com o Paquistão. As Forças Especiais dos EUA acreditavam que ele estava escondido em uma caverna e, após um confronto de cinco dias, ocuparam a região em dezembro de 2001. Mas, quando a poeira abaixou, bin Laden tinha escapado. Ele havia desaparecido.

Por nove anos, o líder da Al-Qaeda permaneceu uma figura elusiva, sempre fora do alcance de seus perseguidores. Ele estava no leste do Afeganistão? Talvez no Paquistão, planejando novos ataques? Ou na Arábia Saudita, onde nasceu? Ninguém sabia ao certo.

Mas, então, os EUA conseguiram uma pista de uma fonte improvável, explicou Gary.

Desde a invasão do Afeganistão, prisioneiros da Al-Qaeda eram interrogados na prisão da Marinha dos EUA na Baía de Guantánamo, em Cuba, e nas prisões secretas da CIA. Às vezes, para obter informações, eram usadas técnicas de interrogatório que muitos críticos chamavam de tortura, como afogamento simulado. Os interrogadores costumavam perguntar aos prisioneiros sobre os membros da Al-Qaeda que serviam como mensageiros.

Gary disse que os analistas acreditavam que bin Laden era esperto demais para deixar os comandantes da Al-Qaeda saberem onde era seu esconderijo. Então, se ele quisesse enviar mensagens, alguém tinha que transmiti-las — uma pessoa extremamente confiável.

Durante os interrogatórios, um nome continuava surgindo: Abu Ahmed al-Kuwaiti. Alguns prisioneiros afirmavam que ele era um mensageiro importante, que tinha laços estreitos com bin Laden. Mas outros minimizavam a sua importância.

Khalid Sheikh Mohammed (KSM), o arquiteto dos ataques do 11 de Setembro, foi submetido ao afogamento simulado 183 vezes. Os interrogadores certificavam-se de que ele estava em um "estado de submissão" antes de perguntar sobre al-Kuwaiti. KSM declarou que o conhecia, mas negou que al-Kuwaiti era um mensageiro, acrescentando que ele havia deixado a Al-Qaeda após o 11 de Setembro.

Mas KSM não sabia que a prisão estava grampeada. Então, quando ele voltou para a cela, os interrogadores o ouviram alertar os outros prisioneiros: não mencionem "o mensageiro". Outro proeminente membro da Al-Qaeda disse que não conhecia al-Kuwaiti e se dispôs a divulgar o nome de um mensageiro que, segundo ele, trabalhava para bin Laden. Mais tarde, os interrogadores concluíram que o nome era fictício. Gary disse que a desinformação apenas reforçou a crença de que al-Kuwaiti era importante para a organização terrorista. Caso contrário, por que seus membros o protegeriam?

Na opinião de Gary, se a CIA localizasse o homem conhecido como al-Kuwaiti, ele poderia revelar o paradeiro de bin Laden.

Gary olhou para Panetta, Morell e Bash, concluindo que eles estavam atentos a cada palavra. Ele explicou que em 2007, após anos de minuciosa investigação, a CIA descobriu o verdadeiro nome de al-Kuwaiti: Ibrahim Saeed Ahmed. Nascido no Kuwait e com cidadania paquistanesa, ele havia assumido seu nome de guerra ao se juntar à Al-Qaeda.

Com o verdadeiro sobrenome de al-Kuwaiti, os agentes da CIA foram capazes de rastrear pessoas próximas a ele no Paquistão e em outros países e interceptar seus telefonemas e e-mails. Eles procuraram qualquer informação, qualquer pista que pudesse levá-los a al-Kuwaiti.

Mas Gary explicou que todas as pistas foram inúteis — pelo menos até junho de 2010, apenas dois meses atrás, quando eles interceptaram um telefonema entre al-Kuwaiti e outro terrorista suspeito sob vigilância norte-americana. A partir desse telefonema, a CIA conseguiu o número do celular de Al-Kuwaiti e rastreou a ligação até Peshawar, uma grande cidade no oeste do Paquistão.

Embora tivesse seu número e monitorasse seus telefonemas, a CIA ainda não sabia onde al-Kuwaiti morava. Ele era astuto e rigorosamente cauteloso. Depois de ter feito um telefonema de Peshawar, ele desligou o celular e removeu a bateria para não ser rastreado.

No entendimento da CIA, al-Kuwaiti não morava em Peshawar. Mas, se fosse possível encontrá-lo em uma cidade de 2 milhões de pessoas, eles descobririam uma forma de segui-lo até sua casa. E foi o que aconteceu.

Em agosto, ao rastrear o sinal de seu celular, os agentes da CIA avistaram al-Kuwaiti dirigindo um Suzuki Jimny branco, um SUV compacto com a foto de um rinoceronte na capa do estepe traseiro. Mas, em vez de segui-lo, eles se posicionaram estrategicamente ao longo das estradas para Peshawar. Eles esperaram al-Kuwaiti passar; se não passasse, saberiam que ele havia optado por outro caminho. Então, na vez seguinte, haveria agentes nesses trajetos alternativos. Foi um processo lento e enfadonho, mas funcionou.

Por fim, os agentes o localizaram a 152km ao leste de Abbottabad, a sede de uma academia militar conhecida como a West Point do Paquistão. Com sua paisagem exuberante e sua proximidade com os Himalaias, a cidade era um popular resort de verão.

Com receio de que al-Kuwaiti os visse, os agentes não o seguiram até sua casa. Mas continuaram a monitorar seus telefonemas e logo descobriram que ele era muito reservado.

Durante uma ligação entre al-Kuwaiti e um velho amigo, outra peça do quebra-cabeça se encaixou. O amigo fez uma série de perguntas inofensivas: onde ele estava morando? Quais eram as novidades? Al-Kuwaiti deu respostas vagas. Quando o amigo perguntou sobre o trabalho, ele respondeu com relutância: "É o mesmo de antes."

Houve uma pausa, como se o amigo já soubesse o que significavam as palavras de al-Kuwait. Ele ainda trabalhava para a Al-Qaeda.

"Que Allah esteja com você", afirmou o amigo.

Nesse ponto, Gary disse que a vigilância da CIA decidiu avançar. Alguns dias depois, os agentes seguiram al-Kuwaiti até uma rua sem saída em um bairro luxuoso de Abbottabad. E lá estava — uma casa de três andares, com muros de quatro metros de altura na parte da frente e de seis metros de altura na parte de trás. A varanda do terceiro andar era cercada por paredes de dois metros. O perímetro era protegido por arame farpado. Era mais do que uma casa. "É uma fortaleza", disse Gary.

Panetta aguçou os ouvidos. Após todos aqueles anos, eles haviam encontrado o *verdadeiro* esconderijo de bin Laden? Ele morava mesmo nos subúrbios? O diretor da CIA estava perplexo.

Panetta era uma figura excêntrica, com toda aquela emotividade e gesticulação típicas de um italiano. Quando achava algo engraçado, ele gargalhava. Ao encontrar os amigos, gostava de cumprimentá-los com um grande abraço. Panetta, figura importante no mundo de Washington, era um burocrata perspicaz e muito eficiente. Ele era a pessoa mais prestigiosa de Washington, D.C., com amigos em ambos os partidos. Ao longo dos anos, Panetta havia sido um congressista influente, chefe de gabinete do presidente Bill Clinton e agora diretor da CIA no governo do presidente Obama. Ele nunca foi alvo de escândalos. E, sendo um tanto impetuoso, jamais lhe faltavam palavras, especialmente palavrões. Mas, naquele momento, ele não sabia o que dizer. Era algo totalmente inesperado.

Enquanto Panetta pensava nas possibilidades, Gary pegou imagens de satélite do complexo e entregou-lhes as cópias. Conforme analisavam as imagens, os oficiais lhes deram mais informações.

Al-Kuwaiti morava no complexo, que era muito maior do que as casas vizinhas. Era tão grande, isolado e seguro que achavam que ele abrigava um alvo de grande valor, mas não tinham certeza. Não era possível avistar o interior da casa. Os vidros das janelas eram opacos.

De todos os detalhes nas imagens, a varanda no terceiro andar, protegida por paredes, foi o que mais chamou a atenção de Panetta. Uma varanda deveria ser externa, proporcionando a vista da paisagem. Sobretudo em Abbottabad, chamada de Cidade dos Pinheiros por causa da abundância de árvores.

Imagem de satélite da CIA — complexo em Abbottabad, Paquistão.

"Quem constrói paredes em volta de uma varanda?", questionou Panetta. Mas ele já sabia a resposta. Assim como Morell, seu vice-diretor, que, na maioria das vezes, sentava-se do outro lado da mesa de conferência para observar discretamente a reação da equipe aos comentários do diretor. A informação apresentada causou arrepios em Morell. Ninguém verbalizou o óbvio — o nome nunca foi mencionado. Mas todos pensaram a mesma coisa: as paredes foram erguidas para proteger alguém muito importante. Talvez alguém como bin Laden.

Panetta não queria se precipitar. Sim, era um complexo, mas e daí? Não significava que bin Laden morava lá. Poderia ser outro terrorista de grande valor ou um líder criminoso. Será? Eles necessitavam de provas. O complexo ficava no Paquistão, uma nação soberana e, sendo assim, não podiam simplesmente bater na porta. Não, eles precisavam ter certeza antes de agir.

E havia algo mais. Apenas dois meses antes, Panetta havia sido pressionado na ABC News a respeito de bin Laden. O que os EUA estavam fazendo para encontrá-lo? Panetta explicou que a última vez que a CIA teve "informações precisas" foi "no início dos anos 2000".

"Como é evidente, bin Laden tem se escondido muito bem. Ele está nas áreas tribais do Paquistão. Provavelmente, é a região mais complexa do mundo", afirmou. "Acreditamos que, se mantivermos a pressão, ele aparecerá."

Se bin Laden estava na fortaleza de Abbottabad, a CIA se equivocara desde o início, pensou Panetta. Ele não se renderia ao pessimismo. Havia essa nova pista, a melhor em muito tempo. E, por mais que quisesse alertar o presidente Obama, ele sabia que precisava esperar. Era necessário cavar mais fundo, olhar mais de perto.

"Precisamos saber mais, muito mais", disse Panetta. "Isso requer uma investigação aprofundada. Quero que todos os caminhos possíveis para entrar no complexo sejam explorados."

Mas Panetta sabia que seria mais fácil falar do que fazer.

CONTAGEM REGRESSIVA:
236 DIAS

7 de setembro de 2010
Virginia Beach, Virgínia

Robert O'Neill riscou o último item de sua lista. Ele havia feito uma procuração, atualizando seu testamento e seguro de vida. Faltavam algumas semanas para sua missão no Afeganistão, mas ele sabia que nunca era cedo demais para cuidar desses assuntos.

O'Neill era detalhista em todos os aspectos de sua vida. Se fizesse as coisas do jeito certo e se esforçasse, poderia lidar com qualquer situação.

Até então, havia funcionado. Com 33 anos de idade, ele estava nas Forças de Operações Especiais da Marinha dos EUA há quinze anos, sendo um membro antigo da unidade de elite. Claro, ele não era tão jovem quanto os novatos que haviam acabado de completar o intenso treinamento dos SEALs, mas isso não importava. Ele ainda acompanhava o ritmo. Além disso, não aparentava a idade que tinha. E era durão.

O'Neill media 1,82m, pesava 90kg e tinha o peito largo e as pernas e braços fortes característicos da maioria dos SEALs, mas seus olhos azuis e cabelos loiros acobreados lhe conferiam um charme jovial. Ele era extrovertido, engraçado e carismático, um líder nato.

Essas características seriam úteis em sua próxima missão. Ele voltaria para o Afeganistão, dessa vez como um líder de equipe. Provavelmente passaria a maior parte do tempo em uma base em Jalalabad, monitorando missões em vez de caçar criminosos no meio da noite. Após anos de operações arriscadas, talvez não fosse algo tão ruim. Mas O'Neill sabia que sentiria falta da ação.

Ele se recostou na cadeira e suspirou. Já era tarde. A esposa e as filhas dormiam no quarto ao lado. Ele havia chegado a um ponto em que se despedir delas se tornara rotina. Era o seu sétimo destacamento em cinco anos. Quando se alistou, em 1995, nunca tinha ouvido falar de bin Laden ou Al-Qaeda. Afeganistão? Não foi onde Sylvester Stallone lutou contra os bandidos em *Rambo III*?

O'Neill considerava-se um garoto simples de Butte, Montana, uma cidade mineradora à sombra das Montanhas Rochosas. Seus pais se divorciaram quando ele tinha seis anos. As quatro crianças passaram a viver com a mãe e desfrutaram de uma infância idílica, brincando ao ar livre com os amigos do bairro. Eles imitavam cenas de filmes de ação dos anos 1980, emboscando uns aos outros com armas de brinquedo, saltando de telhados como guerreiros ninjas que perseguiam vilões.

Seu pai, Tom, morava perto e passava o máximo de tempo possível com os filhos. A escola primária tinha uma cesta de basquete na parte externa, e Rob ficava lá por horas, fazendo arremessos e lances livres. O pai encorajava seu interesse pelo esporte. Durante a temporada de basquete, Tom buscava o filho na escola e o levava a um clube no centro de Butte, onde o ensinava a driblar, arremessar e passar. Eles treinavam bandejas e jogavam com outros membros, sempre finalizando com uma disputa de lances livres.

Ninguém podia sair da quadra até acertar uma sequência de arremessos. No começo, eram vinte. Fácil. Então eles aumentaram, até que Rob bateu um recorde de 105 lances livres seguidos. Depois do treino, pai e filho saíam para comer bifes. Posteriormente, o jovem Rob garantiu uma vaga no time de basquete do ensino médio.

Como muitos pais de Montana, Tom O'Neill também levava seu filho para caçar cervos e alces nas montanhas íngremes ao redor de Butte. Em uma viagem de caça em 1994, logo após o aniversário de dezoito anos de Rob, o pai o apresentou a Jim, um SEAL da Marinha que estava de licença.

Rob ficou impressionado com a confiança de Jim. Naquela semana, um amigo o levou até as montanhas, e ele passou três dias lá, rastreando cervos e alces para a temporada de caça. Ele havia encontrado um ótimo lugar, um "esconderijo", disse, convidando Rob para conhecer o ponto de observação.

No dia seguinte, antes do amanhecer, eles dirigiram até as montanhas e estacionaram em uma área isolada, distante da estrada. "Agora vamos ter que caminhar", declarou Jim. "É uma subida de quase 2km. Você acha que consegue?" Rob não hesitou.

Era uma subida íngreme, em meio à mata fechada. Rob teve que se esforçar muito. Seus pulmões queimavam, mas ele se recusava a desistir.

Ao atingir o pico, eles avistaram cerca de quarenta alces, mas não atiraram em nenhum. Rob tentava não ofegar.

"Foi uma subida e tanto", afirmou Jim. "Você deveria se juntar aos SEALs, O'Neill."

Rob sorriu, lisonjeado. Mas não estava pronto para se alistar. Ainda.

Ao se formar no ensino médio, Rob se matriculou na Universidade Tecnológica de Montana. Após alguns semestres, ele percebeu que queria algo mais, então seguiu o conselho de Jim e se alistou na Marinha dos EUA. Ele desejava se tornar um SEAL. Mas, antes que pudesse se qualificar para um teste com os operadores especiais da Marinha, precisava aprender a nadar. Até aquele momento, não havia sido uma necessidade. Ele passou a maior parte do tempo em terra. Não era como se vivesse perto de um oceano ou de um grande lago.

O'Neill solicitou o adiamento de incorporação, o que lhe deu seis meses para entrar em forma antes de se apresentar no campo de treinamento. Todas as manhãs, ele nadava na piscina da faculdade comunitária, enfrentando dificuldades até encontrar um amigo do ensino médio que havia ganhado uma bolsa de natação na Universidade de Notre Dame. O amigo o orientou e mostrou-lhe técnicas básicas.

O'Neill logo entrou em uma rotina. Ele nadava, então vestia calças esportivas e corria em volta da cidade. Em casa, exercitava-se em uma barra fixa instalada na porta. Para se motivar durante as repetições, ouvia *Your Illusion*, do Guns N' Roses, no último volume. Ele sentia que estava mais forte. O pai tinha orgulho dele, e a mãe apoiava sua decisão.

Em uma noite fria de janeiro de 1996, toda a família se reuniu no aeroporto Bert Mooney, em Butte, a fim de vê-lo partir. Mas O'Neill se perguntava se sobreviveria ao treinamento dos SEALs. Ele estava muito ansioso quando chegou ao Comando de Treinamento de Recrutas da Base Naval Great Lakes, em Chicago.

Ele sabia todos os passos necessários para entrar e se formar no treinamento de Demolição Subaquática Básica/SEAL, ou BUD/S. Primeiro, O'Neill teve que fazer um difícil teste de aptidão física apenas para se qualificar, sendo um dos poucos recrutas de sua turma a atingir pontuação máxima. Então, ele iniciou o teste de 26 semanas dos SEALs. Nada poderia tê-lo preparado para o inferno físico e mental que se seguiu. As semanas passaram em um borrão de corrida, natação, calistenia, circuito de obstáculos, treinamento teórico e berros dos instrutores sempre que ele falhava.

Em certos momentos, O'Neill ficava tão abatido e cansado que sentia vontade de desistir. Mas algo lhe dizia para continuar, pois desistir estava fora de cogitação. Nem mesmo na Semana Infernal — um caos ininterrupto de 120 horas excruciantes, em que os instrutores levavam os recrutas ao limite, vinte horas por dia, sem poder dormir. Os instrutores gritavam ordens: fazer flexões na areia; correr; rastejar pelas dunas; pular de cabeça na água, totalmente vestido. E assim por diante. O'Neill delirava, sentia frio, cansaço, dores.

Mas, novamente, conseguiu. No final de 1996, O'Neill se formou no BUD/S como um agente de operações especiais, juntando-se ao SEAL Team 2, em Virginia Beach. Ele passou nos exames finais, prendeu a famosa insígnia dourada na lapela e foi enviado para o Kosovo.

Os SEALs não participavam de uma ação real desde a invasão do Panamá, em 1989. Mas isso mudaria em breve. A equipe de O'Neill estava na Alemanha. Certa tarde, enquanto assistia à CNN em um bar de soldados, ele viu um avião colidir com uma das torres do World Trade Center, em Nova York. Perplexos, todos ficaram em silêncio quando outro avião atingiu a segunda torre. "Osama bin Laden", disse alguém. "É a Al-Qaeda. Estamos sob ataque."

Rob O'Neill.

O'Neill sentiu sua vida mudar em instantes — terrorismo em solo norte-americano. Ele estava ansioso para entrar na luta. Rezou pela chance de encontrar bin Laden e levá-lo à justiça. Passariam anos até que ele se juntasse à batalha. Mas, ao longo do caminho, tomou providências para garantir que estaria no meio da ação.

Após a Alemanha, O'Neill foi enviado para o Mediterrâneo, onde nada acontecia. Ele se candidatou ao United States Naval Special Warfare Development Group (DEVGRU) — mais conhecido como SEAL Team 6, a unidade de elite que participava das missões mais difíceis e perigosas.

Quando retornou à Virgínia em 2004, O'Neill foi chamado para o Green Team, a seleção e o treinamento de nove meses para integrar o SEAL Team 6. Ele sabia que, se passasse pelo treinamento, seria convocado por um dos seis esquadrões da equipe.

Todos os candidatos eram SEALs experientes. Os instrutores sabiam que o aspecto físico estava garantido. Portanto, parte do treinamento se concentrava na "aptidão psicológica" — a capacidade de reagir em situações extremas, sob as condições mais severas possíveis. Eles queriam descobrir se os candidatos conseguiriam se virar sozinhos, presos atrás das linhas inimigas, sendo perseguidos por insurgentes armados. O'Neill também aprendeu técnicas complexas e perigosas de paraquedismo, treinou para combates a curta distância e praticou a entrada em edifícios ocupados por inimigos armados e hostis, muitas vezes dificultada pela presença de civis desarmados. O'Neill prosperou e, após nove meses, foi aprovado. Ele seria enviado para o Iraque ou, talvez, Afeganistão.

Enquanto O'Neill aguardava a convocação, Kelley, sua irmã mais nova, telefonou para pedir conselhos. Ela havia terminado um relacionamento ruim e queria recomeçar em algum lugar longe de Butte. O'Neill tirou alguns dias de folga, voou para Montana, consertou o carro de sua irmã e, 36 horas depois, eles estavam de volta a Virginia Beach.

Kelley se mudou para a casa do irmão e encontrou trabalho em um bar esportivo local. Quando foi ao bar, O'Neill conheceu uma garçonete loira chamada Amber. Eles se casaram um ano e meio depois, pouco antes de ele ser enviado para o Afeganistão em abril de 2005. Foi a primeira missão de O'Neill em uma zona de guerra, mas não seria a última. Em conflito com duas nações, os EUA estavam com poucas tropas, então, assim que terminava uma missão, O'Neill era designado para outra.

Durante vários destacamentos, o SEAL Team 6 estava no meio da ação. Ao longo desse tempo, O'Neill participou de centenas de missões, atacando posições estratégicas suspeitas da Al-Qaeda. Ele aprendeu a lutar no escuro, usando óculos de visão noturna para caçar os criminosos. O'Neill descobriu que o combate não era tão ruim quanto temia. Ele era capaz de se manter firme e tomar decisões críticas no meio de tiroteios.

E essa capacidade foi útil no início de junho de 2008, quando O'Neill liderou uma perigosa missão com sua pequena equipe em uma remota área montanhosa perto da fronteira com o Paquistão. Relatórios da Inteligência mostraram que os insurgentes atravessavam até o Afeganistão e atingiam alvos perto de Asadabad, um ínfimo pontinho no fundo do vale. Os combatentes eram liderados por Zabit Jalil, um líder talibã que orquestrou uma emboscada mortal para uma equipe de reconhecimento dos SEALs em junho de 2005.

O'Neill planejou cuidadosamente a missão: durante a noite, helicópteros o levariam, junto a três outros SEALs e quarenta soldados afegãos, até o sopé de uma montanha. Então, antes do amanhecer, eles caminhariam até o topo, onde teriam uma visão clara da fronteira. O'Neill esperava que os insurgentes os vissem e atacassem. Assim que o fizessem, a equipe chamaria a artilharia e o apoio aéreo para derrotar o inimigo.

Mas as coisas não saíram como planejado. Assim que o sol nasceu, O'Neill percebeu uma movimentação em um posto de controle improvisado no lado paquistanês da fronteira, a cerca de oitocentos metros de sua posição. À medida que a manhã passava, ele avistava caminhões se aproximando do posto de controle. O'Neill balançou a cabeça, incrédulo. Eles estavam no meio de uma rota de abastecimento da Al-Qaeda e do Talibã. Então, sem aviso, centenas de tropas hostis atacaram. O'Neill logo constatou que os insurgentes estavam próximos de seu esquadrão. Quão próximos? Ele não sabia a distância exata. Mas estavam tão perto que podia ouvi-los gritando *Allahu Akbar* — "Allah é maior".

Os disparos inimigos levantavam poeira na frente dele. A certa altura, O'Neill pensou que ia morrer. Mas manteve a calma e ordenou ataques aéreos. Quando as bombas caíram, os insurgentes fugiram para o posto de controle. O'Neill sabia que eles achavam estar seguros no

Paquistão. Mas ele era implacável. Ordenou que bombardeiros norte-americanos atacassem a área. Quando o fizeram, tudo ao redor do posto de controle foi destruído.

Os tiros cessaram, e então dois helicópteros buscaram a equipe de O'Neill. Mais tarde, ele descobriria que Jalil havia ficado gravemente ferido. Foi o pior combate que O'Neill enfrentou. Ele tentava não pensar a respeito, mas era algo difícil de esquecer.

De volta aos EUA, O'Neill recebeu a Estrela de Prata. Ele levou os pais à cerimônia. Foi um momento de orgulho. Desde o início, quando o filho ingressou na Marinha, sua mãe tinha medo de que ele fosse morto ou ficasse ferido. Ele a confortava, dizendo: "Mãe, não se preocupe. Estou aqui para fazer algo especial."

Mas na cerimônia, ao ouvir os detalhes da missão, sua mãe ficou mais preocupada do que nunca e entrou em desespero. O perigo era maior do que ela imaginava. Então, para acalmá-la, ele prometeu que se manteria seguro: "Nunca mais vou ganhar outra Estrela de Prata. Esta é a última vez."

Naquela noite, porém, sentado em sua sala de estar, O'Neill sabia que seria difícil evitar problemas. Quase uma década depois que a coalizão liderada pelos EUA invadiu o Afeganistão, o país continuava um caos. O Talibã ressurgia no sul, e os combatentes da Al-Qaeda atravessavam a fronteira a partir de abrigos seguros no Paquistão. Durante o destacamento, entrar em ação era algo improvável, mas ele também não podia descartar essa hipótese. Não quando os SEALs ainda caçavam alvos de grande valor. O'Neill suspirou, desejando que não tivesse feito aquela promessa à mãe.

CONTAGEM REGRESSIVA:
233 DIAS

10 de setembro de 2010
Washington, D.C.

O presidente Obama aguardava Panetta no Salão Oval. O diretor da CIA havia solicitado uma reunião devido a um avanço importante na busca por Osama bin Laden. Obama se perguntava o que Panetta queria compartilhar. Mesmo com a melhor tecnologia do mundo — os equipamentos de rastreamento mais sofisticados —, ele sabia que as pistas haviam esfriado.

Sete membros da equipe de Segurança Nacional, incluindo Tom Donilon, vice-conselheiro de Segurança Nacional, e John Brennan, chefe de contraterrorismo da Casa Branca, esperavam junto ao presidente no recém-redecorado Salão Oval. Um papel de parede listrado, com tons de bege, tinha acabado de ser colocado, junto com um par de novos sofás caramelo e almofadas pretas e marrons, deixando o ambiente com um ar mais informal do que na gestão anterior.

Com retratos de Abraham Lincoln e George Washington nas paredes, o Salão Oval era um lugar confortável para Obama realizar reuniões detalhadas com os principais conselheiros, bem como para ler ou pensar em questões importantes. E bin Laden era um assunto que martelava sua mente — sobretudo um dia antes do nono aniversário do 11 de Setembro.

No início do dia, em uma coletiva de imprensa no Salão Leste, Obama pretendia se concentrar em questões econômicas. Fileiras de repórteres aguardavam quando o presidente foi até o púlpito com o selo presidencial. Antes de responder às perguntas, ele explicou que queria "falar um pouco sobre os esforços contínuos para superar a recessão e fortalecer a economia".

Mas, assim que terminou, as primeiras perguntas foram sobre bin Laden. Um repórter mencionou que Obama havia prometido "conduzir uma guerra ao terror de forma mais inteligente" do que Bush. "Mas você ainda não capturou bin Laden e parece não saber onde ele está", disse.

Obama tentou desviar do assunto, esclarecendo que matar bin Laden "não resolveria todos os problemas". Mas garantiu que o objetivo ainda era "uma alta prioridade desta gestão".

"Temos as melhores mentes, os melhores oficiais de inteligência, as melhores forças especiais, que pensam nisso dia e noite. E eles continuarão a fazê-lo enquanto eu for presidente", afirmou.

Porém Obama não revelou que, há mais de um ano, pressionava Panetta para encontrar bin Laden. O público não sabia que levar o líder terrorista à justiça era uma das principais prioridades do presidente. Para muitos, parecia ser algo contrário à sua imagem pública. Várias pessoas acreditavam que Obama era pacifista. Ele não era. A percepção equivocada poderia ser atribuída a um discurso que Obama fez anos antes em um protesto antiguerra.

Depois que os EUA expulsaram o Talibã e a Al-Qaeda do poder no Afeganistão, o presidente Bush começou a defender a invasão do Iraque. Mas Obama, então senador de Illinois, decidiu se pronunciar. Em um protesto de outubro de 2002 na Federal Plaza, em Chicago, ele evidenciou sua opinião. "Eu não me oponho a todas as guerras, mas, sim, a uma guerra estúpida." Obama disse que o conflito do Iraque era incentivado por "interesses políticos" para distrair a nação de grandes problemas. O texto do discurso circulou na internet, chamando a atenção dos estrategistas do Partido Democrata.

No entanto, as pessoas que consideravam Obama um tipo de ativista antiguerra ponderado não estavam prestando atenção. Durante a campanha presidencial de 2008, ele defendeu uma política externa radical. Nas primárias presidenciais do Partido Democrata, Obama revelou que estaria disposto a entrar no Paquistão — com ou sem a aprovação do governo paquistanês — para matar bin Laden e outros líderes da Al--Qaeda. Hillary Rodham Clinton, sua principal adversária à nomeação democrata, chamou Obama de ingênuo. Depois que ele conseguiu a nomeação do partido, John McCain, o candidato presidencial republicano, fez ataques semelhantes aos de Clinton.

Mas Obama não recuou. Durante um debate com McCain, ele reiterou que bin Laden morreria se aparecesse na mira dos EUA, onde quer que estivesse — Afeganistão, Paquistão ou Timbuktu.

Obama prometeu: "Se encontrarmos Osama bin Laden e o governo paquistanês não estiver disposto a lidar com isso, os Estados Unidos o farão." Mas ele não tinha concluído. Não, Obama queria esclarecer sua intenção para o povo norte-americano: "Mataremos bin Laden; destruiremos a Al-Qaeda. Essa será a maior prioridade de segurança nacional."

Tal declaração combinava mais com um belicista do que com um candidato que se promovia como embaixador da esperança e do otimismo. Então, quando Obama foi eleito, alguns se perguntaram se ele realmente cumpriria a promessa de capturar bin Laden. Seus principais conselheiros não tiveram que esperar muito tempo por uma resposta.

Após sua posse, em janeiro de 2009, Obama logo descobriu que ninguém sabia onde bin Laden estava escondido. Sim, a comunidade de inteligência ainda perseguia todas as pistas encontradas. Mas, na opinião de Obama, capturar o líder terrorista não parecia mais uma prioridade. Então, o novo presidente quis impulsionar sua equipe. Em 26 de maio de 2009, após uma reunião de segurança nacional, Obama solicitou um encontro com quatro autoridades: Panetta, Donilon, Rahm Emanuel (chefe de gabinete da Casa Branca) e Michael Leiter (diretor do Centro Nacional de Contraterrorismo). Eles seguiram o presidente por um lance de escadas, saindo da Sala de Crise, no porão da Ala Oeste, e indo até o Salão Oval.

Obama disse que seria breve. Agora que havia se estabelecido na presidência, ele queria que a comunidade de inteligência priorizasse novamente a caçada a bin Laden. Era hora de eliminar o terrorista fugitivo.

"Osama bin Laden tem que ser o primeiro da fila. Precisa ser prioridade. Quero relatórios regulares. Começando em trinta dias", exigiu.

Obama sabia que os EUA — mesmo com sua poderosa força militar — não conseguiriam derrotar a Al-Qaeda enquanto bin Laden estivesse vivo. Ele ainda era o líder espiritual da organização terrorista, uma figura divina. Quando todos achavam que estava morto, ele aparecia em um novo vídeo, com uma jaqueta camuflada por cima do manto branco, segurando sua fiel AK-47 e proferindo mensagens antiamericanas por trás da espessa barba grisalha. A cada vídeo lançado, a cada desprezo aos EUA, ele conquistava mais seguidores.

Presidente Barack Obama no Salão Oval com
Bill Daley, chefe de gabinete da Casa Branca, e Audrey Tomason,
diretora de contraterrorismo do Conselho de Segurança Nacional.

A fim de prosseguir com sua exigência, Obama enviou um memorando a Panetta, dando-lhe trinta dias para elaborar um detalhado plano de busca e ataque a bin Laden. E Panetta começou a se encontrar com sua equipe toda terça-feira, às 16h30, requerendo novas pistas. Após cada reunião de segurança nacional, o presidente se dirigia a ele, questionando: “Estamos mais perto?” Mas Panetta nunca tinha novidades.

Essa situação estava prestes a mudar. Panetta entrou no Salão Oval com Morell, Mike, Gary e Sam. Eles sentaram-se nos sofás e cumprimentaram os presentes. O diretor da CIA estava preparado. Ele havia passado os últimos dias revisando todos os relatórios de inteligência e imagens de satélite relevantes. Havia discutido a informação com a equipe até que a fortaleza de bin Laden habitasse seus pesadelos.

Panetta disse ao presidente e aos membros da Segurança Nacional que eles haviam localizado alguém “que costumava ser — e ainda poderia ser — um dos mensageiros de bin Laden” em uma casa em Abbottabad, Paquistão. “Se for o caso, temos esperança de que ele nos leve a bin Laden.” Gary e Sam distribuíram imagens de satélite do complexo para todos na sala.

Enquanto Obama analisava as imagens, Gary e Sam explicaram os detalhes de sua pista ao comandante-chefe, da mesma forma que fizeram semanas antes, no escritório de Panetta. Nos dias que antecederam essa reunião, Gary e Sam trabalharam por quinze horas, escrevendo e ensaiando o que diriam, escolhendo as palavras certas e destacando os pontos importantes. Eles entregaram o relatório a Panetta, depois voltaram para o escritório, editaram a apresentação e praticaram novamente. Eles tinham sete minutos para explicar a Obama o que haviam encontrado.

Então, seguindo o roteiro, eles falaram sobre o interesse da CIA por mensageiros, explicando por que acreditavam ser uma forma de rastrear bin Laden. Eles descreveram o complexo e mencionaram algumas informações recentes, esclarecendo que o mensageiro, seu irmão e seus familiares viviam na fortaleza. Os irmãos eram altos, de pele clara e barbudos, semelhantes a todos na vizinhança. Ninguém sabia qual era o trabalho deles. Os familiares quase nunca saíam. Não frequentavam a escola religiosa local. Não iam ao médico. E não havia indícios de internet ou linhas telefônicas na propriedade.

A divisão do complexo dificultava a movimentação de uma parte para a outra. Até mesmo acessar o local era um desafio. Era preciso entrar por um portão, sair do carro, fechar o portão e abrir um segundo portão para chegar à parte principal do complexo. Mesmo que não tivessem meios aparentes de subsistência, os irmãos haviam comprado a propriedade de US$1 milhão. A vigilância constatou que um deles sempre permanecia na fortaleza. Se um saísse, o outro ficava. As pessoas da casa não colocavam o lixo para fora como o restante da vizinhança. Em vez disso, elas o queimavam em um amplo quintal onde as cabras pastavam. Por meio de interceptações telefônicas, a equipe de inteligência descobriu que as esposas dos irmãos mentiam para suas famílias sobre onde moravam.

Algo acontecia lá. Após expor tudo o que sabiam, os agentes da CIA disseram que havia uma possibilidade de os irmãos estarem abrigando bin Laden.

Panetta entrou em cena: "Sr. Presidente, ainda é cedo para termos certeza, mas achamos que é a melhor pista desde Tora Bora."

Silêncio. Ninguém queria expressar o que realmente estava pensando. Tony Blinken, conselheiro de Segurança Nacional do vice-presidente Joe Biden, estava cético. Sim, eles não teriam revelado essas informações ao presidente se não houvesse indícios. Mas, ao longo dos anos, foram tantas pistas falsas que era difícil levar a sério. Donilon estava impressionado. Panetta e sua equipe foram "bastante cautelosos" sobre o que sabiam. Talvez fosse uma pista promissora.

Obama, como sempre, não demonstrou emoção. Ele estava calmo e claramente interessado, mas, em sua opinião, havia muitos "talvez". E se os irmãos estivessem protegendo um criminoso poderoso? Talvez um outro membro de alto escalão da Al-Qaeda.

A expressão impassível de Obama não incomodou Morell. Sua longa experiência com o presidente já lhe havia ensinado que ele não berrava ordens nem deixava escapar seus pensamentos. Geralmente, refletia muito antes de tomar uma decisão. Mas naquele dia, sentado em sua mesa, Obama surpreendeu Morell. O presidente foi muito direto e claro.

"Primeiro: Leon e Michael, descubram o que está acontecendo dentro do complexo. Segundo: não revelem essas informações a mais ninguém. Só nós saberemos. Não contem ao secretário de Estado. Não contem ao secretário de Defesa. Não contem ao chefe do Estado-maior Conjunto. Por enquanto, isso fica entre nós."

Ele entendeu a importância, Morell pensou consigo mesmo. O presidente percebeu que era o bastante para seguir em frente. Eles precisavam obter mais informações e reportá-las a Obama. Morell estava ciente da dificuldade. Mas não sabia o quão complicado e perigoso seria.

CONTAGEM REGRESSIVA:
232 DIAS

11 de setembro de 2010
Algum lugar nas Montanhas Adirondack

As folhas estalavam sob os pés de Jessica Ferenczy enquanto ela caminhava pelo gramado até o rio. Ao longe, através dos troncos de carvalhos e bordos, era possível avistar o brilho da água. Mais meio quilômetro e ela chegaria ao lugar especial deles.

Ferenczy estava cansada. Após terminar o turno da noite, ela voltou para a 115ª Delegacia de Polícia no distrito de Queens, em Nova York. Rapidamente vestiu roupas civis, entrou em seu Jeep Cherokee e, à meia-noite, pegou a New York State Thruway, indo em direção ao norte. Três horas depois, ela entrou em sua pequena cabana nas Montanhas Adirondack. Era madrugada. Tentou dormir, mas não conseguiu.

Ela fez café e sentou-se silenciosamente na cozinha, anotando seus pensamentos em um caderno. Ao amanhecer, os pássaros começaram a cantar do lado de fora. Jessica parou de escrever e olhou pela janela. A alvorada coloria o céu. Quando a névoa matinal se dissipou, ela pegou seu caderno e uma caneta e foi para o rio.

Ela caminhava com os mesmos pensamentos que ruminavam há nove anos. Aquele lugar era dela, a cabana e os 28 hectares de árvores, mata e margem de rio. Aquele era para ser o lugar *deles*. Jerome deveria estar ali. Eles deveriam estar juntos. Mas Jerome Dominguez, o amor de sua vida, se foi para sempre. Ela nunca mais o veria.

Ferenczy chegou à beira do rio e sentou-se em uma resistente cadeira de jardim próxima à fogueira. Ela tirou o celular do bolso e o desligou. Não queria ser interrompida. Aquele momento era dela.

O dia seria ensolarado e quente, assim como na manhã de 11 de setembro de 2001. Ela se inclinou e fechou os olhos, permitindo que a antiga dor a invadisse.

Ela ainda conseguia ver seu lindo rosto. Dominguez era um charmoso hispano-americano, com uma personalidade forte e um sorriso magnético. Por dois anos, ele fez parte da Unidade de Serviço de Emergência, um esquadrão de elite que respondia a todos os tipos de crises. Antes disso, ele era da Polícia de Nova York. Dominguez salvava vidas. Ao longo de seus quinze anos de carreira, ele impediu suicídios, resgatou reféns e retirou pessoas presas em ferragens de veículos.

Ele era um super-herói de verdade. Mantinha ferramentas em seu carro, caso precisasse ajudar motoristas ou prestar assistência em um local de acidente. Ele também era membro do 105° Esquadrão de Segurança da Guarda Aérea Nacional de Nova York.

Dominguez nunca estava de folga. Em 1999, a caminho de uma base da Força Aérea no Texas para um treinamento da Guarda, ele viu um ônibus escolar capotar em uma estrada rural. Ele parou no local e agiu rapidamente, salvando várias crianças pouco antes de o ônibus explodir. O resgate foi divulgado em jornais locais. Uma estação de TV fez uma matéria para o noticiário da noite, mas Dominguez relutou em levar o crédito. Ele disse que só fez o necessário, nada mais.

Quando trabalhava na Polícia Rodoviária de Nova York, ele costumava atender às emergências em sua Harley-Davidson Road King. Dominguez era formoso. Tinha 1,82m, 92kg, cabelos escuros, corte militar, olhos castanho-claros, peito largo e braços musculosos. Mas seu sorriso, com uma covinha na bochecha esquerda, era o mais encantador.

Sentada na cadeira, Ferenczy sorriu.

Jerome era extrovertido, amável, um cara gentil que poderia cativar qualquer um, especialmente as mulheres. Sua jaqueta de couro preta dava o toque final... Ele parecia ter saído das páginas de uma revista.

Aquela jaqueta de couro! Dominguez estava usando-a na noite em que eles se conheceram, no dia 19 de dezembro de 1998. Naquela época, Ferenczy era policial na 30ª Delegacia no Harlem, um bairro em Upper Manhattan majoritariamente habitado por negros, e havia se voluntariado para ajudar na festa de Natal do trabalho.

Eles organizaram, para as crianças, exibições com oficiais de unidades especiais da polícia de Nova York. A patrulha montada levaria um cavalo, e um agente do esquadrão de bombas mostraria um cão farejador de explosivos e um pequeno robô que desativava dispositivos suspeitos. Eles finalizariam com um policial da Patrulha Rodoviária pilotando sua Harley.

Quando as unidades especiais chegaram ao estacionamento, Ferenczy acompanhou as crianças para tirar fotos com os oficiais. Mas a noite estava muito fria, com temperaturas baixas e um vento congelante.

Ela escoltou as crianças da sala de reunião até o estacionamento, mas ficava mais gelado a cada minuto. Ficou tão insuportável que eles decidiram levar os animais embora e tirar fotos com o robô dentro da delegacia, para que ninguém sofresse com o frio.

Enquanto Ferenczy trocava o filme de sua câmera Polaroid, alguém disse que ouviu uma moto parando no estacionamento. Coitado do policial! Haviam se esquecido de avisá-lo.

Pensando que só sairia por alguns instantes, ela deixou jaqueta, gorro e luvas e correu para fora usando apenas camiseta e jeans. As rajadas de vento eram cortantes.

"Caramba", murmurou, com fumaça saindo de sua boca. Ela teria que ser rápida.

Ferenczy avistou a lanterna traseira de uma moto da polícia. O cara estava de costas. Ela sentia tanto frio que se aconchegou contra ele para se aquecer. Ela ainda não tinha visto seu rosto... poderia ser qualquer um! Ao encostar a cabeça no ombro esquerdo dele, ela notou algo maravilhoso. Seu cheiro era perfeito: uma mistura de sabonete, escapamento de moto e fumaça de fogueira.

Ferenczy não sabia o porquê, mas deixou escapar: "Hmmm... Seria esse meu presente de Natal?"

"Sim, sou eu", respondeu Dominguez, que não perdia uma oportunidade. Daquele momento em diante, eles nunca passaram um único dia separados, embora fossem de mundos diferentes.

O pai de Ferenczy, Arpad, cresceu na área rural da Hungria durante a Segunda Guerra Mundial e emigrou para os EUA em 1956. Ele acabou em Nova York, se casou, teve duas filhas e se estabeleceu em Long Island, mas seu casamento não durou muito.

Ferenczy tinha um vínculo especial com o pai, que a ensinou a pescar e a trabalhar com ferramentas. Eles viajavam de carro, acampando em parques estaduais. Ela era autossuficiente, independente e confiável.

Jessica não sabia o que queria fazer depois do colegial. Após vários empregos, ela decidiu se juntar à polícia de Nova York. Por que não? Ser policial significava bons ganhos e benefícios. Ela tinha 25 anos quando se formou na academia de polícia, em 1993.

Jessica Ferenczy e Jerome Dominguez.

Embora já tivesse tido alguns namorados, Ferenczy não se considerava uma mulher "feminina". Ela se adaptou à cultura masculina ao seu redor. Malhava e tinha ombros e braços musculosos. Raspava as laterais dos cabelos loiros, deixando um moicano.

Dominguez, por sua vez, vinha de uma família renomada. O pai, Jeronimo, era médico, um católico devoto que tinha uma clínica bem-sucedida. A família morava na região do Pelham Bay Park, no Bronx, em uma casa que havia sido um retiro de pesca para Fiorello La Guardia, o lendário prefeito de Nova York.

Dominguez e seu irmão, Frank, tiveram uma infância maravilhosa. Eles sempre recebiam amigos em casa, divertindo-se com jogos de guerra e pulando de sua varanda para a água do Estuário de Long Island. E, certo dia, o jovem Jerome salvou a vida do irmão.

De repente, Frank teve uma convulsão, e Jerome percebeu que seu irmão estava em perigo. Ele correu pelas escadas e avisou a mãe, que chamou uma ambulância. A partir desse momento, Jerome soube o que queria fazer: ajudar pessoas em apuros.

Após terminar o ensino médio, ele ingressou na academia de polícia. Formou-se em 1985 e, dois anos depois, se alistou na Guarda Nacional da Força Aérea.

Por um longo tempo, Dominguez teve dificuldades para manter a forma, chegando a pesar quase 140kg. Ele percebeu que precisava mudar seu estilo de vida ou enfrentaria sérios problemas de saúde. Certo dia, começou a correr e não parou mais. Também passou a frequentar a academia para fazer musculação. Naquela noite, ao aparecer no estacionamento, ele já havia se tornado um homem muito atraente. Quando o casal entrou na delegacia, os amigos de Jessica notaram o olhar bobo em seu rosto. Ela estava apaixonada pelo policial de moto.

Depois que a festa de Natal terminou e todos foram para casa, Dominguez telefonou para Ferenczy. Eles conversaram por horas. Jessica trabalhou no domingo, mas Jerome sabia que ela estava de folga na segunda, então ligou pela manhã: “Posso ir até ai para tomar um café?”

“Claro”, assentiu ela.

Ao desligar, Jessica se apressou para arrumar seu pequeno apartamento em Lindenhurst, no Condado de Suffolk. Ela deixou a porta destrancada para que Dominguez entrasse.

Ferenczy estava lavando louça quando ele chegou. Seus olhos se encontraram. Ela teve uma sensação estranha, como se ele devesse estar ali. Como se ele tivesse entrado por aquela porta centenas de vezes antes.

Dominguez deixou as chaves no balcão da cozinha, caminhou até Ferenczy, colocou as duas mãos no rosto dela e a beijou. Ela até se esqueceu da louça. Não era como se fosse um beijo envolvente ou sensual. Não era como se fosse um sentimento arrebatador. Não, era mais como se ela tivesse beijado aquele homem a vida toda. Era o encaixe perfeito.

Essa sensação permeava o relacionamento. Eles até brincavam com isso. "Em nossa próxima vida, te encontrarei antes", dizia ela.

Dominguez sentia o mesmo, afirmando que eles já haviam se encontrado em vidas passadas, mas que, de alguma forma, algo acontecia para separá-los. Não desta vez.

Eles decidiram morar juntos e, posteriormente, compraram uma casa em Long Island. Dominguez queria fazer uma grande cerimônia na Catedral de São Patrício, em Manhattan, mas já havia se casado anos antes — uma relação que terminou em divórcio. Para se casar na igreja católica, era preciso anular o primeiro casamento, e ele prometeu que o faria.

Nesse meio-tempo, Dominguez apresentou Ferenczy para os pais e o irmão, e eles a trataram como família. Quando começaram a namorar, ela o levou ao seu acampamento favorito, um lugar isolado ao norte de Nova York, onde costumava dormir sob o céu estrelado. Ele amava a natureza, e logo aquele se tornou seu lugar, seu refúgio, onde podiam conversar, rir e discutir o futuro.

Após vinte anos de serviço, Dominguez pretendia se aposentar e montar um centro de treinamento para policiais e militares. Teria que ser distante da cidade, bem no meio das montanhas, dizia ele. Ferenczy adorou a ideia, e o casal começou a economizar dinheiro.

Em 6 de julho de 1999, o dia do aniversário de Ferenczy, eles foram até o parque estadual. Ao entrar na floresta, encontraram um local apropriado na margem do rio. Sob o luar, o casal fez seus votos, prometendo amar e honrar um ao outro e cuidar dos pais um do outro. Eles trocaram alianças. Uma cerimônia oficial seria realizada, mas, para todos os efeitos, estavam casados.

Quando voltaram para a cidade, contaram a todos sobre a cerimônia e continuaram a jornada juntos. Economizaram dinheiro, desfrutaram da família e dos amigos, riram, fizeram amor, compraram sua primeira casa. Tudo parecia perfeito. Eles complementavam os pontos fortes e fracos um do outro. Ele era esbanjador; ela era mais contida, a pessoa que deixava todas as contas em dia. Ele vivia a vida ao máximo, andando de moto, mergulhando. "É tudo ou nada", dizia. Ela era mais pragmática: "É preciso se preparar e planejar o futuro."

Eles organizaram uma viagem de acampamento para o fim de semana de 7 de setembro de 2001. Pouco antes de saírem de casa, Dominguez verificou o correio. A carta finalmente havia chegado: a diocese havia concedido a anulação de seu primeiro casamento. Emocionado, ele abraçou Ferenczy e telefonou para os pais. Eles oficializariam o matrimônio em 19 de dezembro de 2001 — o terceiro aniversário do encontro congelante no estacionamento.

Eles passaram o fim de semana em seu acampamento favorito e definiram a lista de convidados do casamento. O casal aproveitou o sábado e o domingo, nadando, bebendo e tomando sol.

Ferenczy passou a segunda-feira testemunhando em um tribunal de Manhattan e foi chamada para retornar no dia seguinte. Dominguez disse que a levaria até a delegacia, onde ela poderia pegar uma carona para o tribunal. Naquele dia, Ferenczy optou por um estilo mais formal — terno, salto alto, maquiagem e brincos. Quando chegaram à delegacia, ela se inclinou para dar um beijo de despedida em Dominguez. Mas, para ele, não era suficiente. Ele segurou o rosto dela com as mãos — assim como havia feito na primeira manhã em que se encontraram — e a beijou apaixonada e demoradamente.

Os outros policiais no estacionamento reviraram os olhos e aplaudiram. "Arrumem um quarto!", gritaram. Era só uma brincadeira. Eles eram o casal perfeito.

Após chegar ao tribunal, Ferenczy constatou que tinha um tempo livre. Enquanto se dirigia a uma lanchonete local para tomar café, ela ligou para Dominguez: "Quer me encontrar para comer algo?"

Dominguez assentiu. Ele e o parceiro estavam por perto. "Chegarei em breve", disse. Eles conversaram um pouco mais, então a ligação caiu.

Ferenczy notou um policial olhando para um prédio a uns dez quarteirões de distância. "Minha nossa", murmurou ela. Era um avião voando muito baixo em direção ao conjunto de arranha-céus na extremidade sul de Manhattan. Ele atingiu a Torre Norte (Torre Um) do World Trade Center. Fumaça e chamas emergiram, causando uma chuva de destroços.

Atordoada, Ferenczy ficou em silêncio, depois pegou o celular. Não havia sinal. Naquele momento, 1 milhão de pessoas estavam fazendo o mesmo que ela, tentando telefonar para seus entes queridos.

Ela começou a entrar em pânico. Dominguez estava indo em sua direção. Certamente sabia do ocorrido. Provavelmente presenciou a cena e agora estava a caminho para resgatar as pessoas, pensou.

Apesar do salto alto e das roupas formais, Ferenczy saiu correndo em direção ao World Trade Center. Ao passar pelo tribunal, ela viu policiais deixando suas pastas com papéis e outros itens importantes na escadaria antes de se dirigir ao perigo.

Três quarteirões abaixo, Ferenczy tentou ligar de novo para Dominguez. Ela conseguiu sinal, mas ele não atendeu. "Vamos, atenda!", disse. De repente, um segundo avião atingiu a Torre Sul. Ferenczy telefonou para seu parceiro de trabalho e o acordou. "Vista-se e vá para o centro!", gritou. Ela começou a correr novamente em direção ao caos.

Quando Ferenczy estava a caminho da Torre Um, um tenente da polícia a agarrou pelo braço. "Volte e ajude a proteger o tribunal", ordenou. "Tire os prisioneiros das celas. Ninguém sabe se a cidade está sob ataque. Temos que tirá-los de lá."

Sob ordens, Ferenczy voltou ao tribunal. O tenente salvou a vida dela.

Dominguez foi para o World Trade Center imediatamente após o primeiro ataque aéreo. Ele foi visto pela última vez em torno do 20º andar da Torre Um. Sua voz foi ouvida nos rádios dos policiais, avisando para não entrarem no prédio porque estava sem estabilidade.

Quando as torres desmoronaram, Ferenczy sabia que ele havia morrido. Ela sentiu em sua alma.

O restante daquele dia e os meses seguintes passaram em um borrão. Ela tirou licença médica e férias, mas simplesmente não conseguia lidar com a dor.

Um ano depois, Ferenczy voltou a trabalhar na delegacia. No primeiro dia, porém, teve um ataque de pânico quando foi com seu parceiro para a Baixa Manhattan. Ela teve que parar a viatura e vomitar do lado de fora.

Após tantos anos de uma vida alegre e confortável, seu mundo se tornou sombrio e doloroso. Ela e Dominguez estavam noivos, moravam juntos e haviam comprado uma casa, mas não eram casados, então ela precisou lutar para receber seus benefícios. Depois, ela e um grupo de outros sobreviventes tiveram que enfrentar o prefeito Rudy Giuliani para aumentar as verbas do Twin Towers Fund, um fundo criado para as famílias das vítimas.

Um ano após o 11 de Setembro, Ferenczy entrou na Catedral de São Patrício — não para se casar com Jerome Dominguez, mas para se despedir dele. Mesmo sem o corpo do filho, seus pais insistiram no funeral.

Ferenczy odiava bin Laden. E o funeral só a lembrou de tudo que ela havia perdido, de tudo que outras pessoas haviam perdido naquele desastre — maridos, esposas, irmãos, irmãs, filhos, amigos. Ela queria que os EUA levassem bin Laden à justiça, fossem atrás dele, seguissem todas as pistas, como um detetive implacável em um caso de assassinato.

Porém, sentada na Catedral de São Patrício, ela não podia deixar que esses pensamentos a consumissem. Ferenczy acabou recebendo um benefício e usou parte dele para comprar a propriedade nas Montanhas

Adirondack. A vida continuou. Anos se passaram. Ela ainda tinha bons amigos na polícia. Mas não havia um dia que não chorasse pelo amor perdido.

Ferenczy recorria à escrita para aliviar a dor. Todos os anos, em 11 de setembro, 19 de dezembro (aniversário do casal) e 25 de abril (aniversário de Dominguez), ela escrevia um tributo no "Legacy", site no qual foi publicado o obituário dele.

Então, naquele dia — o nono aniversário de morte de Jerome —, na tranquila margem do rio, Ferenczy abriu seu caderno. Ela se sentia responsável por manter a memória dele viva, mas parecia que já havia dito o necessário. Ela não sabia o que escrever. Então tudo voltou à tona, aquela primeira noite, o frio congelante.

> *Sempre tento pensar no dia em que nos conhecemos, e não no dia em que você me beijou pela última vez. Penso no vento gelado no estacionamento, no riso das crianças na festa de Natal, no cheiro da sua jaqueta de couro quando você desceu da moto, no calor da sua mão quando segurou a minha. Sentir seu toque pela primeira vez foi como voltar para casa.*
>
> *Fiquei surpresa com a clareza dos meus pensamentos, com a certeza de que já te conhecia. Embora nunca tivéssemos nos visto, eu te conhecia. Tentei ser engraçada, ocultar minha surpresa com uma piada. Então senti o seu cheiro e perguntei "Seria esse meu presente de Natal?". Sem nem olhar para mim, você respondeu "Sim, sou eu" e me puxou para mais perto.*
>
> *Algumas horas depois, eu disse ao meu parceiro que tinha acabado de conhecer meu marido.*
>
> *Eu te amo como sempre te amei... depois de todo esse tempo, depois de tudo o que aconteceu, de tudo o que se passou.*
>
> *Eu ainda te amo, meu amor. Sentirei sua falta até que estejamos juntos novamente, meu marido.*
>
> *Sempre sua esposa,*
> *Jessie*

Ferenczy sorriu. Desejava muito que Dominguez estivesse ali. Queria tanto conversar com ele. Em breve, ela teria que tomar uma decisão — continuar trabalhando ou se aposentar mais cedo? Ela adorava ser policial, mas havia perdido a motivação. Queria tempo para construir mais cabanas, para desenvolver aquela terra, para transformá-la em um lugar que honrasse a memória dele. Precisaria de mais dinheiro para fazer isso.

Mas essa decisão ficaria para um outro dia.

CONTAGEM REGRESSIVA:
205 DIAS

8 de outubro de 2010
Langley, Virgínia

Michael Morell vivia ocupado. O vice-diretor da maior agência de inteligência do mundo estava sempre ao telefone, respondendo e-mails ou examinando relatórios. Mas, desde que Gary e Sam haviam contado ao presidente sobre o complexo em Abbottabad, o volume de trabalho — e a pressão — aumentou exponencialmente. Era mais do que uma pessoa poderia conciliar.

Após todos aqueles anos de becos sem saída, eles estavam chegando perto. Morell podia sentir. A busca por bin Laden não era novidade. Ele já rastreava o terrorista cinco anos antes dos ataques de 11 de Setembro.

Morell era discreto. Ao contrário de Panetta, palavrões não saíam de sua boca. Ele era calmo e pensativo, de estatura média e magro, com cabelos castanhos curtos e penteados meticulosamente para o lado. Seus ternos e camisas estavam sempre bem passados, suas gravatas eram convencionais, seus óculos, pequenos e ovais. Ele parecia um professor de literatura de uma universidade da Ivy League.

Em seus cinquenta e poucos anos, Morell tinha décadas de experiência na CIA. Ele era o especialista perfeito, com a mente perspicaz de um analista. E era apaixonado por seu trabalho. Sabia tudo sobre Osama bin Laden e respeitava o gênio perverso por trás dos ataques oportunos e da ideologia feroz. Mas desprezava a indiferença hostil pela morte de milhares de inocentes. Morell sabia que mais pessoas morreriam a menos que o terrorista fosse capturado.

Michael Morell, vice-diretor da CIA, e Leon Panetta.

Nas semanas seguintes à reunião na Casa Branca, ele, seus agentes e seus analistas reuniram o máximo possível de informações novas sobre o complexo. Eles intensificaram as interceptações telefônicas, solicitaram mais imagens de satélite e enviaram mais pessoas a Abbottabad para coletar informações. Os esforços estavam começando a dar frutos.

Eles constataram que uma terceira família morava na "fortaleza" e que nenhum dos membros deixava o local. Os vizinhos não sabiam que havia outra família morando lá. A CIA fez essa descoberta ao analisar as imagens de satélite e reparar na quantidade de roupas no varal. E havia outra informação importante: os irmãos eram donos da casa — pelo menos no papel —, mas a família invisível morava nos dois andares superiores, os melhores aposentos.

A nova informação não provava que bin Laden residia no complexo. Mas, se fosse o caso, estava se escondendo à vista de todos. Isso desafiava a hipótese da CIA, a suposição que guiou a equipe por anos.

O trabalho de análise da CIA consistia em reunir evidências e conhecimentos sobre determinado tópico, fornecendo respostas às perguntas de uma autoridade. Geralmente, o analista desenvolvia uma hipótese baseada em interceptações, operações de inteligência, fotografias, vídeos e outros meios. Essa hipótese, então, possibilitava uma maior coleta de informações.

Com bin Laden, as perguntas eram: como ele se escondia? Onde? Que tipo de segurança empregava?

Durante anos, todos presumiram que bin Laden estava escondido nas áreas tribais no oeste do Paquistão, provavelmente em uma caverna ou em uma área remota, separado da família e cercado por guardas armados. Havia uma grande chance de sua saúde estar debilitada, e talvez ele estivesse ligado a uma máquina de diálise renal improvisada.

Osama bin Laden jamais residiria em um complexo com outras famílias, com helicópteros militares sobrevoando o local. Ele teria estabelecido camadas de defesa ao redor de seu covil armadilhado, recrutado guardas e criado túneis ou outras rotas de fuga elaboradas.

A nova pista contrariava toda essa narrativa, pois sugeria que bin Laden morava em uma mansão suburbana com as esposas, filhos e duas famílias de empregados, em uma cidade pacata e pitoresca à sombra dos Himalaias. Nomeada em homenagem a James Abbott, um oficial e administrador britânico, a cidade era um centro turístico com uma academia militar e uma faculdade de medicina. As ruas eram repletas de cadetes, estudantes e aposentados que apreciavam o clima temperado e as trilhas ecológicas que levavam às montanhas. Se bin Laden vivia *ali*, então a CIA estava errada sobre quase tudo, há muito tempo.

Morell balançou a cabeça. Seu instinto lhe dizia que bin Laden estava no complexo, mas ele precisava de mais provas e mais tempo. Não podia agir muito rápido. Se suspeitasse de algo, o terrorista escaparia como uma víbora.

Era por isso que ficava em seu escritório até tarde, analisando a papelada. Ele sabia que era preciso persistir até acertar.

Morell cresceu em Cuyahoga Falls, Ohio, uma comunidade de operários perto de Cleveland. Seu pai, Joseph, trabalhava em uma fábrica da Chrysler, enquanto a mãe, Irene, era dona de casa.

Seu pai era perfeccionista. Ele tinha uma carpintaria elaborada e tentava ensinar a habilidade para o filho. Quando o jovem Morell fez sua primeira gaiola de pássaros, o pai a inspecionou com um olhar crítico. "Não é boa o suficiente", disse.

Quando o menino protestou, o pai pegou um martelo e quebrou a gaiola. "Comece de novo", exigiu. Na segunda vez, o trabalho ficou "quase perfeito".

Essa lição permaneceu com Morell. Ao fazer algo, deve ser do jeito certo. Sem atalhos. Após o ensino médio, Morell se formou em economia na Universidade de Akron. Ele pensava em fazer pós-graduação, obter um doutorado e lecionar economia. Mas um dos professores sugeriu que ele enviasse um currículo para a CIA. "Eles contratam economistas", explicou.

Morell deu de ombros. "Um economista poderia se tornar um agente?", questionou. "A economia é uma das poucas disciplinas acadêmicas que ensina o pensamento crítico", esclareceu o professor. "Essa é a principal habilidade para ser um analista de inteligência eficaz."

Morell não estava convencido, pois não sabia muito sobre a CIA ou sobre o que um economista faria lá. Ele nunca havia viajado para o exterior, aprendido uma língua estrangeira ou mesmo acompanhado os eventos mundiais nas notícias. Ele seria um peixe fora d'água.

Ainda assim, enviou o currículo. E, para sua surpresa, foi chamado para uma entrevista. Morell foi apresentado a "um grupo de pessoas incríveis e talentosas que se dedicavam a uma missão importante".

O ano era 1980. Os funcionários da embaixada dos EUA no Irã haviam sido detidos como reféns. Era o assunto principal em todos os noticiários. Os militares soviéticos estavam no Afeganistão, tentando manter o regime pró-Moscou no poder.

Quando o recrutador perguntou se Morell queria um emprego, ele disse que não tinha certeza, pois pensava em fazer pós-graduação. O recrutador tentou convencê-lo, concordando que era uma boa ideia. "Venha trabalhar aqui. Faça um bom serviço e pagaremos sua pós-graduação", disse.

Era tudo que Morell precisava ouvir. Em 1980, ele entrou para a CIA como analista de inteligência, com um salário de US$15 mil por ano. A agência o enviou para a Universidade Georgetown, onde ele obteve seu mestrado em economia.

Desde o início, Morell se mostrou perspicaz e focado. Ele se esforçou para ser promovido, especializando-se em economia do Leste Asiático. Seu trabalho era nada parecido com o que se via nos filmes de espionagem, mas, para ele, era satisfatório e produzia um impacto no mundo.

Em 1998, Morell já era bem respeitado na agência. Casou-se e começou uma família. Quando Mary Beth estava no hospital dando à luz seu terceiro filho, o telefone tocou na sala de parto. Era para Morell.

Tratava-se de uma boa notícia: o novo diretor da CIA, George Tenet, queria que ele fosse seu assistente-executivo. Morell ficou surpreso. "Interessante", disse, "mas estou um pouco ocupado agora". Ele não deixou transparecer, mas estava entusiasmado. A promoção mudaria sua carreira.

Alguns dias depois, quando Morell voltou ao trabalho, Tenet o chamou em seu escritório. O chefe da CIA o parabenizou, abriu uma caixa e o presenteou com um charuto de sua coleção particular.

Tenet se tornou o mentor de Morell. Filho de imigrantes gregos, ele fazia com que todos ao seu redor se sentissem confortáveis — dos analistas aos zeladores. Ele era conhecido por, de repente, começar a cantar "Respect", de Aretha Franklin, e outros sucessos do soul. Não era incomum vê-lo quicando uma bola de basquete pelos corredores da CIA.

Essas atitudes ajudavam a aliviar o clima em um local de trabalho de alta pressão. Morell precisava disso. Seu trabalho era incrivelmente estressante. Ele tinha que revisar cada informação enviada e decidir se Tenet precisava conferi-la imediatamente ou se poderia esperar. Era um ato de equilíbrio. Se ele repassasse muitas coisas, o diretor ficaria sobrecarregado. Se ocultasse algo crítico, seria desastroso. Em sua nova função, era evidente para Morell que a ameaça do terrorismo internacional havia se tornado um assunto predominante, que causava insônia em Tenet. Era uma grande mudança, pois, até então, Morell tinha pouco envolvimento nos esforços de combate ao terrorismo. Mas não demorou muito para que ele conhecesse todos os criminosos do mundo terrorista.

Morell tomou conhecimento de Osama bin Laden e da Al-Qaeda — que, em árabe, significa "a base". Suas raízes datam de 1979, quando a União Soviética invadiu o Afeganistão para fortalecer o governo comunista.

Logo após a invasão, os insurgentes muçulmanos, conhecidos como mujahideen, se uniram para lutar uma jihad, ou guerra santa, contra os soviéticos. Um de seus apoiadores era bin Laden, o 17º filho de um magnata saudita do ramo da construção civil. No início, bin Laden forneceu dinheiro, armas e combatentes aos mujahideen. Mas ele decidiu que não ficaria de fora. Então, viajou para o Afeganistão e lutou ao lado dos insurgentes no inóspito terreno montanhoso.

Uma década depois, quando os soviéticos foram expulsos do Afeganistão, a maior parte da nação foi dominada por extremistas islâmicos conhecidos como talibãs. Seus líderes permitiram que bin Laden montasse campos de treinamento para a Al-Qaeda. Durante esse tempo, ele se esforçou para unir grupos militantes divergentes, do Egito às Filipinas, sob a bandeira da Al-Qaeda e sua ideologia de uma irmandade sem fronteiras do islã radical.

Embora bin Laden travasse a jihad em todo o mundo, os EUA eram o alvo principal. Nos anos anteriores ao 11 de Setembro, a Al-Qaeda conduziu uma série de ataques terroristas contra os EUA, incluindo os bombardeios de 7 de agosto de 1998 — em duas embaixadas norte-americanas, uma na Tanzânia e outra no Quênia —, que mataram mais de duzentas pessoas.

Dois dias após os ataques, Morell estava no escritório de Tenet quando o chefe da CIA informou o presidente Bill Clinton e um grupo de oficiais de segurança que um terrorista internacional chamado bin Laden era o responsável.

Preparar-se para aquele telefonema com o presidente havia sido estressante. Morell perdeu a paciência com os analistas definindo os "tópicos de discussão".

"O que diabos eles estão fazendo?", questionou. "Acalme-se", disse Tenet. "Eles estão fazendo o melhor que podem."

Em uma situação de crise, todos trabalham arduamente e não há necessidade de pressionar, explicou Tenet, pois isso seria contraproducente.

Assim que o envolvimento de bin Laden foi confirmado, Clinton ordenou ataques com mísseis nos campos de treinamento da Al-Qaeda no Afeganistão e em uma fábrica de armas químicas no Sudão.

Os bombardeios nas embaixadas mudaram a atmosfera na agência. Antes, a CIA era proibida de usar força letal contra o líder terrorista. Depois, com a aprovação da Casa Branca, foi elaborado um memorando de notificação (MON) que permitia que a CIA, por meio de agentes afegãos recrutados, matasse bin Laden durante uma operação caso sua captura fosse considerada "inviável". Essencialmente, a CIA tinha autorização para executar Osama bin Laden.

Após a eleição presidencial de 2000 — e a controversa vitória de George W. Bush —, o telefone de Morell tocou novamente, dessa vez com uma oferta de emprego da Casa Branca. Morell foi escolhido para se tornar o informante diário do novo presidente. Ele ainda trabalharia para a CIA, mas, todas as manhãs, deveria ir à Casa Branca para atualizar Bush sobre as questões de segurança nacional mais urgentes e compartilhar o relatório impresso com seus conselheiros mais próximos.

Era um trabalho importante. Ele precisaria se certificar de que o comandante-chefe entendesse os pontos-chave do Resumo Diário do Presidente (PDB), redigido por analistas de inteligência. Mas Morell teria permissão para transmitir informações adicionais. Se o presidente tivesse perguntas, ele tentaria respondê-las.

Enquanto ponderava a respeito da nova função, Morell pediu conselhos a Jami Miscik, uma agente da CIA que havia passado alguns dias informando Bush na mansão do governador do Texas.

"Você precisará se preparar todos os dias", explicou ela. "Ele disparará perguntas esperando que você responda à maioria delas. Ele irá testá-lo para conferir o quanto você sabe e para descobrir se está disposto a assumir que atingiu seu limite de conhecimento." Miscik ficou em silêncio por alguns instantes. "Bush não quer que você adivinhe ou especule. Em suma, prepare-se para uma tarefa desafiadora."

Morell aceitou o trabalho. Mas, ao sair de seu escritório naquele dia, começou a ter dúvidas. Estava à altura do desafio? Como a missão matinal afetaria sua vida em casa? Ele ainda não havia contado à esposa.

Naquela noite, ele explicou a Mary Beth o que o trabalho implicava. Era uma grande promoção. Ele começaria a trabalhar no meio da noite, mas estaria em casa ao meio-dia.

Ela o encorajou a aceitar. Na época, eles tinham três filhos; o mais velho estava com sete anos. O novo horário possibilitaria que Morell ajudasse em casa, buscando as crianças na escola e supervisionando suas tarefas.

Morell passou a se dedicar à nova função. Ele considerava Bush uma pessoa cativante e pragmática. O presidente, por sua vez, o desafiava. Em certa ocasião, ao ser informado sobre os comentários de um líder do Oriente Médio a um chefe de divisão da CIA, Bush afirmou: "Interessante, mas não quero saber o que ele diz sobre mim para a CIA, e sim o que ele fala para Saddam Hussein às escondidas."

Desde que Bush assumiu o cargo, a CIA fazia alertas sobre bin Laden. O terrorista planejava um ataque de alto nível, mas Morell sabia que alguns membros da administração — e o Pentágono — estavam céticos sobre os avisos.

Tenet não recuava. Ele continuava pressionando a administração para levar as ameaças a sério. Morell presenciou um membro da equipe de Donald Rumsfeld, secretário de Defesa, dizer a Tenet que a CIA estava sendo enganada. O Pentágono tinha certeza de que a Al-Qaeda conduzia uma campanha de desinformação para fazer os EUA desperdiçarem recursos.

Enfurecido, Tenet se dirigiu ao oficial: "Eu quero que você olhe nos meus olhos e escute o que tenho a dizer. Não é enganação. É uma ameaça real." No início de agosto de 2001, Morell pediu aos analistas de terrorismo que redigissem um PDB intitulado "Osama bin Laden está determinado a atacar os EUA".

Em 6 de agosto, enquanto o presidente estava de férias em seu rancho no Texas, Morell sentou-se com ele em sua sala de estar e explicou a respeito do PDB. Ainda não havia informações específicas que sugerissem ataques à "pátria", mas todos sabiam que o maior desejo de bin Laden era "trazer a luta ao nosso território".

Um mês depois, tal como a CIA havia previsto, o ataque aconteceu.

Morell estava na Flórida com o presidente, que estava lançando uma nova política educacional. Naquela manhã, o relatório de inteligência não havia apontado nenhuma ameaça terrorista. Após o resumo, Morell acompanhou Bush a uma escola primária em Sarasota, onde o presidente leria um livro de histórias e posaria para fotos.

Assim que chegaram à escola, o telefone de Ari Fleischer tocou. Após atender a ligação, o secretário de imprensa de Bush se dirigiu a Morell: "Michael, você sabe alguma coisa sobre um avião ter atingido o World Trade Center?"

"Não", respondeu Morell, "mas vou descobrir. Ari, espero que seja um acidente, e não um ataque terrorista".

"Eu também", afirmou Fleischer.

Quando o segundo avião atingiu a outra torre, eles tiveram a resposta. Bush estava lendo um livro para dezesseis alunos da segunda série em uma pequena sala de aula quando Andy Card, seu chefe de gabinete, se aproximou. "Um segundo avião atingiu o World Trade Center", sussurrou Card ao ouvido de Bush. "Os EUA estão sob ataque."

O presidente finalizou a leitura e correu até o Air Force One com sua equipe. Após o avião decolar, eles assistiram às notícias, horrorizados, enquanto as pessoas pulavam dos dois edifícios na cidade de Nova York. E, de repente, as torres desmoronaram e desapareceram em meio à fumaça. O presidente e sua equipe ficaram atordoados. Então, chegou a notícia de que outro avião havia colidido com o Pentágono. A mente de Morell se fixou em sua família, localizada no Condado de Fairfax, Virgínia. Estava tudo acontecendo muito rápido.

Card entrou no setor de equipe do avião. "Michael, o presidente quer falar com você", informou.

Morell assentiu e foi até o escritório de Bush no 747. O presidente o fitou. "Michael, quem fez isso?", questionou.

Andy Card, chefe de gabinete da Casa Branca, e presidente George W. Bush.

Morell respirou fundo e explicou que não tinha informações da inteligência. O que estava prestes a dizer era a sua visão pessoal, e não a política da CIA. "Aposto o futuro dos meus filhos que as pistas levarão a Osama bin Laden e à Al-Qaeda", afirmou.

E de fato levaram. Agora, após todos esses anos, após todos os becos sem saída, após todas as frustrações, ele e a equipe estavam perto de finalmente levar o assassino em massa à justiça.

Do lado de fora do escritório da CIA, já havia escurecido. Morell perderia o jantar de novo. Seus filhos eram mais velhos agora. Eles não pareciam notar tanto suas ausências. Quantas noites Morell havia passado no escritório? E, quando estava em casa, quantos telefonemas haviam roubado o tempo que pertencia à sua família? Quanto desse tempo em casa havia sido desperdiçado com a mente ainda no trabalho?

O telefone tocou. "Por favor", pensou Morell, "que valha a pena".

CONTAGEM REGRESSIVA:
198 DIAS

15 de outubro de 2010
Algum lugar no leste do Afeganistão

Sua equipe Navy SEAL estava prestes a fazer uma incursão, e Will Chesney já sentia a adrenalina. Ele pegou uma escova e passou-a por todo o corpo musculoso de seu cão, Cairo, alisando o brilhante pelo escuro. Um alvo de alto valor estava escondido em um complexo na encosta de uma montanha no leste do Afeganistão. Chesney e sua equipe se aproximariam sem chamar a atenção do inimigo, então desceriam do helicóptero e se esgueirariam a pé até o local. Uma missão perigosa, mas todas eram. Dessa vez, porém, seria especialmente estressante, pois Cairo, seu parceiro canino de 32kg, meio pastor-belga, meio pastor-alemão, participaria pela primeira vez em mais de um ano. Chesney esperava que o cão ainda tivesse as habilidades de um SEAL. Será que Cairo aguentaria a pressão, considerando que quase fora morto da última vez?

Chesney sabia que precisava se concentrar no presente, mas o passado continuava a atormentá-lo.

Na noite de 29 de julho de 2009, ele e sua equipe invadiriam uma possível fábrica improvisada de explosivos. À medida que se aproximavam em dois helicópteros, avistaram quatro homens fugindo do prédio. Ainda sobrevoando o local, Chesney e a equipe os perseguiram.

Os homens se dividiram em duplas, subiram em duas motocicletas e aceleraram para longe do prédio. No início, as motocicletas estavam visíveis, mas depois desapareceram em meio a algumas árvores. Os helicópteros pousaram e os SEALs começaram a perseguir os insurgentes, que estavam armados. Chesney sabia que era arriscado, mas não havia outra opção. Eles não podiam deixá-los fugir.

Cairo logo farejou o cheiro dos insurgentes. Chesney tirou sua coleira, permitindo que ele seguisse a pista.

Sem qualquer dificuldade, o cão pulou um muro de mais de um metro de altura e desapareceu entre as árvores. Tiros foram disparados. Em pânico, Chesney mandou Cairo voltar. Como não houve resposta, ele avançou em direção às árvores, em direção ao tiroteio.

"Cairo! Venha aqui, amigo!"

Chesney examinou o terreno, o muro e as árvores com seus óculos de visão noturna. A cerca de trinta metros, uma figura surgiu. Chesney gritou alto o suficiente para ser ouvido em meio ao tiroteio: "Cairo!"

O cão cambaleou em direção ao parceiro, depois desabou. Chesney correu até ele. Cairo havia sido baleado no peito e na pata da frente. Ele estava sangrando, com dificuldade para respirar. Seus olhos se fecharam.

"Aguente firme, garoto", sussurrou Chesney.

O aviso foi dado pelo rádio: "Soldado ferido!" Para a equipe, não havia diferença entre cão e humano. Cairo era um SEAL como todos os outros. Um médico de combate colocou várias gazes sobre o buraco da bala, na tentativa de estancar o sangue que continuava jorrando. Quando a evacuação aeromédica pousou, Cairo e Chesney embarcaram no helicóptero.

Não havia veterinários na base, mas uma equipe de médicos e enfermeiros fez uma cirurgia de emergência em Cairo. Chesney permaneceu ao lado do cão o tempo todo.

Mais tarde, Chesney descobriu que Cairo havia se esforçado para voltar ao seu campo de visão; gravemente ferido e incapaz de pular, o cão precisou contornar o muro alto.

Na primeira noite após a cirurgia, Chesney dormiu no chão frio do quarto, com o braço gentilmente apoiado nas costas do cão. De manhã, Cairo acordou o parceiro com uma lambida.

"Oi, amigo", disse Chesney. "Bem-vindo de volta."

A recuperação demorou um pouco. Cairo foi levado aos Estados Unidos para fazer reabilitação física. Os médicos afirmaram que ele se recuperaria completamente e, até onde Chesney sabia, não havia implicações psicológicas relacionadas aos ferimentos. Mas a única forma de ter certeza era levar Cairo de volta ao combate.

Chesney sorriu. Que loucura ser tão apegado a um cão. Quando se alistou na Marinha, ele não pretendia se tornar um adestrador, mas, como tantas outras coisas em sua vida, simplesmente aconteceu.

Will Chesney e Cairo.

Chesney cresceu em um parque de trailers no sudeste do Texas, próximo à divisa com a Louisiana. Ele era um pouco solitário, "um garoto autossuficiente" que sempre se esforçou para alcançar seus objetivos. Chesney não era o melhor atleta nem o aluno "genial", mas sabia que era mais resiliente do que os outros jovens. Poderia levar uma surra sem se intimidar. Poderia ter um emprego horrível e nunca reclamar.

Pouco antes de se formar no ensino médio, em junho de 2002, Chesney se alistou na Marinha. Ele não queria ir para a faculdade, mas também não queria ser "apenas um marinheiro". Desejava fazer algo especial; desejava ser especial. Então decidiu se tornar um SEAL.

O pai o encorajou. A mãe não ficou muito feliz. Ela lia os jornais e assistia ao noticiário. Uma guerra estava em curso. Os rapazes do exército voltavam para casa em caixões.

Em junho de 2002, os EUA e seus aliados derrotaram o Talibã, mas bin Laden estava foragido. Era só uma questão de tempo até o país invadir o Iraque. E depois? Os EUA estariam envolvidos em duas guerras, e ela não estava disposta a sacrificar o único filho.

Embora entendesse as preocupações da mãe, Chesney era um adulto e já havia decidido. Ele passou o verão se exercitando, pois precisava entrar em forma para o desafio que enfrentaria. Ele passou na pré-seleção física dos SEALs e seis meses depois, em 21 de novembro de 2003, formou-se no BUD/S. Foi designado para o SEAL Team 4 e enviado para o Iraque. Chesney logo descobriu que os SEALs passavam mais tempo em treinamento do que em ação.

Em 2006, durante uma pausa no treinamento de guerra urbana, Chesney assistiu a uma demonstração de como os "cães de trabalho" estavam sendo incorporados em operações especiais. Um magnífico cão despertou seu interesse — era um pastor-belga, preto e castanho como um pastor-alemão, mas menor, mais esbelto e mais musculoso.

Maravilhados, trinta membros da unidade de Chesney observavam a demonstração. O adestrador falou sobre o incrível olfato canino, capaz de detectar explosivos melhor do que qualquer tecnologia. Os cães podiam farejar bombas à beira da estrada bem antes de elas explodirem.

Eles conseguiam detectar um artefato explosivo improvisado (AEI) escondido no sopé de uma montanha. Os sentidos aguçados e o instinto assassino poderiam ser usados para encontrar e perseguir insurgentes de uma forma "que fosse ao mesmo tempo brutal e eficaz".

Ao ouvir o comando, o cão atacou um dos adestradores, que usava uma roupa de proteção. Chesney ficou fascinado com a concentração do animal, os olhos fixos no alvo, a inclinação do corpo, a posição das patas, a ansiedade para correr, apenas aguardando o comando.

Chesney percebeu que o cão era uma arma, uma arma impressionante. O jovem SEAL não tinha experiência com cães e nunca teve muito interesse em animais.

Alguns meses depois, Chesney foi enviado para o Iraque pela segunda vez, durante um dos períodos mais mortais da nação, e perdeu um grande amigo na batalha. Então, mais do que nunca, ele queria se juntar a uma equipe que participasse das missões mais perigosas, "que tivesse a maior chance de promover mudanças duradouras". Ele queria se juntar ao SEAL Team 6.

Em maio de 2007, ao retornar para Virginia Beach, Chesney teve sua chance. Ele perseverou durante nove meses de treinamento intenso e foi selecionado para a unidade de elite.

Os membros da equipe eram incentivados a se especializar em habilidades específicas. Chesney lembrou-se dos cães e logo soube que eles estavam sendo integrados aos SEALs. Os cães e os soldados se acostumaram a dividir o mesmo ambiente — costumavam passear enquanto os SEALs faziam treinos de tiro, testavam munições, gritavam, corriam e dormiam. Os cães precisavam ser condicionados aos sons de guerra e aos movimentos bruscos dos homens em combate.

No verão de 2008, Chesney e sua equipe foram enviados para Kandahar, no Afeganistão, e dois cães — Falco e Balto — os acompanharam. Chesney se surpreendeu com a prontidão dos cães. Quando o grupo precisou desembarcar de um helicóptero a quinze metros do solo, os adestradores prenderam os cães em sua corda de descida e os levaram junto. Os cães eram ferozes, leais e corajosos. Chesney começou a considerar Falco e Balto como membros do esquadrão, passando ainda mais tempo com eles.

Chesney soube que o adestrador de Falco abdicaria da responsabilidade ao final de seu destacamento, então se ofereceu para assumir os cuidados do cão. O adestrador havia gostado da ideia, mas ocorreu uma tragédia na missão seguinte — Falco atacou um insurgente, levou um tiro e morreu.

De volta à base, os SEALs fizeram um funeral. Contaram histórias de como Falco era um grande amigo e soldado. Riram, choraram e compartilharam um bolo em sua homenagem.

Após retornar aos Estados Unidos, Chesney deu continuidade ao plano de se tornar um adestrador de cães. Ali estava uma chance de fazer algo diferente e importante. Como havia convivido com Falco e Balto, estava familiarizado com cães militares. Ele conheceu Cairo em 2008, e os dois passaram por sete semanas de treinamento intensivo na Califórnia. Cairo tornou-se seu colega de quarto, parceiro e melhor amigo. Para Chesney, era uma enorme responsabilidade. O cão não era apenas esforçado, mas bem mais amigável, divertido e afetuoso do que se poderia esperar.

Em junho de 2009, Chesney e Cairo foram enviados ao Afeganistão. Em sua primeira missão, eles precisaram atravessar um oviário. O treinamento incluíra quase tudo, exceto animais de fazenda. Quando as ovelhas começaram a berrar, Cairo paralisou, fascinado. Chesney teve que pegá-lo no colo para impedir que se distraísse com o "buffet livre".

Mas Chesney subestimou Cairo. O cão se comportou enquanto eles caminharam pelo complexo e interrogaram os moradores.

Nas missões seguintes, Cairo se mostrou um verdadeiro profissional. Ele entrava em prédios, perseguia alvos e não desobedecia um comando sequer. A mordida do cão causava um grande estrago. Certa vez, ele quase arrancou o braço de um insurgente.

Então, em julho, durante a perseguição dos fabricantes de explosivos, Cairo foi baleado. Ele retornou aos EUA para fazer tratamento adicional, enquanto Chesney continuava a missão. Em outubro de 2009, o SEAL visitou o centro de reabilitação no Texas. Os médicos disseram que o cão havia se recuperado e que poderia voltar à ativa. Chesney se preocupava com a saúde de Cairo, mas estava receoso quanto ao seu estado de espírito. Ainda seria o mesmo cão? Como agiria em combate? Executaria as tarefas com a mesma dedicação?

Quando Cairo chegou a Virginia Beach, Chesney foi buscá-lo no canil. O reencontro foi alegre, com o cão festejando, latindo e pulando no colo de seu parceiro.

"Ei, amigo, como você está?", disse Chesney, sorrindo. "Não se preocupe. Papai está de volta. Vai ficar tudo bem."

E ali estavam eles em Jalalabad, prontos para a primeira missão pós-ferimento. Os dois caminharam até o helicóptero e embarcaram com o restante da equipe. O Chinook decolou, dirigindo-se ao alvo. Cairo parecia tranquilo, mas Chesney estava ansioso.

O helicóptero chegou ao destino meia hora depois. Chesney prendeu Cairo em sua corda de descida e ambos desembarcaram com o restante da equipe. Assim que atingiram o solo, Chesney pressentiu o perigo. Eles precisavam escalar uma encosta extremamente íngreme, rochosa e irregular, com um ângulo de 45°.

Então, Chesney constatou um problema maior. O helicóptero estava prestes a ir embora, e ele não conseguia destravar o mosquetão — um elo de metal com uma parte móvel — que prendia ele e Cairo à corda. O rotor do helicóptero rugia, enquanto Chesney se contorcia... Homem e cão estavam prestes a ser puxados em direção ao céu. Aterrorizado e nervoso, ele gritava e xingava, esperando que a tripulação percebesse a situação.

Não é possível, pensou.

Estava exausto, mas continuou tentando. Finalmente, ele conseguiu destravar o mosquetão. E o Chinook voou noite afora.

Chesney caiu de joelhos, ofegante. Seus braços e pernas queimavam devido ao esforço. Mas Cairo não o deixaria descansar. O cão o cutucou com a cabeça — sua maneira de dizer "Vamos".

O SEAL deu risada. “Por que você está me encarando?”, perguntou a Cairo.

Chesney soube que poderia se concentrar na missão. O parceiro estava de volta.

CONTAGEM REGRESSIVA:
192 DIAS

21 de outubro de 2010
Langley, Virgínia

Sentado em seu escritório, Leon Panetta olhou pela janela e observou o sol mergulhar atrás das árvores. Mais um dia sem respostas. Ele não queria se sentir frustrado, mas não conseguia evitar. A maldita fortaleza em Abbottabad martelava em sua mente. Ele precisava saber tudo sobre o complexo e seus moradores. Então, pressionava os analistas a trabalhar mais, investigar mais a fundo. Todos os dias, ele perguntava se havia novidades.

E insistia em fazer o mesmo questionamento a dois dos seus assessores mais próximos, Morell e Bash. Era evidente que alguém estava se esforçando muito para proteger a própria privacidade. Panetta sabia que o complexo era maior e mais valioso do que qualquer casa da região. "Quem está lá dentro?", questionava. Morell e Bash davam de ombros. Eles não sabiam. Ainda.

Acompanhado de Bravo, seu golden retriever, Panetta constatou que o complexo estava consumindo sua vida. Lá estava ele, passando mais uma noite no escritório após um longo dia de telefonemas e reuniões. Quanto tempo esse suplício duraria? Impossível saber. Quando disse ao presidente que aceitaria o trabalho, ele não conhecia todos os detalhes.

Panetta estava administrando sua escola de políticas públicas, em Monterey, Califórnia, quando Obama telefonou. O presidente disse que precisava de alguém com a qualificação de Panetta para liderar a agência de inteligência. Então ele mudou-se para Washington, e sua esposa, Sylvia, assumiu a escola. Panetta levou Bravo para lhe fazer companhia. Na maioria dos dias, o cão se sentava fielmente ao lado de sua mesa, recebendo os visitantes.

O presidente Harry Truman, certa vez, disse: "Se quiser um amigo em Washington, arranje um cachorro." E Bravo era, de fato, um amigo. Ele ia a todos os lugares com Panetta, inclusive a reuniões ultrassecretas. E Panetta apreciava a parceria. Para aliviar o estresse, ele brincava com o cão ou o levava para passear. E, ao fazê-lo, lembrava-se de toda a "humanidade do mundo".

Panetta não estava acostumado com a frustração, pois quase sempre prosperava diante das adversidades. E ele não falharia agora. Se isso significasse trabalhar mais, Panetta o faria. Ele aprendeu essa determinação com os pais, imigrantes italianos devotos que incutiram em seus filhos a importância do esforço e do trabalho. Na época em que estudava na Universidade de Santa Clara, Panetta se juntou ao Corpo de Treinamento de Oficiais da Reserva (ROTC) para ajudar a pagar as mensalidades. Após se formar, ele começou a faculdade de direito.

Leon Panetta, diretor da CIA, e Jeremy Bash, chefe de gabinete.

Pouco tempo depois, um amigo o apresentou a Sylvia, uma "beldade de cabelos escuros" que estudava em uma faculdade vizinha. Eles se casaram em 1962 e, no período de um ano, Panetta tinha uma esposa, um filho, um diploma de direito e uma carta de convocação.

Ele foi enviado ao Centro de Inteligência do Exército dos EUA, onde aprendeu a gerenciar e a reforçar a segurança em momentos de crise. Como advogado, também representou militares em cortes marciais.

Em 1966, Panetta foi dispensado do exército e teve que decidir o que fazer da vida. Inspirado por John F. Kennedy, um jovem político carismático que foi o primeiro católico a ser eleito presidente, ele ficou intrigado com Washington.

Panetta não tinha conexões políticas, então optou por um caminho nada convencional. Em uma carta, de um jovem italiano ambicioso para outro, ele pediu a ajuda de Joseph Califano Jr., um advogado que atuava na administração do presidente Lyndon Johnson. Para sua surpresa, Califano respondeu, dizendo que o apresentaria às pessoas em Washington.

O jovem circulou pelo Congresso, indo de um escritório a outro à procura de trabalho, até que conseguiu um emprego com Tom Kuchel, um senador republicano da Califórnia. A carreira de Panetta deslanchou.

Em 1977, ele foi eleito para a Câmara dos Representantes dos Estados Unidos como um democrata da Califórnia. Atuou na função até 1993, quando foi nomeado diretor do Escritório de Gestão e Orçamento pelo presidente Bill Clinton. Um ano depois, enfrentando problemas em sua administração, Clinton escolheu Panetta como chefe de gabinete da Casa Branca.

Ao longo dos anos, Panetta se tornou conhecido por seu esforço, competência e honestidade. Após o 11 de Setembro, a reputação da CIA — e da comunidade de inteligência em geral — foi posta em xeque. Como bin Laden havia conseguido agir com tanta facilidade? A situação piorou quando ninguém conseguiu comprovar a existência de "armas de destruição em massa" no Iraque — a principal justificativa do presidente Bush para derrubar Saddam Hussein.

Panetta, porém, não foi prejudicado pelas guerras no Iraque ou no Afeganistão, pois ele tinha uma reputação sólida devido a suas habilidades gerenciais, sua posição bipartidária e sua experiência em política externa e orçamento, adquirida na administração de Bill Clinton.

Obama acreditava que Panetta era a pessoa certa para liderar a CIA. Alguns meses após ser eleito, o presidente ordenou que ele priorizasse a caçada a Osama bin Laden. Mas, assim como seus antecessores, Panetta se viu em um beco sem saída na busca pelo líder da Al-Qaeda. As fronteiras áridas do Paquistão estavam muito distantes das gravatas de seda e dos corredores de mármore de Washington, D.C.

No final de 2009, Panetta pensou ter encontrado uma pista. Seus agentes conversariam com um médico jordaniano que alegava ter uma conexão com Ayman al-Zawahiri, o subcomandante da Al-Qaeda.

Humam al-Balawi havia sido detido pelas autoridades jordanianas por postar artigos de opinião que encorajavam a jihad — a luta violenta contra os inimigos do islã. Após ser libertado, o médico contatou um respeitado oficial de inteligência da Jordânia, afirmando que havia mudado de ideia e que pretendia se infiltrar na Al-Qaeda para limpar o nome de sua família. Então, no verão de 2009, com a ajuda de seu supervisor, al-Balawi entrou no Paquistão. Ao retornar alguns meses depois, ele disse que havia conhecido al-Zawahiri e que tinha descoberto detalhes consistentes com o histórico pessoal e médico do líder terrorista.

Era um progresso tão importante que Panetta informou Obama. Se o médico havia conseguido se aproximar de al-Zawahiri, ele poderia levá-los a bin Laden. Panetta queria que seus analistas conversassem com al-Balawi a fim de descobrirem mais informações, incluindo sua estratégia para se infiltrar no grupo terrorista.

Então, a CIA marcou uma reunião dentro da Base Operacional Avançada Chapman, na província de Khost, Afeganistão. Al-Balawi e seu supervisor jordaniano chegaram em um carro com um motorista afegão. Ao se aproximar da base Chapman, o veículo passou por vários postos de controle até chegar a um prédio onde várias pessoas receberam o ilustre informante. Jennifer Matthews, chefe de estação da CIA, que havia trabalhado com Gary, estava entre elas. Porém, assim que desceu do veículo, al-Balawi fez o impensável. Ele se suicidou ao detonar um colete explosivo, matando Matthews, quatro funcionários e dois seguranças da CIA, o supervisor jordaniano e o motorista. Seis oficiais da CIA ficaram feridos.

Foi o ataque mais letal contra a CIA em mais de 25 anos. A tragédia assombrava Panetta. Ele tentava enxergá-la como "outra decepção", mas sabia que se tratava de um grande fracasso da inteligência, sendo forçado a encarar a hipótese de que "jamais encontraria o maldito terrorista".

Quando os corpos dos sete oficiais mortos chegaram aos EUA, Panetta foi até a Base da Força Aérea em Dover, Delaware, para se encontrar com as famílias das vítimas. Ele compareceu aos funerais e se sensibilizou com a determinação dos familiares enlutados. Eles desconheciam os detalhes da missão. Apenas sabiam o que Panetta lhes disse: a CIA estava se esforçando para impedir outro 11 de Setembro e para levar o líder da Al-Qaeda à justiça. Cada um deles transmitiu a mesma mensagem a Panetta: Não desista. Continue. Não permita que essas mortes tenham sido em vão.

Em um dos funerais, em Massachusetts, o caminho para o cemitério estava repleto de pessoas segurando bandeiras norte-americanas e cartazes com os dizeres: "Obrigado por servir à nação."

Panetta sussurrou para outro oficial da CIA: "Somos guerreiros silenciosos. Não falamos muito. Mantemos a discrição. Mas veja esses civis norte-americanos homenageando um oficial da CIA. Estamos fazendo o melhor pelo nosso país."

Era imprescindível continuar a busca por aquele ser abominável.

Panetta voltou a Washington e analisou todos os arquivos relacionados ao caso. Anos de anotações táticas, vídeos e organogramas da CIA. Quem era responsável por cada parte da busca? O que esses oficiais estavam fazendo agora? Como as peças se encaixavam? Ele chegou a uma conclusão incontestável: a CIA precisava mudar sua estratégia.

Com base em sua experiência, Panetta sabia que a cadeia de comando precisava refletir as prioridades. Encontrar bin Laden era o principal objetivo do presidente e de Panetta, mas o diretor da CIA não recebia informações regulares e, pior ainda, não havia a quem recorrer para obter atualizações operacionais. Ele tinha uma visão limitada da busca pelo terrorista e o contato com os responsáveis era esporádico.

Após a tragédia em Khost, Panetta convocou uma reunião com os principais oficiais da agência. Em sua sala de conferências, na sede da CIA, ele foi direto ao ponto: "Quem aqui é responsável por encontrar Osama bin Laden?" E, assim como previsto, todos levantaram a mão.

Panetta suspirou. Quatro décadas na administração lhe ensinaram uma lição: "Se todos estão no comando, ninguém está." Nenhum oficial sênior estava se dedicando exclusivamente à missão; não havia um encarregado que trabalhasse dia e noite na caçada a bin Laden. Ele sabia que precisava tomar uma atitude.

Após algumas discussões internas, Panetta colocou Gary e Sam no comando da missão. Gary era um agente de carreira com ampla experiência na área. Ele chefiava o PAD, do Centro de Combate ao Terrorismo, há anos. Para pressionar a equipe e reforçar a prioridade, Panetta exigiu que Gary o informasse toda terça-feira à tarde, mesmo que não houvesse alguma novidade. Com o passar dos meses, Gary começou a temer as terças-feiras.

Sam era analista e assistente de Gary. Ambos supervisionavam missões de contraterrorismo ao longo da fronteira Afeganistão-Paquistão. Em pouco tempo, a caçada a bin Laden também consumiu suas vidas.

E, agora, todo o trabalho poderia ser compensado. Afinal, a equipe havia encontrado aquela fortaleza. Panetta só precisava de um pouco de paciência e sorte. Todos estavam se esforçando. Ele acreditava que tudo se encaixaria. O diretor da CIA respirou fundo e pegou a coleira de Bravo. Talvez uma boa caminhada com seu cão o ajudasse a relaxar antes de encerrar o expediente.

Leon Panetta com Bravo.

CONTAGEM REGRESSIVA:
182 DIAS

31 de outubro de 2010
Cleveland, Ohio

No último dia de uma campanha eleitoral em quatro estados, o presidente Obama sabia que enfrentava uma batalha difícil. Ele tentava evitar um colapso do Partido Democrata. Faltavam apenas alguns dias para as eleições intercalares, que haviam se tornado um referendo sobre o seu mandato. As pesquisas não eram favoráveis. Nem o público em seus comícios. O Wolstein Center, da Universidade Estadual de Cleveland, comportava 14 mil pessoas. Mas, naquela noite, apenas 8 mil haviam comparecido para ouvir o discurso de Obama. Um mau sinal.

Eram tempos difíceis. No início, o mandato de Obama era promissor, mas, aos poucos, a situação degringolou. O otimismo da campanha "Yes We Can", de 2008, foi arruinado pela recessão econômica. Após dois anos no cargo, seus cabelos ficaram grisalhos devido ao estresse. Ele brincava sobre isso em comícios, mas era um assunto sério.

Muitos eleitores se desiludiram com Obama, o que contribuiu para o surgimento de um novo movimento conservador: o Tea Party. Enquanto os membros do grupo anti-Washington apoiavam causas conservadoras tradicionais — impostos mais baixos e redução da dívida pública —, alguns também adotavam teorias da conspiração exageradas. Surgiram boatos maldosos sobre Obama, dizendo que ele era um muçulmano radical, um oportunista africano nascido no Quênia — uma afirmação bizarra incitada por Donald Trump, magnata do ramo imobiliário de Nova York e estrela de *O Aprendiz*, um espalhafatoso reality show.

Para piorar a situação, as tropas dos EUA continuavam no Iraque e no Afeganistão, apesar de Obama ter prometido acabar com as guerras. Na verdade, ele aumentou drasticamente a presença norte-americana no Afeganistão — de 30 mil soldados para mais de 100 mil.

Talvez o complexo em Abbottabad fornecesse as boas notícias de que Obama tanto precisava.

Após a reunião com Panetta e os analistas da CIA em setembro, ele controlou suas expectativas. Qual era a probabilidade de bin Laden estar em Abbottabad? Não parecia plausível. Mas o resultado — a captura, a morte ou a fuga do terrorista — poderia ser o fator decisivo para se ter mais quatro anos na Casa Branca. Quão irônico seria se o responsável por levar bin Laden à justiça fosse um presidente considerado pacifista pela maioria dos norte-americanos? Se acontecesse, não seria a primeira confusão dos críticos em relação a Obama.

Após dois anos de mandato, os norte-americanos ainda estavam conhecendo seu presidente. Para muitos, era um milagre ele ter chegado tão longe. As pessoas gostavam de citar sua vitória nas eleições como um indício do progresso dos EUA desde a Guerra Civil.

O pai de Obama era negro, um bolsista queniano na Universidade do Havaí. A mãe era branca, do Kansas. O casamento deles não durou muito, mas Barack Obama II, seu filho, nasceu em 1961.

Ele foi criado por seus avós no Havaí e graduou-se em ciência política na Universidade Columbia. Em 1985, mudou-se para Chicago, onde trabalhou em South Side como organizador comunitário, ajudando moradores de baixa renda. Três anos depois, entrou na Harvard Law School. Então, retornou a Chicago para se dedicar à prática do direito civil e começou a lecionar direito constitucional na Faculdade de Direito da Universidade de Chicago, primeiro como professor assistente e depois como titular.

Obama era obstinado. Se quisesse causar um impacto real, teria que se envolver na política. Em 1996, ele foi eleito para o Senado do estado de Illinois.

Em 2004, Obama concorreu ao Senado dos Estados Unidos. Naquele verão, foi convidado a fazer o discurso de apoio a John Kerry na Convenção Nacional Democrata em Boston. Ele impressionou o público — e a nação — com sua eloquência jovial. Sua carreira estava em ascensão. Em Illinois, ele recebeu 70% dos votos, garantindo uma cadeira no Senado dos Estados Unidos, uma oportunidade que aproveitou para impulsionar sua candidatura à Casa Branca.

Em 2008, as primárias do Partido Democrata foram uma disputa acirrada entre Obama e Hillary Rodham Clinton, ex-primeira-dama e então senadora por Nova York. Após derrotá-la, Obama escolheu o senador Joe Biden como companheiro de chapa. Juntos, eles venceram o republicano John McCain.

Não foi fácil.

Ele era um homem negro com um nome esquisito. Alguns direitistas gostavam de ressaltar seu nome do meio — Hussein —, como se dissessem: "Veja, ele não é realmente norte-americano." Mas Obama superou os céticos com seu carisma, seu sorriso, sua voz barítona, seu intelecto aguçado e sua mensagem de esperança. A campanha se respaldou em uma agenda ambiciosa de reforma financeira e reinvenção dos sistemas educacional e de saúde.

Na noite em que ganhou a eleição, uma onda de otimismo varreu grande parte do país.

Talvez Obama fosse esperançoso demais. Mas o otimismo não duraria para sempre. Ele herdou uma recessão global causada pelo comportamento imprudente, pela desregulamentação e pelos empréstimos de risco dos grandes bancos e seguradoras. O colapso bancário e habitacional afundou os EUA em sua pior crise financeira desde a Grande Depressão.

Em 2009, depois de apenas nove meses no cargo, o presidente recebeu o Prêmio Nobel da Paz por seus "esforços extraordinários para fortalecer a diplomacia internacional e a cooperação entre as pessoas". Alguns questionaram a premiação do jovem político, pois os EUA ainda estavam em duas guerras. O que Obama havia feito para merecer o Nobel da Paz? O próprio presidente revelou sua surpresa, dizendo que o aceitaria com "profunda humildade".

Na cerimônia de premiação em Estocolmo, na Suécia, Obama evidenciou um lado mais belicista. Embora tenha enaltecido pacificadores do passado, como Martin Luther King Jr. e Mahatma Gandhi, admitiu que, às vezes, as guerras eram justas. Ele não era um pacifista.

"Sei que não há nada de fraco — nada de passivo, nada de ingênuo — na crença e nas vidas de Gandhi e King. Mas como chefe de Estado, que jurou proteger e defender a nação, não posso me pautar apenas nesses exemplos. Encaro o mundo tal como ele é e não deixarei de agir diante das ameaças ao povo norte-americano. Pois não se enganem: o mal persiste no mundo.

"Um movimento pacífico não teria detido as tropas de Hitler. Negociações não são capazes de convencer os líderes da Al-Qaeda a baixar as armas. Dizer que a força é ocasionalmente necessária não representa um apelo ao cinismo, mas um reconhecimento da história, das imperfeições do homem e dos limites da razão."

Durante a campanha presidencial de 2008, Obama afirmou que, se tivessem a chance, os EUA executariam bin Laden. Ao ser eleito, em comparação ao governo Bush, ele autorizou mais ataques letais de drones contra alvos de alto valor. E continuava a pressionar Panetta para encontrar o líder da Al-Qaeda.

A maioria das ações antiterroristas acontecia em sigilo. Do contrário, seria impossível reverter a narrativa de que o presidente era muito sensível e ponderado. Essa impressão poderia ser diferente se os EUA capturassem ou executassem bin Laden durante o mandato de Obama. Mas ele não tinha tempo para pensar nisso. Não, era hora de se concentrar em seu discurso. Talvez houvesse uma chance de mudar a opinião de alguns eleitores antes da decisão nas urnas.

CONTAGEM REGRESSIVA:
181 DIAS

1º de novembro de 2010
Norte da Virgínia

Gary levantou da cama às 5h30 e foi para a cozinha. Encheu uma tigela com cereais, despejou um pouco de leite e pegou um copo de suco de laranja. Enquanto comia, ele olhou pela janela, tentando enxergar o quintal escuro através de seu reflexo cinzento.

Mais uma madrugada, mais um longo dia cheio de reuniões, relatórios, telefonemas e e-mails. Abbottabad.

Gary colocou a louça na pia e foi se vestir. Em breve, a esposa e os filhos levantariam para ir à escola e ao trabalho. Ele não os via muito. Estava trabalhando mais, e isso significava que as responsabilidades domésticas recaíam sobre a esposa. Ela não reclamava, mas existia uma tensão.

Antes de sair de casa, Gary observou a tigela e a colher sujas na pia, a caixa de leite ainda no balcão. Ele deu meia-volta, pegou a esponja e lavou a louça.

Seria necessário tirar uma folga, mesmo que seu trabalho envolvesse a maior prioridade da CIA. Gary rastreava bin Laden e sua organização terrorista há anos. Ainda não havia provas, mas ele sabia que o líder da Al-Qaeda estava no complexo. Só precisava se esforçar mais e, então, teria férias.

Sua dedicação profissional o fizera chegar até ali, mesmo quando parecia que sua carreira havia acabado. Como um dos líderes de uma equipe em Bagdá, em 2004, Gary alertou Donald Rumsfeld, secretário de Defesa, sobre o aumento da violência radical no Iraque. Rumsfeld temia uma enrascada como a do Vietnã, com tropas norte-americanas dedicadas a combater um inimigo invisível. Ele se recusou a acreditar na CIA. Não existia insurgência no Iraque, insistiu Rumsfeld, e os analistas que o contrariaram pagaram o preço. Gary, o segundo encarregado da equipe, foi rebaixado a um cargo de escritório na sede da CIA, em Langley. Sua brilhante carreira havia sido "jogada no lixo".

Anos depois, ele pôde rir da situação. Gary tinha assumido um trabalho que, a seu ver, marcava o fim de sua carreira, mas, assim como uma fênix, ele conseguiu renascer das cinzas. Agora, era o líder da equipe na caçada a bin Laden. Engraçado como o mundo dá voltas.

Antes do amanhecer, Gary entrou em seu carro para dirigir até a sede da CIA. Com um amplo conhecimento sobre o Oriente Médio, ele era o chefe do Departamento Paquistão-Afeganistão, do Centro de Combate ao Terrorismo. O primeiro compromisso da manhã era uma reunião com Sam, seu assistente, o maior especialista em Al-Qaeda da agência. Na verdade, Sam e Gary estavam em pé de igualdade nessa missão. Ambos eram esforçados e motivados, consumidos pelas pequenas peças que completariam o quebra-cabeça.

Gary, com quase cinquenta anos, era o mais velho, um veterano castigado pelo tempo. Ele tinha 1,80m e pesava 90kg. Era um pouco calado, um observador; mas, ao ser desafiado, "expressava suas opiniões". Em seus quarenta e poucos anos, Sam tinha um rosto jovial, cabelos claros e um futuro promissor.

A CIA era uma ótima escolha de carreira. A agência fornecia informações de segurança nacional às autoridades norte-americanas e coletava dados para impedir ameaças internacionais. Sob a orientação do presidente, os oficiais também executavam missões e se envolviam em atividades secretas para proteger a nação de ataques terroristas. O trabalho era estressante e não havia muito reconhecimento. Erros podiam ser fatais.

A CIA foi criada após o ataque japonês a Pearl Harbor, em 7 de dezembro de 1941. O presidente Franklin D. Roosevelt fundou o Escritório de Serviços Estratégicos para coordenar atividades de inteligência e analisar informações estratégicas durante a Segunda Guerra Mundial.

Após a guerra, o presidente Harry S. Truman reconheceu a necessidade de uma agência de inteligência centralizada. A Guerra Fria estava se intensificando, e os Estados Unidos precisavam se manter bem informados para combater as ameaças da União Soviética e da China. Em 1947, Truman assinou a legislação que criou a Agência Central de Inteligência. Sessenta e três anos depois, ela contava com 21 mil funcionários e um orçamento anual de US$15 bilhões.

Gary podia sentir a história sempre que entrava na sede da CIA — vários prédios em um terreno de 105 hectares no norte da Virgínia, a alguns quilômetros a oeste de Washington, D.C. Mesmo de manhã, o PAD, do Centro de Combate ao Terrorismo, estava a todo vapor, com cerca de metade das centenas de funcionários trabalhando.

O escritório de Gary ficava no subsolo do prédio principal. Parecia qualquer outro espaço corporativo, com cubículos e forro de teto. Ao longo da parede, havia janelas estreitas pelas quais entrava a luz artificial da área comum. Ele poderia passar horas ali, sem nunca saber se era dia ou noite.

O chefe se ajeitou na mesa, leu os relatórios enviados por agentes ao redor do mundo e conferiu seus e-mails. O escritório ficava no final do corredor da sala de Sam, que aparecia após analisar o "material mais importante" da manhã.

Gary e Sam mantinham o que chamavam de "ritmo de batalha". Eles conversavam para garantir o alinhamento, então Sam voltava para sua sala. O assistente tinha responsabilidades dentro do departamento de Gary, mas também exercia um trabalho analítico de alto nível e gerenciava outras pessoas e missões.

Gary era um "reincidente", um funcionário que ficava por muito tempo em projetos específicos. A maioria das missões da CIA durava dois anos, e os oficiais que queriam progredir acabavam atuando em outras áreas. Mas Gary apreciava a constância. Ele tinha um cargo bom e seguro na batalha contra a Al-Qaeda, uma missão que exigia conhecimento institucional. Gary e Sam assumiram essa responsabilidade no longo prazo, organizando a guerra estratégica e tática contra a liderança da Al-Qaeda. Eles estavam ansiosos para encontrar bin Laden, mas, até então, grande parte do trabalho havia focado os comandantes da organização terrorista. A liderança inferior era mais tática e conduzia o ciclo diário, semanal e mensal de ataques no Oriente Médio.

A CIA travava uma guerra invisível contra a Al-Qaeda, em várias frentes. Embora lidassem com aspectos distintos dessa batalha, Gary e Sam eram interdependentes. Eles colaboravam para obter informações. O trabalho em equipe era fundamental. Todas as informações eram compartilhadas. Com a CIA valendo-se de operações secretas — drones letais, incursões das Forças Especiais —, a inteligência adequada possibilitava atingir qualquer alvo, em qualquer lugar, a qualquer momento.

Desde que Gary foi expulso da equipe no Iraque, a situação havia mudado radicalmente. Em 2004, quando foi transferido para a sede da CIA, ele pensou que sua carreira estava arruinada. Ele recebeu "avaliações realmente desfavoráveis", mas se reergueu e seguiu em frente.

Enquanto assistia ao 11 de Setembro pela televisão, Gary prometeu a si mesmo que não deixaria a CIA até que a Al-Qaeda fosse derrotada, até que os EUA "destruíssem completamente sua liderança". Ele queria assegurar que a organização terrorista nunca mais atacasse o país. Gary trabalhava em relativo anonimato, rastreando pistas para tentar cumprir sua promessa. E então, em 2009, depois que Obama tomou posse, Osama bin Laden voltou a ser prioridade. E a situação profissional de Gary melhorou repentinamente.

Ao conhecer Panetta, Gary se sentiu energizado. O novo diretor era um líder experiente que valorizava reuniões regulares. Ele não era um oficial da CIA. Não tinha qualquer ligação com a agência antes de ser nomeado por Obama. Mas entendia a burocracia de Washington — o que estava ao seu alcance e como poderia fazer as coisas acontecerem. Panetta tinha contatos e era benquisto. Se a equipe de Gary descobrisse as pistas, ele conseguiria aproveitá-las.

Então, quando algumas peças do quebra-cabeça se encaixaram e o mensageiro os levou ao complexo em Abbottabad, Gary e Sam souberam que era hora de contar a novidade a Panetta. Eles não superestimaram a pista. Gary tinha dúvidas em relação ao complexo. Mas "a relevância da informação era inegável".

E Panetta percebeu essa importância. Gary sabia exatamente com quem ele compartilharia a informação. "Preparem-se", pediu o diretor. Após a reunião da equipe com Obama, o presidente solicitou a intensificação dos esforços para descobrir quem morava no complexo.

Agora, Gary estava trabalhando ainda mais e pressionando o seu departamento a fazer o mesmo. Era um assunto de extrema urgência. O convívio familiar já não era uma possibilidade. De pé às 5h30, de volta após as 21h. Ele aproveitava os fins de semana para colocar o trabalho em dia. E, com a pressão constante de Panetta, o ritmo era frenético. Por quanto tempo ele e sua equipe aguentariam? Impossível saber. Gary só sabia que estavam perto demais para se preocupar com isso agora.

CONTAGEM REGRESSIVA:
179 DIAS

3 de novembro de 2010
Abbottabad, Paquistão

O Dr. Shakil Afridi observou o homenzinho raquítico fechar a porta e sair calmamente pelo portão da frente. Era um agente da CIA. Bem ali na clínica.

Ao contrário de muitos paquistaneses, o Dr. Afridi considerava os EUA um aliado que ajudava seu país durante um período sombrio e violento. Agora, os norte-americanos queriam deixá-lo rico. E ele só precisava agir corretamente. O médico receberia milhares de dólares apenas para criar uma campanha de vacinação contra hepatite em Abbottabad.

Afridi já tinha feito várias dessas campanhas. Não seria difícil. E era uma excelente oferta. Dentre as centenas de doses administradas, a CIA queria que ele vacinasse as pessoas de uma casa específica da cidade. O agente lhe daria detalhes assim que ele aceitasse a proposta.

Afridi sentou-se em silêncio e tentou acalmar sua mente.

Não era uma decisão simples. Trabalhar com uma agência estrangeira como a CIA poderia causar problemas. Se a notória Inteligência Inter-serviços (ISI), do Paquistão, descobrisse, sua vida estaria em perigo. Havia muitos riscos e várias perguntas sem resposta. Ele disse ao agente que precisava de um tempo para pensar.

Afridi tinha muito a perder. Ele havia se esforçado para se tornar médico. Um cirurgião respeitado, tinha acabado de chegar a Abbottabad.

A agência o escolheu por causa de sua reputação, disse o homem. Pessoas que trabalhavam com caridade contaram à CIA que Afridi ajudava os necessitados há anos, tratando muitos que não tinham acesso a cuidados de saúde.

O médico não era tolo. Ele sabia que era bajulação, que havia algum motivo oculto. Toda uma campanha de vacinação só para chegar às pessoas de uma casa? Quem eram elas? Era tudo muito vago. Mas devia ser algo importante, considerando todo o trabalho.

Teria que ser ultrassecreto. Ele não poderia contar à esposa, ao irmão, a ninguém. A esposa era professora. Eles tinham três filhos pequenos. O que aconteceria com eles se o governo descobrisse? O médico trabalhou tanto para sair da pobreza, para se tornar um profissional. Valeria a pena correr o risco?

Dr. Shakil Afridi.

Afridi era de uma área tribal de Khyber, uma parte do Paquistão próxima à fronteira com o Afeganistão conhecida há séculos como uma rota de contrabando. Durante a invasão soviética do Afeganistão, os mujahideen estabeleceram uma base operacional avançada na região. Khyber também era a capital paquistanesa da heroína. Os mujahideen operavam laboratórios para refinar as papoulas de ópio que cresciam nos campos afegãos. Eles usavam o lucro das drogas para financiar suas guerras.

Após o 11 de Setembro, quando os EUA invadiram o Afeganistão, muitos combatentes do Talibã e da Al-Qaeda mudaram-se para Khyber. Quilômetros de paisagem foram marcados por anos de ataques de drones do exército norte-americano e de operações anti-insurgentes paquistanesas.

Afridi cresceu em meio ao sofrimento e à destruição da guerra. Ele decidiu se tornar um médico como aqueles que ajudavam os combatentes feridos em sua rua. Poucos moradores da sua pobre área rural tinham acesso à educação, muito menos frequentavam a faculdade de medicina.

Mas Afridi superou as adversidades. Com o incessante apoio da família, ele se formou na Khyber Medical College em 1990, com uma especialização em cirurgia geral. Sua clínica prosperou e ele foi nomeado cirurgião-chefe no Hospital Jamrud, onde se juntou a campanhas de vacinação patrocinadas por instituições de caridade estrangeiras que esperavam curar a poliomielite no Paquistão.

As campanhas realmente faziam a diferença no distrito de Khyber. A clínica de Afridi recebia kits de assistência de ONGs como a Save the Children. Já era de se esperar que a rede de inteligência estrangeira ficasse de olho nos envolvidos em programas de ajuda internacional.

Afridi não sabia, mas fazia parte de um plano elaborado para identificar Osama bin Laden. A CIA esperava que uma campanha de vacinação em Abbottabad possibilitasse a entrada de Afridi ou outro profissional de saúde no complexo para coletar o DNA dos moradores. A agência tinha o DNA da irmã de bin Laden, que havia morrido em um hospital de Boston no início de 2010. A compatibilidade das amostras encerraria o caso, confirmando a presença do alvo na casa. Então, a CIA poderia planejar o próximo passo.

O agente não revelou essa informação a Afridi. Apenas disse que ele receberia dinheiro para criar uma campanha de vacinação. Primeiro, era preciso se certificar de que o médico era confiável.

Trabalhar no Paquistão era perigoso. Por anos, líderes paquistaneses insistiram que bin Laden havia morrido durante sua fuga do Afeganistão. Do contrário, provavelmente estava escondido nas montanhas no leste afegão. Quando se tratava de terrorismo, o Paquistão cooperava com os EUA; em troca, o governo recebia bilhões em ajuda norte-americana. O Paquistão era uma essencial rota de abastecimento dos EUA para a frente no Afeganistão. Mas não era segredo que facções do exército paquistanês e seu temido serviço de inteligência mantinham laços com o Talibã, talvez até com a Al-Qaeda. Isso incomodava Afridi. Ele via a dor que o Talibã e a Al-Qaeda causavam ao seu povo.

Outras questões martelavam na mente do médico. O agente havia mencionado uma casa em Abbottabad. Por que a CIA procurava uma pessoa específica? Por que precisava de alguém infiltrado? Qual era o objetivo?

Afridi estava confuso. Será que a CIA procurava por um membro das forças armadas? A prestigiada Academia Militar do Paquistão ficava na cidade. A cada ano, apenas mil alunos eram admitidos, os melhores e mais inteligentes.

Porém Abbottabad era mais do que uma cidade militar. Era um resort de verão para a elite, com uma atmosfera vivaz, quilômetros de floresta e os Himalaias ao fundo. Não era um lugar barato para se viver. Quem morava naquela casa tinha dinheiro, o que deixava Afridi ainda mais tenso.

O médico suspirou e se levantou. Apagou as luzes, trancou a clínica e caminhou até seu carro. Ele precisaria decidir logo. Só queria ter mais tempo para pensar.

CONTAGEM REGRESSIVA:
177 DIAS

5 de novembro de 2010
Langley, Virgínia

Leon Panetta estava furioso. As pessoas ao redor da mesa tentavam manter a compostura enquanto ele berrava. Por quase dois meses, o diretor encorajou, elogiou, pressionou seus analistas para que se esforçassem mais e, de alguma forma, identificassem os moradores do complexo. A agência tinha muito trabalho ao redor do mundo, mas Panetta estava especialmente focado naquele único objetivo.

"Somos a CIA, pelo amor de Deus! A maior agência de inteligência do mundo. Hollywood faz filmes de espionagem sobre nós." Ele bateu na mesa. "Mas somos incapazes de descobrir quem está dentro de uma casa a menos de 1km da Academia Militar Paquistanesa?"

Escritura do imóvel? Entregadores? Médicos? O local não era isolado. O complexo ficava em uma cidade movimentada de 200 mil pessoas. Havia lojas e mercados, lugares perfeitos para coletar informações. As pessoas adoravam falar sobre seus vizinhos.

"Investiguem mais a fundo!", ordenou.

Panetta costumava ser agradável e diplomático, sobretudo ao cumprimentar políticos no Capitólio. Ele raramente perdia a paciência. Mas, quando este era o caso, não media palavras — e, naquela reunião, os especialistas em contraterrorismo sentiram isso na pele.

"Esta é a principal prioridade da CIA", disse ele. "Não se preocupem com orçamentos. Apenas descubram quem mora lá."

Panetta havia começado a reunião com bastante calma. Ele entrou na sala se sentindo otimista, esperando novas informações da equipe. Desde que o presidente fora informado sobre a "fortaleza", um pequeno grupo de analistas e agentes da CIA estava trabalhando sem parar. Os agentes perscrutavam a cidade discretamente. Eles vigiavam a rua por tempo suficiente para registrar quem entrava e saía do complexo, os hábitos dessas pessoas, onde compravam farinha, azeite e lâmpadas. Os agentes analisavam imagens de vigilância e de satélite. Eles sabiam que al-Kuwaiti morava na casa de hóspedes e que seu irmão Abrar morava na casa principal, junto com suas famílias.

A investigação resultou em uma descoberta significativa: a terceira família — incluindo um homem, uma mulher e um adolescente — morava no andar de cima da casa principal. Quase todos os dias, o homem passeava pelo pátio por uma ou duas horas. Ele andava de um lado para o outro, dia após dia, movendo-se pelo complexo como um detento em um pátio da prisão. Os analistas o apelidaram de "Pacer".

O complexo em Abbottabad, Paquistão.

Entretanto, as imagens de satélite não forneciam uma visão clara do rosto do homem, o que impedia sua identificação. Panetta sugeriu enviar um "espião humano" ou se aproximar com dispositivos eletrônicos. Os operadores disseram que isto seria impossível, inseguro, inviável. A última coisa de que precisavam era arruinar o disfarce.

Com o passar do tempo, o Pacer começou a enlouquecer Panetta. Seria bin Laden, andando de um lado para o outro? Uma isca? Uma armação?

Nas semanas seguintes, a equipe analisou todos os ângulos possíveis. Osama bin Laden tinha pelo menos 1,90m. A distância, o Pacer parecia um homem alto. Panetta convocou especialistas em imagens de satélite para definir sua altura. Mas isso se revelou um fracasso. Os resultados determinaram que o homem media "entre 1,73 e 2m".

Panetta pediu a Gary para que encontrasse uma forma de aproximar uma câmera do complexo: "Faça o que for preciso." Mas Gary disse que era arriscado demais.

Ele sugeriu enviar uma equipe para colocar câmeras nas árvores do quintal durante a noite. Panetta sabia que era perigoso, mas de que outro modo eles veriam o rosto do homem?

"Sabe, eu vi filmes nos quais a CIA fazia isso", disse o diretor.

Mas Gary o lembrou de que aquela situação não era uma superprodução de Hollywood. As baterias das câmeras não durariam o suficiente. Além disso, eram árvores decíduas, o que significava que as folhas cairiam no inverno, expondo as câmeras. (Aparentemente, alguém no complexo também constatou que as árvores eram um risco à segurança. Uma nova imagem de satélite revelou que elas haviam sido cortadas.)

"Podemos acessar as tubulações de esgoto do complexo para coletar DNA?", questionou Panetta.

Essa hipótese foi rapidamente descartada. Por semanas, o diretor continuou sugerindo ideias. E Gary, o veterano pragmático e detalhista que liderava a equipe, quase sempre apresentava decepcionantes "obstáculos". Na opinião de Panetta, ele parecia despender mais energia refutando ideias do que encontrando maneiras de executá-las.

Gary havia tentado todos os truques que não prejudicassem os agentes em campo. Não era sua primeira vigilância. Ele já tinha experiência com "situações complicadas".

Gary serviu várias vezes no exterior. Como chefe do PAD, do Centro de Combate ao Terrorismo, ele conhecia muito bem o mundo islâmico. Ele e Sam pressionavam a equipe para obter mais e melhores informações. Mas eles já haviam tentado de tudo, como Gary explicou a Panetta naquela manhã.

O diretor perdeu a paciência. "Vocês já esgotaram todas as possibilidades?", questionou, encarando Gary.

Gary ficou em silêncio, frustrado pela "incapacidade" de Panetta em compreender que o trabalho de inteligência não seguia um cronograma. Ele sabia que, como novato, o diretor ainda não tinha visto o filme todo. Panetta desconhecia o ritmo dos casos. Na opinião de Gary, ele não entendia o impacto do fator sorte na vigilância. E Gary sabia que Panetta não era complacente. Não, ele fazia questão de expressar suas ideias: "Por que vocês não tentam isso? Por que vocês não tentam aquilo?" Contudo, quando Gary explicava por que não daria certo, o diretor ficava nervoso e se mostrava irredutível. Gary sabia que ele considerava os analistas e agentes "acomodados e inflexíveis", despreparados para acatar suas ideias e indolentes demais para ter as próprias.

Gary estava certo sobre Panetta. O diretor o respeitava e achava que ele só estava esgotado. Gary era um operador, um coletor de informações. Ele parecia mais orientado a táticas do que a estratégias.

Desde que assumiu a agência, Panetta tinha mais contato com Sam — eles debatiam o programa de drones e alguns outros problemas. Na mente do diretor, Sam era o oficial que juntava as peças do quebra-cabeça. Talvez fosse o momento de fazer uma mudança.

Por ora, Panetta percebeu que a raiva não o levaria a lugar algum. Antes de finalizar a reunião, ele exigiu que a equipe apresentasse dez novas ideias no próximo encontro, senão...

Os oficiais saíram da sala em silêncio.

Panetta, então, se dirigiu a Morell e Jeremy Bash, expressando frustração. "Não acho que Gary seja o líder ideal", disse. "Vocês acham que devo substituí-lo? Ele parece desmotivado."

Bash sabia que era uma má ideia. Gary e sua equipe trabalhavam muito e se sentiam tão frustrados quanto Panetta. Então, ele pediu ao diretor que esperasse, pois conversaria com Gary e advertiria a equipe que seus empregos estavam em risco.

E foi exatamente o que ele fez. Bash reuniu os agentes desanimados e explicou que eles só precisavam trazer novas ideias para a mesa, nada mais. Simplesmente descartar as sugestões de Panetta ou de outros líderes da CIA não era suficiente.

"Proponham alguma coisa, não importa o quão mirabolante. Comecem a refletir. Vocês precisam tranquilizar Panetta, provar que não desistiram. Usem suas ideias para montar um esquema. Anotem tudo. É como uma aula de matemática. Vocês têm que mostrar seu trabalho", declarou.

Panetta havia exigido dez ideias. Bash aumentou o número para 25. "Não questionem a viabilidade, não questionem a qualidade. Basta anotar tudo", disse.

Ele não estava preocupado com as ideias que surgiriam. Só precisava motivá-los. Os oficiais estavam empacados, mas Bash reconhecia sua capacidade. Eram agentes de elite, os melhores entre os melhores. Ele viu o quanto se esforçaram para chegar tão longe.

Brainstorming era uma técnica muito básica para o trabalho em equipe, mas Bash estava disposto a usar todos os recursos possíveis. Assim como Panetta, ele também era novato no mundo da inteligência. Formado em Harvard, Bash era um advogado que sempre havia se interessado por questões de segurança nacional. Em 2000, ele foi conselheiro de segurança da campanha presidencial de Al Gore. Mais tarde, ele integrou a equipe jurídica do candidato na recontagem de votos na Flórida, empreitada que durou 36 dias.

A equipe se reuniu com Panetta uma semana depois. Ele sentou na ponta da mesa de conferência, enquanto Gary, Sam e os outros entravam em silêncio.

Os agentes não apresentaram 10 ou 25 ideias. Eles trouxeram 38 sugestões para tentar obter informações sobre o complexo e, mais importante, sobre o Pacer. Eles inclusive elaboraram o que chamaram de "Tabela das 38".

Panetta sorria à medida que a equipe explicava as ideias. Algumas eram absurdas, como jogar uma bomba de fedor no complexo e fotografar os moradores fugindo; colocar dispositivos de escuta nos mantimentos entregues; ou utilizar um sistema de som para tocar uma voz grave e estrondosa — parecida com a de James Earl Jones — que proclamaria: "Eu sou Allah. Ordeno que vocês saiam desta casa!"

Sim, algumas ideias eram malucas. Panetta não sabia se elas levariam a novas informações. Mas e daí? Ideias bizarras eram melhores do que nada.

E, durante a reunião, algo mais aconteceu. Panetta sentiu a motivação da equipe. No fim das contas, era o que o diretor mais queria. Além, é claro, de capturar Osama bin Laden, vivo ou morto.

CONTAGEM REGRESSIVA: 138 DIAS

14 de dezembro de 2010
Washington, D.C.

Obama dirigiu-se para a Sala de Crise. Panetta atualizaria o presidente e a equipe de Segurança Nacional da Casa Branca sobre o complexo no Paquistão. Obama não recebia notícias desde setembro, mas sabia que a reunião não seria solicitada se não houvesse novidades.

O presidente tinha outras coisas em mente. Naquele mesmo dia, viajaria para duas semanas de férias no Havaí. Claro, ele chamava de férias, porém, tal como seus antecessores, não poderia simplesmente desligar o celular e desaparecer. Não existia folga para o comandante-chefe. Obama receberia atualizações diárias e faria telefonemas importantes. Só não estaria na Casa Branca. Talvez, com sorte, conseguiria passar um tempo na praia com a esposa e as filhas.

Mas, antes de viajar, Obama precisava comparecer àquela reunião sobre bin Laden. Ele sabia que, mesmo escondido, o terrorista era o recrutador mais eficaz da Al-Qaeda. A cada vídeo, bin Laden radicalizava homens e mulheres vulneráveis no mundo todo. Os especialistas em segurança nacional — e as atualizações diárias para Obama — advertiam que o grupo terrorista era mais perigoso agora do que em anos. Todos os dias pareciam trazer um atentado ou uma conspiração no horizonte.

Eliminar bin Laden era essencial para reformular a estratégia antiterrorista dos EUA. Obama acreditava que o país havia perdido o foco.

Em vez de se concentrarem em bin Laden e nos outros planejadores do 11 de Setembro, os EUA optaram por uma "Guerra ao Terror" que não foi suficiente para conter a violência terrorista. Obama achava que eliminar bin Laden faria o mundo se lembrar de que o terrorismo não era uma força monumental, e de que os terroristas não passavam de "um bando de assassinos iludidos e cruéis — criminosos que podiam ser capturados, julgados, presos ou mortos".

Obama sabia que o Oriente Médio era uma bomba-relógio em parte devido aos erros de política externa dos EUA. O país invadiu o Iraque sob uma premissa fracassada promovida por oficiais da inteligência. Eles advertiram que Saddam Hussein oferecia refúgio seguro para terroristas da Al-Qaeda. Pior ainda, eles acharam que o Iraque escondia armas de destruição em massa. Nada disso era verdade.

A invasão do Iraque alienou grande parte do mundo muçulmano e desestabilizou toda a região. O Iraque e o Irã eram inimigos há décadas, tendo travado uma guerra sangrenta nos anos 1980. Com a morte de Hussein, o poder e a influência do Irã se espalharam desenfreadamente pelo Oriente Médio. E agora, segundo todos os relatórios de inteligência dos EUA, o Irã dava seguimento ao seu programa nuclear. Obama e outros líderes mundiais temiam que o país viesse a desenvolver armas nucleares. Se isso acontecesse, o equilíbrio de poder no Oriente Médio mudaria para sempre.

Obama não sabia o que esperar de Panetta. Após a última reunião, o presidente percebeu que não havia informações suficientes para comprovar a presença de bin Laden no complexo. Poderia ser qualquer outra pessoa — um membro da Al-Qaeda, um criminoso ou talvez a matriarca de uma família poderosa. Era improvável que o terrorista vivesse em uma área tão populosa. Seria muito arriscado.

De última hora, a equipe de Panetta foi incluída na reunião pré-férias presidenciais. Quando Obama convocava sua equipe completa de conselheiros da Casa Branca e do Gabinete, o grupo era chamado de Conselho de Segurança Nacional. No entanto, para evitar o vazamento dessas últimas informações sobre bin Laden, o presidente excluiu alguns altos funcionários, como a secretária de Estado Hillary Clinton e o secretário de Defesa Robert Gates. As reuniões aconteciam na Sala de Crise, onde os segredos mais profundos da nação eram discutidos regularmente.

Presidente Barack Obama na Sala de Crise com (da esquerda para a direita) Michael Morell, vice-diretor da CIA; Leon Panetta, diretor da CIA; e os conselheiros Tom Donilon e John Brennan.

A Sala de Crise não era um escritório, mas um conjunto de salas envolto em sigilo. Localizada no porão da Ala Oeste, a área principal — chamada Sala de Conferências John F. Kennedy — acomodava dezenas de pessoas. Havia uma longa mesa marrom, geralmente tomada por blocos de nota e canetas. Celulares ou dispositivos eletrônicos pessoais tinham que ficar do lado de fora, em uma pequena caixa ou em um armário. Televisores de tela plana se espalhavam pelas paredes beges.

Apenas pessoas com credenciais de segurança máxima eram autorizadas a entrar, tornando a sala o local perfeito para Panetta compartilhar as últimas informações sobre Abbottabad. Com o Serviço Secreto a postos, o presidente entrou na sala principal, repleta de homens em ternos escuros: Panetta, Morell, Bash, Sam e Mike.

Panetta disse que queria atualizar o presidente sobre a vigilância do complexo, e então passou a palavra para Mike. Obama ouviu atentamente enquanto o diretor do Centro de Combate ao Terrorismo da CIA revelava os fatos mais recentes.

O mensageiro al-Kuwaiti havia usado um nome falso para comprar a propriedade. O complexo em si era extraordinariamente espaçoso, muito maior do que as casas vizinhas, e era ainda mais seguro do que a CIA imaginava. Os moradores se esforçavam muito para esconder suas identidades. As idades das crianças pareciam coincidir com as dos filhos de bin Laden. E a terceira família, tal como as outras que viviam no complexo, nunca saía do local.

Sam acrescentou outras informações.

"Há um homem lá", disse. "Nós o chamamos de Pacer." Utilizando vigilância aérea, a equipe constatou que esse homem nunca deixava o complexo. Ele costumava andar em círculos no pequeno jardim do pátio antes de voltar para dentro da casa principal. A investigação não forneceu uma imagem clara do rosto, da altura exata ou qualquer outro dado que possibilitasse a identificação dele. Mas isso não diminuiu o entusiasmo de Sam.

"Achamos que pode ser bin Laden", afirmou.

Então, ele mostrou um vídeo do Pacer. O presidente percebeu que, pela imagem, era impossível identificar o homem. Obama se manteve impassível. Assimilou a informação e fez a pergunta que pairava na mente de todos: "O que mais podemos fazer para confirmar a identidade dele?"

A CIA estava trabalhando fervorosamente para identificá-lo, disse Sam. Qualquer movimentação incomum dentro ou perto do complexo seria facilmente percebida, explicou, e a equipe não queria levantar suspeitas. Se houvesse um indício de vigilância, o Pacer poderia fugir no meio da noite.

Obama fitou Sam. "Qual é a sua opinião?"

Ele hesitou. Qualquer coisa que dissesse seria especulação, mas ele era um dos responsáveis por montar aquele intrincado quebra-cabeça. Mesmo que não tivesse provas, ele sabia o que estava dizendo.

"Há uma grande chance de que seja bin Laden", afirmou.

Panetta concordou. Ele disse que "a opinião da CIA" era que al-Kuwaiti estava abrigando bin Laden. Era um grande avanço burocrático. Mas Panetta esclareceu que a agência tinha apenas uma "certeza relativa", baseada em evidências circunstanciais. Ainda não havia provas de que o terrorista estava no complexo.

Já era o bastante. Obama sabia que havia informações suficientes para ao menos planejar um possível ataque ao complexo. Então, ainda na Sala de Crise, ele disse a Panetta que, além de incentivar a equipe a continuar trabalhando para identificar o Pacer, queria que o diretor da CIA começasse a pensar nos Conceitos de Operação (CONOPs) — como os EUA perseguiriam bin Laden, caso o presidente decidisse agir.

Obama esclareceu ainda um outro aspecto: ele não queria envolver os militares no planejamento. Pelo menos não ainda. O sigilo era de extrema importância. Mais uma vez, o presidente enfatizou que poucas pessoas deveriam ter aquelas informações. Se estas vazassem, qualquer chance de pegar bin Laden seria perdida, e todo o trabalho, desperdiçado.

Andar superior do complexo em Abbottabad.

Obama tinha uma certeza. Se o Pacer fosse bin Laden, os EUA não poderiam envolver os paquistaneses. Sim, eles trabalhavam estreitamente com o Paquistão em algumas operações de contraterrorismo, e, sim, o complexo ficava bem no meio do país. Mas alguns membros do exército paquistanês indicavam ter vínculos com o Talibã e talvez com a Al-Qaeda. Havia o perigo de que alguém informasse bin Laden.

Os paquistaneses ficariam furiosos se os EUA iniciassem um ataque em seu território. Impossível saber qual seria a retaliação. Entretanto, se o Pacer realmente fosse bin Laden, Obama sabia que talvez precisasse correr esse risco. Ainda era cedo para decidir. Os EUA precisavam de mais informações — e rápido.

CONTAGEM REGRESSIVA:
133 DIAS

19 de dezembro de 2010
Cidade de Nova York

O despertador tocou. Jessica Ferenczy levantou a cabeça do travesseiro. Era um domingo de manhã. Ela estava de folga, mas tinha uma pequena viagem planejada.

Assim que saiu da cama e começou a se arrumar, ouviu a agitação e sentiu o cheiro do café da manhã vindo do andar de cima. Bacon, ovos e uma criança chorosa. Larry e os filhos provavelmente a chamariam para juntar-se a eles. Em um outro momento, ela teria aceitado; desta vez, no entanto, recusaria educadamente, pois precisava pegar a estrada.

Ferenczy estava se acostumando a conviver com uma jovem família barulhenta. Alguns meses antes, Larry, seu supervisor, e a esposa sugeriram que ela morasse com eles — um ato de misericórdia. Como enfrentava questões emocionais no trabalho, Jessica passou a se isolar cada vez mais; porém, na casa de Larry, ela estava se tornando um membro da família. E também fazia sua parte. Na casa, havia duas crianças e um adolescente. Quando estava de folga, ela ajudava a cuidar dos mais novos. A seu ver, era impossível ficar deprimida na presença de bebês.

Ferenczy colocou algumas canetas e um caderno em sua bolsa, pegou a jaqueta e subiu as escadas. Ela se despediu da família e apressou-se para sair. Ao dar partida no carro, percebeu que deveria ter comido algo. No caminho para a estrada principal, ela parou em uma loja de conveniência e pediu um sanduíche e um café para viagem. Aquilo teria que ser suficiente, pelo menos por um tempo.

Ferenczy estava indo para Montauk, um vilarejo localizado em uma extremidade de Long Island. Durante o verão, as praias ficavam lotadas, mas, com aquele vento cortante soprando do Atlântico, não haveria ninguém. Ótimo.

Era um de seus dias especiais de lembrança. Ela estacionaria o carro no topo do Montauk Point State Park, apreciaria a vista do Oceano Atlântico, ouviria o vento e escreveria.

Era o aniversário deles. Doze anos antes, em 19 de dezembro, Jerome Dominguez havia parado a moto no estacionamento da delegacia de Jessica em Manhattan, e conquistado seu coração.

Montauk Point guardava memórias especiais para ela.

Dominguez adorava motos. Antes de ser transferido para a Unidade de Serviço de Emergência da polícia de Nova York, ele integrava o patrulhamento motorizado. Até conhecê-lo, Ferenczy nunca tinha andado de moto.

Depois que foram morar juntos, ele tentou ensiná-la a pilotar. No início, ela estava relutante, mas teve que aprender após ser presenteada com uma nova Harley-Davidson Sportster.

O casal praticava nos estacionamentos e nas ruas de West Islip, em Long Island, onde morava na época. Quando sentiu que Jessica estava pronta, Dominguez decidiu fazer um teste.

"Você entra na rodovia e eu te sigo de carro", propôs.

"Será que vou conseguir?", questionou ela.

"Claro. Vamos só até a quarta saída", afirmou ele.

Jessica assentiu. "Deixa comigo."

Ferenczy inseriu a chave na ignição, apertou as manoplas e conduziu a moto até a Montauk Highway. Ao alcançar a quarta saída, desacelerou um pouco, mas mudou de ideia. A sensação era agradável, o clima estava perfeito e Jerome a acompanhava. Ela sabia que ele estava sorrindo.

Jessica continuou pela rodovia. A certa altura, Jerome se aproximou da moto e gritou: "Você está indo muito bem. Vá em frente!"

E foi o que ela fez, pilotando por mais 130km até chegar à extremidade leste de Long Island.

Quando Jessica finalmente parou à sombra do Farol de Montauk Point e Dominguez desceu do carro, eles comemoraram e se abraçaram. Ele estava muito orgulhoso. "Essa é a minha garota", disse para as pessoas ao redor. "Ela pilotou até aqui."

Então, eles caminharam ao longo dos penhascos com vista para o oceano. Sentaram-se e observaram o quebrar das ondas. O casal foi até a entrada de Camp Hero, uma base da Segunda Guerra Mundial com uma torre de radar. Jerome leu a placa e tentou fazer uma piada: "Ei, o nome é em minha homenagem." Jessica sorriu. Eles se beijaram e riram.

Foi um de muitos dias especiais em sua maravilhosa vida juntos. Desde a morte de Jerome, Jessica sentia falta de momentos felizes como aqueles.

Após o 11 de Setembro, seu trabalho ficou mais difícil. Ela foi transferida de Manhattan para o Queens. Mantinha-se reservada, concentrando-se nas obrigações. Em 2010, completou dezessete anos de serviço na polícia. As pessoas ao seu redor a achavam durona. Mas, por dentro, ela estava desmoronando.

Então, certa noite, Ferenczy cometeu um deslize.

Ela e vários outros policiais estavam perseguindo um suspeito de roubo. Ferenczy seguiu o homem até um quintal. Verificou o carro estacionado na garagem, mas não viu ninguém, e então seguiu em frente. Um policial que a acompanhava decidiu conferir o veículo, e encontrou o suspeito lá dentro.

"Ele está escondido no carro!", gritou o policial.

Droga. Ela praticamente olhou o criminoso nos olhos e não o viu!

Os policiais prenderam o homem, mas Ferenczy foi consumida pela culpa. Em sua mente, ela repassava a cena. Era sua obrigação encontrá-lo. E se ele atirasse em outro policial? Ela deveria ter aberto a porta do veículo.

Na delegacia, Larry a chamou para conversar. Ele estava furioso. Ferenczy era uma excelente policial, disse, mas estava se arriscando demais, e isso colocava outros policiais em perigo.

Larry sabia sobre Dominguez. Sabia que a situação estava difícil desde sua morte. Ferenczy havia perdido a casa que eles compraram em Long Island. E como sua madrasta tinha acabado de falecer, ela assumiu os cuidados do pai idoso. Atualmente, estava morando sozinha em um pequeno apartamento, e parou de socializar com os colegas.

"Você está em um círculo vicioso", afirmou Larry. "Precisa de uma mudança. Temos espaço em casa. Que tal morar com minha família por um tempo?"

Ferenczy sabia que precisava de ajuda, e então concordou.

Tudo estava correndo bem. Ela não sabia por quanto tempo ficaria, mas não tinha pressa. Começou a frequentar sessões de aconselhamento e soube de um programa de assistência psicológica para policiais com depressão. Claramente, ela não estava em seu melhor momento, dentro ou fora do trabalho, mas sentia uma faísca de esperança.

Ainda agitada após a longa viagem, Jessica vestiu o casaco, pegou a bolsa e desceu do carro. O vento ondulava o oceano. Ela caminhou pelos penhascos e pela orla. Havia esquecido as luvas e, quando voltou para o carro, suas mãos estavam quase congelando. Deu partida, ligou o aquecedor e aliviou o frio nos dedos.

Então, pegou uma caneta, abriu seu caderno e começou a escrever:

Meu amor,

Feliz Nosso Aniversário. Nós nos conhecemos neste dia, e você mudou minha vida para sempre, fazendo-me sentir amada e valorizada. Meus defeitos acabaram se tornando aquilo que você mais gostava em mim. Ter sido verdadeiramente amada é algo inestimável. E, ainda que não possa mais abraçá-lo, consigo ver seu sorriso e sentir seus beijos em meus sonhos. Poucas pessoas têm o privilégio de um amor recíproco.

O amor verdadeiro vence até mesmo a morte. Nunca nos separaremos, pois você está aqui, eternizado em meu coração. E eu o levarei comigo até que chegue a minha hora e possamos nos reencontrar. Eu te amo como sempre amei, e como já amava antes mesmo de nos conhecermos.

Feliz Nosso Aniversário, meu marido. Eu te amo demais. Sentirei sua falta até que estejamos juntos novamente.

Jessie

Era uma dor resignada. Ela podia sentir a presença dele ali, em Montauk. Pensar em Jerome já não a fazia chorar, mas sorrir.

CONTAGEM REGRESSIVA:
121 DIAS

31 de dezembro de 2010
Monterey, Califórnia

Leon Panetta estava pronto. Vestiu o terno escuro, afivelou o cinto preto, abotoou a camisa branca e calçou os sapatos sociais. A barba estava feita e o cabelo, bem aparado. Perfeito. Panetta estava animado com o jantar, no qual ele e Sylvia comemorariam o Ano-novo com velhos amigos.

Era a última noite antes de seu retorno a Washington. Panetta havia passado quase duas semanas em casa, em Monterey, Califórnia, recuperando-se da pressão interminável e da caçada ultrassecreta a bin Laden. Após a última reunião com o presidente, o diretor se sentia otimista. Naquele dia, ao sair da Sala de Crise, ele havia conversado com a equipe, reiterando o que seus analistas já sabiam: a principal prioridade da CIA — talvez o caso mais importante na história da agência — era descobrir quem morava entre os muros do complexo. Panetta sabia que enfrentaria outras longas horas de estresse quando voltasse ao trabalho.

Ele tinha 72 anos. A maioria de seus amigos e colegas havia se aposentado há muito tempo e estava aproveitando a vida, mas Panetta parecia estar mais ocupado do que nunca. E tudo bem. Seu pai o ensinou a valorizar o esforço profissional. Não era como se o trabalho fosse matá-lo. Grande parte dele envolvia leituras e motivação da equipe. Quando ficava muito estressado, Panetta arranjava um tempo para nadar na piscina. Como ex-membro do Congresso, ele ainda tinha acesso à academia da Câmara.

Evidentemente, Panetta precisava daquela folga na Califórnia. Quando chegou à sua casa de infância, no interior de Carmel Valley, sentiu-se renovado. Acompanhado por Bravo, ele ocupou seus dias cuidando do pomar, cortando lenha e aparando as nogueiras. Era revigorante estar em casa, saber exatamente onde ficava os interruptores e qual parte do assoalho rangia, assim como tratar das árvores que sua família cultivava desde 1946. Na caixa de correio, ao final da longa estrada que levava até a casa, ainda havia o nome "C Panetta" — de Carmelo, seu pai — pintado em vermelho-vivo. Panetta cresceu naquela terra; ele e sua esposa criaram os três filhos ali. No Natal, seus seis netos animavam o lugar. O ritmo era bem mais lento na Califórnia do que em Washington, e ele adorava isso.

Após deixar o governo Clinton, Panetta pensou que jamais voltaria a Washington. Então, ele e Sylvia criaram o Panetta Institute for Public Policy, na Universidade Estadual da Califórnia em Monterey. Ele queria capacitar jovens para o honroso serviço público. E era exatamente o que estava fazendo quando Obama telefonou.

O presidente disse que precisava de uma pessoa íntegra para dirigir a CIA e restaurar a reputação da agência.

Panetta aceitou o emprego, mesmo que isso significasse menos tempo no instituto. Ele abdicou dos dias tranquilos, das noites com a família e os amigos, das manhãs perto do pomar. Sylvia não se mudou para Washington com ele. O marido tentava voltar para casa o máximo possível, pelo menos uma vez por mês. Mas a distância era difícil.

Em Washington, Panetta alugou o loft de um velho amigo. Tinha um quarto, uma pequena área de estar, uma sala de jantar e um banheiro. Era próximo ao Lincoln Park, onde o homem que dirigia a maior agência de inteligência do mundo passeava com seu cão antes de voltar para o apartamento. O loft era bom o bastante. De qualquer maneira, ele não passava muito tempo lá. Quase todas as manhãs, às 6h30, Panetta e Bravo entravam no carro. E só voltavam tarde da noite. A CIA instalou equipamento especial no apartamento para que ele pudesse fazer chamadas secretas.

Em Monterey, Panetta se sentia à vontade. Mantinha a discrição e era apenas mais um habitante, comprando leite no supermercado ou sentando-se na última fileira da missa na Carmel Mission. Ele era um católico devoto, educado por irmãos jesuítas, imerso em um evangelho de justiça e de compaixão pelos necessitados. Panetta incutiu esse aprendizado nos filhos, dos quais dois se tornaram advogados e o outro, cardiologista. Um deles serviu no Afeganistão com a Reserva da Marinha.

Por mais que quisesse, ele não conseguia se desligar do mundo. Ainda havia momentos em que o escritório, a sala de conferências ou o pátio da fortaleza em Abbottabad invadiam sua mente.

Panetta conciliava muitos interesses conflitantes. Ele precisava manter o Congresso informado. Na reunião de setembro, Obama exigiu sigilo, proibindo qualquer menção ao complexo. Mas a operação bin Laden demandava muito dinheiro, e as verbas da CIA eram concedidas pelo Congresso. Para dar continuidade à vigilância, ele teve que ir ao Capitólio solicitar uma "reprogramação" de fundos. Pouco antes do feriado, sem o conhecimento de Obama, Panetta informou os principais líderes do Congresso sobre a operação, prometendo mantê-los atualizados e pedindo para que não vazassem as informações.

Era uma jogada arriscada, mas ele não tinha escolha. Durante a audiência de confirmação, Panetta garantiu que manteria o Congresso informado sobre as operações da CIA. Por lei, os líderes do Congresso tinham o direito de saber. Ainda assim, Obama e a equipe bin Laden não podiam descobrir. Além disso, as eleições intercalares de novembro haviam colocado os republicanos à frente do Congresso, aumentando os riscos.

Quando voltasse a Washington, Panetta teria que dizer a um pequeno e novo grupo de senadores e congressistas por que precisava de mais verbas. Pessoas com agendas políticas, pessoas que poderiam não se sentir obrigadas a guardar um segredo. Os republicanos já haviam começado a se opor a Obama em cada ato legislativo. Será que um deles sabotaria meses de trabalho da CIA para ganhar vantagem política?

E, antes de ir para Monterey, Panetta agiu mais uma vez sem a permissão do presidente. Ele informou a liderança do Departamento de Defesa. Morell, seu confiável vice-diretor, acompanhou-o quando ele se reuniu em particular com Robert Gates, secretário de Defesa; o almirante Michael Mullen, chefe do Estado-maior Conjunto; James "Hoss" Cartwright, general do Corpo de Fuzileiros Navais e vice-chefe do Estado-maior Conjunto; e Michael Vickers, subsecretário de Defesa para a Inteligência.

Panetta disse a eles que os analistas da CIA acreditavam ter encontrado bin Laden. O objetivo da reunião era simples: mesmo que o presidente não quisesse "incluir" os militares, Panetta achou melhor avisá-los. Ele sabia que, em algum momento, precisaria da ajuda do Pentágono, e não queria que o Departamento de Defesa estivesse desprevenido. Além disso, seria bom obter adesão antecipada, sobretudo de Gates. Panetta sabia que ele poderia ter dúvidas quanto a um possível ataque ao complexo, pois, em 1980, participara de uma operação fracassada para resgatar reféns norte-americanos mantidos pelo Irã. Na época, Gates era assistente-executivo do diretor da CIA e havia ajudado no planejamento. O secretário de Defesa jamais esqueceu o desastre.

Panetta não queria pensar nisso agora. Naquela noite, só desejava relaxar no The Sardine Factory, um excelente restaurante de frutos do mar e carnes nobres em Cannery Row. Era um estabelecimento local, que ocasionalmente recebia celebridades e equipes de filmagem. Clint Eastwood gravou diversas cenas de *Perversa Paixão*, filme de 1971, neste restaurante.

Ted Balestreri, o proprietário, era amigo de Panetta há quarenta anos e havia brincado com ele durante uma partida de golfe: "Você nem consegue ver a bola. Como pretende encontrar bin Laden?"

Quando chegaram ao restaurante, os Panetta desceram um lance de escadas e se juntaram aos cerca de quinze casais na adega. Leon estava descontraído. Conversou, bebeu, abraçou amigos e riu — gargalhadas tão intensas que seu rosto até franzia. Com música clássica tocando ao fundo, Balestreri serviu um verdadeiro banquete. Os garçons traziam pratos fartos, um atrás do outro. Era tudo de que Panetta precisava.

Após algumas taças de vinho, Balestreri começou a se gabar de sua adega e de uma joia rara que havia caído em suas mãos: uma garrafa de Château Lafite Rothschild de 1870.

Os amigos perguntaram quando ele abriria a garrafa de US$10 mil. "Não agora", afirmou. Então, dirigiu-se a Panetta. "Apenas quando Leon capturar Osama bin Laden."

Sylvia fitou o marido e percebeu "um certo brilho em seus olhos".

"Pode apostar", declarou Panetta.

Ninguém mais mencionou bin Laden naquela noite. O grupo comemorou a chegada de 2011 de modo habitual. A caminho de casa, Panetta sorriu para si mesmo. Se tudo desse certo, ele não apenas se livraria do terrorista mais procurado do mundo, como também degustaria um excelente vinho.

CONTAGEM REGRESSIVA: 120 DIAS

1º de janeiro de 2011
Jalalabad, Afeganistão

Robert O'Neill pulou da cama, vestiu shorts e camiseta, calçou os chinelos e foi para o Centro de Operações. Era a primeira manhã de um novo ano, e ele percebeu que suas roupas condiziam com um acampamento de férias, e não com uma base militar no meio de uma zona de guerra no Afeganistão.

Aquele destacamento tinha trazido muitas mudanças. Não havia mais balas zunindo nem saltos de helicóptero em meio à escuridão. O'Neill ainda era um SEAL, mas agora trabalhava atrás das linhas de combate, na base de Jalalabad, conduzindo as operações e informando o alto escalão sobre a possível localização de "alvos de alto valor".

Distintivos reluzentes e continências militares já não eram a regra. Como era inverno, O'Neill deixou a barba crescer. E, desta vez, tinha um tom mais avermelhado.

O ritmo estava um pouco mais lento do que o normal. As batalhas geralmente abrandavam no meio do inverno, à medida que os lados opostos se entrincheiravam para estabelecer vantagem ou faziam planos para recuperar o prejuízo. Aquele inverno não era exceção. As tropas de coalizão se posicionavam em antigas fortalezas talibãs no sul, mantendo-se firmes e trabalhando com os habitantes locais.

Nesse ínterim, a inteligência revelou que o Talibã vinha tentando criar um governo paralelo em algumas regiões do leste do Afeganistão.

Para O'Neill, a operação mais perigosa consistiu em buscar um importante insurgente que havia sido capturado na remota província de Kunar. O SEAL foi convocado a coordenar a transferência. Ele acompanhou a equipe, para ter certeza de que tudo correria bem.

Mesmo uma simples transferência de prisioneiro estava repleta de perigos. Em direção ao local designado, ele ficou preocupado com uma possível armação. Haveria um homem-bomba esperando? Quando a van de O'Neill se aproximou do outro veículo, os homens que transportavam o prisioneiro ficaram desconfiados — com sua longa barba ruiva, ele parecia mais um nativo do que um SEAL. Mas O'Neill não hesitou. Pegou o prisioneiro, jogou-o dentro da van e foi embora.

A base de Jalalabad garantia todos os confortos de um lar. O local havia sido aprimorado desde a última vez que O'Neill estivera ali. Agora, ele tinha o próprio dormitório, com banheiro privativo e um computador pessoal. No passado, seus dias começavam ao entardecer, mas agora ele levantava pela manhã. Ele estava relativamente seguro ali. De vez em quando, um projétil atingia o perímetro, mas a base era fortificada o bastante para impedir danos.

A família de O'Neill ainda se preocupava. Ao receber telefonemas do pai, ele não podia revelar muitas informações, mas tentava parecer otimista. Concentrava a conversa em notícias de casa e costumava pedir ao pai que enviasse certos itens, como fumo de mascar. Por exemplo, O'Neill estava aguardando a entrega de um queijo Velveeta e de um molho Rotel, pois faria nachos para assistir à final do campeonato de futebol americano. Ninguém sabia quais equipes jogariam no Super Bowl XLV, em 6 de fevereiro, já que os playoffs da NFL ainda estavam em curso. Ele sabia que não seria o Washington Redskins, pois seu time favorito teve um péssimo desempenho na temporada.

Naquela manhã, tal como em todas as outras, O'Neill adentrou o Centro de Operações, tomou um café *espresso* e verificou e-mails e relatórios. Era essencial informar seu comandante sobre os acontecimentos em diferentes locais. Aos poucos, a guerra se aproximava da fronteira com o Paquistão, onde o Talibã e a Al-Qaeda estavam posicionados.

Os criminosos não obedeciam às regras norte-americanas. Eles travavam guerras entre guerrilhas, cruzando a fronteira sem qualquer restrição. E, nesse ínterim, as forças dos EUA precisavam de um bom motivo para iniciar um ataque dentro do Paquistão. Era frustrante, e às vezes exasperante, bater sempre na mesma tecla.

O'Neill achava improvável encontrar bin Laden. A essa altura, o chefe da Al-Qaeda havia se tornado um fantasma, uma piada. Às vezes, um interrogador perguntava zombeteiramente a um insurgente capturado: "Onde está bin Laden?" Ele não sabia. Ninguém sabia, não é mesmo? A resposta sempre era: "Você nunca o encontrará." Mas, mesmo depois de todos aqueles anos, bin Laden permanecia extremamente influente, um verdadeiro líder espiritual. Enquanto estivesse vivo, os terroristas manteriam a esperança.

O'Neill leu os relatórios. A noite havia passado tranquilamente. Ele não sabia se ia à academia naquele momento ou mais tarde. Em Jalalabad, ele procurava se concentrar no aqui e agora, mas às vezes se distraía ao pensar em sua casa, na família, no futuro.

Ele era membro das forças armadas há quinze anos. Decidiu que completaria vinte anos de serviço, com o objetivo de se tornar comandante suboficial. Isso significaria uma aposentadoria mais satisfatória. E, após se aposentar, o que aconteceria? Onde moraria? Virginia Beach? San Diego? O que faria?

O'Neill não poderia ser um SEAL para sempre. Ele não enfrentava os mesmos perigos de antes, mas a situação era muito imprevisível. As estradas estavam repletas de AEIs, e não era incomum ser alvo de explosões ao buscar prisioneiros. Atiradores de elite inimigos escondiam-se nas colinas com vista para a base, e de vez em quando alguém era alvejado na cabeça.

Quantos destacamentos O'Neill ainda teria? Por quanto tempo mais aguentaria se despedir das pessoas que o amavam?

A família. Sua esposa... às vezes, uma pequena frase dita por ela no último telefonema ficava ecoando na mente do SEAL. Ele a afastava instantaneamente. No Afeganistão, O'Neill tentava não pensar em sua vida pessoal. Ele precisava enfrentar um dia de cada vez e, portanto, concentrava-se nas obrigações, cumprindo-as com rigor.

Após o expediente, costumava lembrar-se de casa. Fitava os desenhos e fotos que os filhos haviam lhe dado. Perguntava-se o que eles haviam aprendido na escola naquele dia, o que tinham comido no café da manhã, se seus professores eram gentis. Ao pensarem no pai, quais memórias surgiriam?

O'Neill não era um pai presente. Ele sabia que havia despedidas demais. Algum dia, os filhos cresceriam, iriam embora, e ele teria perdido todo o processo.

Ser um SEAL não era um trabalho ou uma carreira. Era um modo de vida que consumia todos os outros aspectos.

O'Neill sabia que estava apto para, talvez, mais um destacamento. No tocante ao Afeganistão, quando os norte-americanos iriam embora? Certamente não tão cedo.

Por enquanto, ele vivia um dia de cada vez. Tentava não pensar nesse outro problema. Suspirando, desligou a tela do computador e levantou da mesa. A academia. Um bom treino desanuviaria sua mente.

CONTAGEM REGRESSIVA:
107 DIAS

14 de janeiro de 2011
Langley, Virgínia

Panetta voltou das férias bem no momento em que a Primavera Árabe irrompeu. Em uma tela ao lado de sua mesa, ele assistiu à celebração nas ruas da Tunísia. Por quase um mês, os manifestantes exigiram a renúncia do presidente de longa data Zine El Abidine Ben Ali. Eles sofriam sob seu governo autoritário há anos e desejavam experimentar a liberdade.

E, agora, o velho autocrata estava foragido. Panetta e grande parte do mundo da inteligência ficaram surpresos ao saber que Ben Ali havia fugido da Tunísia e buscava refúgio na fronteira da Líbia.

O diretor da CIA se perguntava qual regime do Oriente Médio seria o próximo a passar por uma transformação pró-democracia. Ele apostava no Egito, um país governado há décadas pelo ditador Hosni Mubarak.

Uma transição para a democracia é sempre favorável, mas Panetta estava preocupado que o caos da mudança de regime provocasse uma lacuna de poder no Oriente Médio. A perda repentina de um líder de longa data daria uma brecha para grupos antiamericanos fanáticos intervirem e assumirem o controle — o que ameaçava os interesses dos EUA.

Isso já tinha acontecido antes, levando a um dos maiores fracassos para as forças armadas norte-americanas. No Irã, em 1979, protestos em massa contra o xá Mohammad Reza acarretaram a sua deposição. O regime repressivo foi substituído por uma república islâmica liderada pelo aiatolá Ruhollah Khomeini, um impetuoso fundamentalista islâmico que havia sido expulso do Irã por criticar o xá.

A Guarda Revolucionária extremista de Khomeini reprimia qualquer um que se opusesse a suas novas regras religiosas extremamente rígidas. O xá, que sofria de câncer, fugiu para os EUA em busca de tratamento médico. Em 4 de novembro de 1979, militantes islâmicos invadiram a embaixada dos EUA e fizeram 52 norte-americanos de reféns. Eles exigiam que o xá voltasse ao Irã para enfrentar o julgamento por seu reinado de terror.

O presidente Jimmy Carter recusou. A Eagle Claw, uma operação de resgate militar, foi estabelecida com o objetivo de libertar os reféns. Em abril de 1980, uma equipe de elite foi instituída para recuperar a embaixada. Mas, em um ponto de encontro no deserto iraniano, uma forte tempestade de areia causou o mau funcionamento de vários helicópteros, incluindo um que colidiu com uma grande aeronave de transporte EC-130. Oito militares norte-americanos morreram, e a missão foi abortada. Tal humilhação internacional custou a reeleição a Carter.

Os reféns foram finalmente libertados em 20 de janeiro de 1981, algumas horas depois que o novo presidente dos EUA, Ronald Reagan, tomou posse. Ao todo, eles ficaram detidos por 444 dias.

Essa tentativa fracassada maculou as Forças Armadas dos EUA. Panetta sabia que, se o Pacer fosse bin Laden e eles tivessem que capturá-lo, não cometeriam os mesmos erros. Ao que tudo indicava, as Forças Armadas dos EUA — especialmente as unidades de Operações Especiais — haviam progredido muito desde 1980.

Mas a história sempre dá um jeito de se repetir. Panetta sabia que seria necessário observar os desdobramentos da Primavera Árabe. E se ela se espalhasse para nações como a Líbia, onde os EUA já eram desprezados, ou o Irã, onde outro aiatolá era o líder supremo da nação? Pior, e se ela alcançasse nações pró-americanas como o Egito?

Mubarak era um ditador implacável, mas um dos aliados mais fortes dos EUA no Oriente Médio. Ao longo dos anos, ele manteve a paz entre sua nação e seu vizinho Israel. Seu governo permaneceu estável até que os manifestantes começaram a reivindicar reformas, entrando em conflito com a polícia e os militares egípcios, exigindo que Mubarak renunciasse. Era uma crise que Panetta e a administração acompanhavam de perto.

O diretor pegou os relatórios do caso. Egito e Mubarak — apenas um dos problemas que o esperavam após as férias. Ele analisou cada um dos arquivos, atualizando-se sobre a vigilância do complexo. Nenhuma novidade. Os analistas disseram que estavam seguindo várias pistas para identificar o Pacer.

Enquanto isso, Panetta continuava informando discretamente os principais líderes do Congresso sobre o caso bin Laden. Ele tentava conquistar confiança em um momento de desgaste entre a agência e ambos os partidos políticos. O diretor acreditava que a CIA deveria contar os detalhes das operações, incluindo a mais recente, às lideranças republicana e democrata do Congresso. "Não distorçam nada. Não escondam nada. Sejam transparentes", dizia a todos na agência.

E os líderes do Congresso retribuíam. Panetta conhecia muitos deles há anos, desde seus próprios dias no Capitólio. Ocasionalmente, durante as reuniões com os comitês de supervisão, ele cumprimentava os membros com um abraço. Panetta gostava de reuni-los em torno de uma mesa e conversar, o que deixava a situação mais informal, fazendo-os se sentir à vontade e lembrando-os de que todos estavam na mesma equipe.

Panetta levava em conta as mudanças no equilíbrio de poder do Capitólio. O Partido Republicano agora controlava ambas as câmaras do Congresso, então ele convidou Mike Rogers, o novo presidente do Comitê de Inteligência da Câmara dos Representantes, e Michael Allen, o novo diretor do comitê, para uma refeição em sua sala de jantar privada, no final do corredor de seu escritório.

A essa altura, o sétimo andar da sede da CIA havia se tornado a casa de Panetta em Washington. Ele certamente passava mais tempo lá do que em seu loft. Então, no silêncio do escritório, com seu cão ao lado, Panetta revelou todas as descobertas dos analistas a Rogers e Allen, contando sobre o complexo em Abbottabad e os esforços da CIA para descobrir quem eram os seus moradores. Eles ouviram em silêncio. E, antes de partirem, prometeram manter sigilo.

Morell era um dos poucos que sabiam que Panetta havia informado os líderes do Congresso e os militares. Ele disse ao diretor que apoiava a decisão, embora envolvesse muitos riscos. Quanto tempo levaria para o presidente descobrir? E quais seriam as consequências?

Naquele momento, Panetta tinha outras preocupações. Na reunião de dezembro, Obama pediu que ele pensasse em opções de ataque ao complexo. Agora, o diretor estava planejando como a equipe de operações especiais da CIA perseguiria bin Laden assim que a identidade do Pacer fosse comprovada. Mas ele tinha consciência de que a força paramilitar da CIA não conseguiria ir tão longe. A logística da missão demandaria as pessoas certas — os especialistas do Pentágono.

Panetta ainda não sabia disso, mas alguém no Pentágono aguardava seu telefonema.

CONTAGEM REGRESSIVA:
93 DIAS

28 de janeiro de 2011
Washington, D.C.

Com o lusco-fusco marcando o céu de Washington, D.C., o almirante William McRaven correu da sede da CIA ao Pentágono, dividindo o tempo entre almoço, briefing e reunião. Seria quase um alívio embarcar em um avião militar durante a noite e acordar novamente no Afeganistão.

Como o encarregado do Comando Conjunto de Operações Especiais dos EUA, McRaven planejava missões para as unidades de elite antiterrorismo das Forças Armadas, como os SEALs, a Delta Force e os Boinas Verdes. Ele foi convocado à capital do país pelo alto escalão do Pentágono, pois Morell, da CIA, queria informá-lo sobre algo importante.

McRaven aguardava o telefonema. Por mais que Obama quisesse manter sigilo, o almirante já tinha ouvido falar do caso. Em dezembro, durante uma visita ao Afeganistão, Mullen, chefe do Estado-maior Conjunto, contou-lhe que a CIA poderia ter uma pista. "Talvez você seja chamado para analisar as informações da inteligência."

McRaven deu de ombros. Dificilmente aquele seria o caso, pensou. Ele já tinha visto muitas pistas e todas pareciam ilusórias.

Um mês depois, no entanto, e lá estava ele, na sede da CIA com Vickers, subsecretário de Defesa para a Inteligência. Um dos assistentes de Morell recebeu-os no saguão e os acompanhou ao escritório do chefe, onde Morell, Gary, Sam e Mike aguardavam. McRaven e Vickers sentaram-se enquanto o vice-diretor da CIA fechava a porta.

Morell não perdeu tempo. A equipe contou a McRaven e a Vickers tudo o que a CIA sabia sobre o complexo e o Pacer, distribuindo imagens de vigilância para que eles pudessem ver com os próprios olhos. Morell explicou a investigação minuciosa que havia levado-os à fortaleza de Abbottabad e ao homem que ali morava às escondidas.

"Acreditamos que o Pacer é bin Laden", afirmou o vice-diretor. "Estamos nos esforçando para confirmar sua identidade."

McRaven prestou atenção a cada palavra. Quando Morell finalizou a explicação, o almirante sorriu. "Parabéns a todos", disse. "Isso é um trabalho incrível."

Morell, então, compartilhou outros detalhes. Em uma reunião antes do Natal, Obama pediu a Panetta para manter a vigilância do complexo e pensar em opções de ataque. Uma delas envolvia as equipes de operações especiais da CIA. O plano consistia em posicionar os agentes perto da fortaleza para que, durante a noite, eles invadissem o complexo, capturassem bin Laden e o tirassem do Paquistão.

Porém, após avaliar os detalhes, oficiais da agência disseram a Panetta que a CIA não conseguiria invadir o complexo e capturar os moradores por conta própria. O diretor chegou à mesma conclusão. Uma operação daquele tamanho e complexidade exigiria as habilidades e a experiência das Forças Especiais.

Alguns dias antes, em 24 de janeiro, Panetta explicou isso a Obama durante uma reunião na Sala de Crise. O presidente concordou e solicitou a participação dos líderes militares. Panetta sentiu um grande alívio. Obama não sabia que, um mês antes, ele havia informado os principais líderes militares do Pentágono.

"É por isso que você está aqui", disse Morell a McRaven. Então, ele perguntou ao almirante: "Como você invadiria o complexo?"

McRaven deu de ombros. A incursão não seria muito diferente dos outros milhares que ele havia conduzido em sua longa carreira, afirmou. Eles precisariam de uma equipe de operadores especiais, da Delta Force ou dos SEALs. Na calada da noite, os helicópteros pairariam sobre o alvo, enquanto os homens desceriam e encontrariam um jeito de entrar no complexo. Eles eliminariam tudo e todos que ficassem em seu caminho. Se bin Laden se rendesse, eles o capturariam. Se resistisse, o matariam e sairiam de lá o mais rápido possível. Muito simples, certo?

Mas uma reviravolta complicaria ainda mais a missão. Eles adentrariam o espaço aéreo de outro país sem permissão. "Pode ser mais difícil sair do que entrar", disse McRaven.

Morell assentiu. Tratava-se de uma discussão importante — o que aconteceria se a polícia ou os militares paquistaneses reagissem durante o ataque? Como eles lidariam com o problema?

Essa questão ficaria para mais tarde. Por enquanto, disse McRaven, ele ficaria contente em ajudar no planejamento. A reunião foi encerrada. McRaven e Vickers deixaram o prédio. Do lado de fora, enquanto caminhava até a SUV, o almirante sabia que aquela missão era perfeita para as Forças Especiais.

A Guerra ao Terror dependia cada vez mais das unidades de operações especiais do que das forças regulares dos EUA. Desde Tora Bora, em dezembro de 2001, não havia uma batalha tradicional com as principais forças norte-americanas executando uma grande investida.

Unidades especiais perseguiam alvos de alto valor, como os líderes da insurgência responsável por plantar AEIs e aterrorizar o povo do Iraque e do Afeganistão. Essas pequenas unidades chegavam e saíam de lugares perigosos e remotos rapidamente, atingindo alvos e desaparecendo noite adentro.

McRaven era a escolha ideal para liderar esse novo tipo de operação. Ele literalmente escreveu o livro sobre operações especiais. Era alto e bonito, com um rosto sério, porém amigável: um texano extrovertido na medida certa.

Almirante William McRaven.

Ele era um filho do regimento. Seu pai, o coronel Claude McRaven, pilotou aviões de caça Spitfire na Segunda Guerra Mundial, apareceu em comerciais do cereal Wheaties e jogou duas temporadas de futebol americano profissional com o então Cleveland Rams, da National Football League, antes de seguir carreira como oficial da Força Aérea dos EUA.

Bill McRaven, seu único filho, nasceu perto de Fort Bragg, Carolina do Norte. A família logo se mudou para a Base da Força Aérea de Lackland, em San Antonio, Texas, onde o jovem McRaven se destacou nos esportes. Ele estudou na Universidade do Texas e se alistou no programa Reserve Officers Training Corps (ROTC) da Marinha, enquanto explorava opções de carreira.

McRaven se apaixonou por Georgeann Brady, uma linda jovem de Dallas. Ele decidiu ascender no ROTC, mas não queria ser um oficial comum. Queria ser um SEAL.

Ele se formou em 1977, casou-se com Georgeann e começou sua jornada. Embora McRaven fosse um bom atleta, o BUD/S levou-o ao limite. Ele conseguiu prosperar e avançou na hierarquia naval.

Era um excelente momento para um jovem oficial empenhado. Em 1981, Ronald Reagan tomou posse como presidente e iniciou uma operação militar destinada a combater a expansão soviética. Seu orçamento para a Guerra Fria também fortaleceu os SEALs e outros programas das Forças Especiais.

A União Soviética começou a desmoronar em 1989, mas outras ameaças aos EUA rapidamente preencheram essa lacuna. O líder iraquiano Saddam Hussein invadiu o Kuwait em 1990, e o então presidente George H. W. Bush formou uma coalizão para enfrentar o ditador. McRaven integrou a operação Desert Shield, que libertou o Kuwait e fez as tropas de Hussein recuarem desordenadamente para o Iraque.

Após a guerra, McRaven obteve um mestrado na Escola de Pós-graduação Naval, em Monterey, Califórnia. Ele percebeu a necessidade de um programa de pós-graduação em operações especiais de guerra — não apenas para a Marinha, mas para todas as Forças Armadas. McRaven ajudou a criar a escola de operações especiais e a grade curricular de conflitos de baixa intensidade. Em 1996, ele foi o primeiro a se formar no programa. Sua dissertação de mestrado, "The Theory of Special Operations", foi inovadora.

Em seu trabalho, McRaven analisou uma série de operações ousadas do século XX, incluindo o resgate de Mussolini em 1943, ordenado por Hitler e executado com um planador, e a operação israelense de 1976 para libertar reféns em Entebbe, Uganda. Ele detalhou como um pequeno grupo de soldados altamente treinados e preparados pode usar a discrição para manter a superioridade de curto prazo sobre forças maiores ou melhor equipadas. Os segredos para missões eficazes, escreveu McRaven, são simplicidade, segurança, repetição, surpresa, velocidade e propósito.

Sua dissertação de mestrado foi publicada como livro. E logo se tornou a bíblia para as unidades de operações especiais em todo o mundo. A partir desses princípios, McRaven desenvolveu um modelo de operações especiais para definir a estratégia militar dos EUA.

Ainda assim, ele não era um teórico acadêmico. Durante sua longa carreira, McRaven comandou ou executou pessoalmente mais de mil operações especiais em alguns dos lugares mais perigosos imagináveis, sendo a maioria delas perseguições a alvos de alto valor no Afeganistão.

Em 2001, ao saltar de um avião, McRaven ficou semiconsciente e caiu por 4 mil pés (cerca de 1.200m) antes de seu paraquedas abrir. O acidente quebrou sua pélvis e fraturou suas costas. Ele levou meses para se recuperar, mas o acidente só reforçou sua reputação de "duro de matar".

Em 2009, McRaven comandou o resgate de Richard Phillips, um capitão de navio capturado por piratas somalis. O presidente Obama descreveu o almirante como um "cara que acredita e faz. Sempre direto, e com um senso de humor ácido".

McRaven recostou-se em seu assento enquanto a SUV serpenteava pelo trânsito. O trajeto da CIA ao Pentágono era curto, mas foi suficiente para que McRaven pensasse no que diria aos seus chefes.

Ali estava outra missão notória, um desafio ao qual ele poderia se dedicar. As informações eram interessantes, mas McRaven tinha ouvido falar de diversas outras aparições de bin Laden, em diferentes lugares do mundo. O terrorista era a versão médio-oriental de Elvis Presley. Ainda assim, aquela pista era a mais convincente de todas.

McRaven começou a pensar no planejamento. Ele manteria a operação simples e, assim que a equipe fosse definida, a preparação seria intensa. Era uma missão extremamente complicada, mas, se ele seguisse os passos de seu próprio livro, talvez — apenas talvez — conseguisse executá-la.

McRaven e Vickers foram até o escritório do secretário de Defesa, onde Gates e Mullen aguardavam. O almirante olhou pela janela e apreciou a vista deslumbrante do Potomac e do centro histórico de Washington, D.C. Retratos de Lincoln, George Washington e velhos soldados os fitavam das paredes.

"O que você acha, Bill?", questionou Gates.

"Senhor, é um complexo. Fazemos incursões desse tipo todas as noites no Afeganistão", respondeu ele. A parte mais desafiadora seria alcançar o alvo sem chamar atenção, mas o restante da missão seria "bem simples".

"De quantos homens você precisaria?", indagou Mullen. McRaven refletiu. Era um complexo grande, com cerca de 2.800m².

"Provavelmente de 25 a 30 homens", disse ele.

Mullen assentiu. "OK, Bill. Não sei se precisamos agir imediatamente. A CIA está no comando." Em algum momento, a agência poderia solicitar a ajuda de McRaven no planejamento da missão, afirmou.

"Não se preocupe, senhor. Estarei de prontidão para auxiliar no que for preciso", informou McRaven.

"Quanto tempo você ficará na cidade?", perguntou Mullen.

O almirante explicou que voltaria para o Afeganistão em algumas horas. Mas garantiu que retornaria aos EUA sempre que necessário.

Ele se levantou da cadeira. Mullen o interrompeu, pois tinha algo importante a dizer. "Bill, você não pode contar a ninguém sobre essa missão. Se as informações vazassem, seria desastroso."

McRaven concordou, e acrescentou: "Mas, se eu organizar a missão, terei que incluir outras pessoas."

McRaven e Vickers deixaram o Pentágono e seguiram caminhos distintos. O almirante embarcou no avião militar para o longo voo de volta, ponderando a respeito da missão durante boa parte das dezessete horas seguintes.

O último ano havia sido atribulado. McRaven foi diagnosticado com leucemia linfocítica crônica, um tipo de câncer no sangue. Ele havia se recusado a abandonar seu posto no Afeganistão. Os EUA estavam combatendo o Talibã. Ele tinha um dever a cumprir.

Aquele desafio demandaria muito mais tempo e energia, e McRaven já estava lutando contra o câncer. Se ele viesse a recusar a missão, ninguém diria uma palavra.

Mas havia uma chance de capturar bin Laden.

Não, ele permaneceria. Não era hora de desistir.

CONTAGEM REGRESSIVA:
75 DIAS

15 de fevereiro de 2011
Langley, Virgínia

Outro dia, outra crise. Panetta se preparou para um dia abarrotado de reuniões. Nos últimos meses, com a Primavera Árabe, o ritmo tinha se intensificado, e agora um agente da CIA estava enfrentando acusações de assassinato no Paquistão. De todos os lugares possíveis, um homem-bomba da Al-Qaeda havia sido preso em Abbottabad, o que aumentou a pressão sobre o caso bin Laden. Panetta fez carinho na cabeça de Bravo e sentiu sua cauda balançar lentamente sob a mesa. Aquele cão era um verdadeiro alívio para o estresse.

O diretor tinha acabado de retornar ao escritório após uma reunião na Casa Branca com Tom Donilon e John Brennan, dois dos principais conselheiros de Segurança Nacional de Obama. Uma vez por semana, Panetta se reunia com eles para atualizá-los sobre questões enfrentadas pelos EUA e operações secretas da CIA. Os conselheiros, por sua vez, transmitiam as informações ao presidente.

Mas, naquele dia, Panetta tinha um comunicado especial a fazer. O tempo estava se esgotando para o Pacer em seu pátio de Abbottabad — a CIA precisaria agir em breve ou perderia a chance.

Panetta deu o próximo passo, encontrando-se com "Hoss" Cartwright, vice-chefe do Estado-maior Conjunto, a fim de elaborar "uma série de opções" para a apreciação do presidente.

Ao longo do último mês, tantos eventos importantes haviam se desenrolado que era difícil manter-se a par de todos eles. A operação bin Laden era prioritária, mas também havia outros problemas sérios.

As revoltas pró-democracia estavam se espalhando pelo Oriente Médio. No Egito, o presidente Hosni Mubarak havia sido expulso do cargo naquele mês, depois que suas unidades militares se recusaram a usar a força contra os manifestantes. Mubarak era um velho ditador corrupto, mas o Egito mantinha a paz com Israel há trinta anos.

O que aconteceria em seguida? Se os islamistas radicais assumissem o poder, todo o Oriente Médio se inflamaria — o Egito era apenas uma das nações árabes que reconheciam Israel como um país legítimo.

Os protestos já haviam começado no Marrocos, na Líbia, na Síria e no Iêmen.

Embora Mubarak tivesse enviado os militares e a polícia secreta para silenciar os opositores, seu governo não se comparava ao de Muammar al-Gaddafi, da Líbia, e ao de Bashar al-Assad, da Síria. Ambos eram ditadores brutais. Eles não hesitavam em matar adversários. Protestos pacíficos? De jeito nenhum. Era provável que apenas uma revolta armada conseguisse retirar Khadafi e Assad do poder.

Há meses, Panetta enfrentava um outro pesadelo diplomático, que envolvia Raymond Davis, um funcionário da CIA no Paquistão. Especialista em segurança, ele havia sido contratado para proteger autoridades norte-americanas. No mês anterior, em Lahore, Davis estava parado em um engarrafamento quando dois homens armados em uma moto preta se aproximaram de seu veículo. Um deles desceu da moto e apontou a arma para Davis.

Davis sacou uma pistola Glock 9mm e atirou em ambos os homens. Ele saiu do carro, fotografou o moribundo que havia apontado a arma e telefonou para o consulado norte-americano.

Uma multidão correu para o local e cercou Davis, impedindo-o de ir embora. Enquanto isso, um carro do consulado que se dirigia à cena atropelou e matou um pedestre.

Quando revistaram o carro de Davis, os policiais paquistaneses encontraram a pistola, cinco carregadores de munição, um dispositivo GPS e um rádio Motorola, concluindo que ele era um oficial da CIA.

A população paquistanesa exigia a execução de Davis. Obama pediu que Panetta resolvesse a situação. A relação entre os EUA e o Paquistão já era instável o suficiente.

Panetta telefonou para seu homólogo, Ahmad Shuja Pasha, chefe de inteligência do Paquistão, e disse que o responsabilizaria pela segurança de Davis. Nesse meio-tempo, o oficial da CIA definhava em uma prisão, acusado de dois assassinatos.

Então a situação ficou estranha. Umar Patek, um terrorista indonésio da Al-Qaeda envolvido em um bombardeio de 2002 que matou mais de duzentas pessoas em Bali, apareceu repentinamente no Paquistão. Após nove anos foragido, ele foi capturado pelas autoridades da ISI no final de janeiro, em Abbottabad.

O que diabos ele estava fazendo ali? O terrorista esperava se encontrar com bin Laden? Se sim, ele revelaria isso aos oficiais paquistaneses?

Gary disse a Panetta que não havia mais como esperar. "Temos que agir agora", alertou.

Panetta não precisava do aviso de Gary. Essas operações exigiam tempo. A equipe já estava dedicando horas e horas a fio na análise de todas as opções. A incursão não seria feita em uma casa no Brooklyn, mas em uma fortaleza armada localizada a milhares de quilômetros de distância.

Todo mundo precisava estar de acordo com a operação. E isso significava reuniões intermináveis com todos os envolvidos. Os oficiais ainda estavam planejando como capturar bin Laden, caso conseguissem comprovar sua identidade. McRaven tinha acabado de se juntar à equipe. Após se encontrar com Morell, ele enviou dois assessores até a CIA para elaborar planos de ataque à fortaleza em Abbottabad. Panetta esperava apresentar todas as opções para Obama em breve.

Em sua reunião com Donilon e Brennan, Panetta explicou todas as ideias da CIA. Eram eles que repassavam as informações para Obama.

O diretor sabia que transmitiriam as últimas notícias ao presidente, comprovando que a agência estava fazendo um "trabalho minucioso", conforme prometido.

Obama era exigente quanto às atualizações do caso, mas não chegava a ser controlador; ele só queria se certificar de que todos estavam fazendo seu trabalho e relatando seu progresso em tempo hábil.

Acima de tudo, o presidente queria ter certeza de que não havia vazamentos. Com o Departamento de Defesa envolvido, o círculo de informações estava se ampliando. Obama ainda exigia que o menor número possível de pessoas soubesse detalhes a respeito do homem em Abbottabad.

Donilon e Brennan ouviram atentamente enquanto Panetta apresentava várias sugestões. O diretor reiterou que a equipe ainda estava definindo os detalhes. Os homens assentiram. Após uma hora, a reunião estava encerrada.

A operação estava avançando, e Panetta se sentia satisfeito com o seu progresso. Mas sua mente voltava recorrentemente à situação de Davis, o oficial da CIA preso em Lahore. Eles precisavam tirá-lo de lá antes que a caçada a bin Laden ganhasse impulso. Se Davis ainda estivesse no Paquistão durante a perseguição ao terrorista, Panetta precisaria enfrentar mais um pesadelo.

CONTAGEM REGRESSIVA:
70 DIAS

20 de fevereiro de 2011
Virginia Beach, Virgínia

Após finalizar outra missão, Will Chesney voltou para casa e já se encontrava inquieto. Família, amigos, talvez umas férias — ele tinha algumas semanas livres. Antes do próximo destacamento, passaria por mais um treinamento na Flórida. Ele não sabia para onde iria nem quando.

Passar o tempo livre na base era insensato, mas Chesney pretendia ir ao canil visitar seu amigo. Ele tinha uma única certeza quanto ao futuro próximo: Cairo não o acompanharia na próxima viagem. Chesney só podia fazer duas missões como adestrador. Na próxima, ele voltaria a servir como atirador.

Cairo tinha quase seis anos de idade e havia sobrevivido a duas missões. Chesney percebia que os ferimentos começavam a cobrar seu preço. A Marinha, porém, com sua sagacidade, achava que Cairo tinha mais a oferecer. Ele seria rebaixado a cão reserva e passaria a maior parte de seus dias em um canil na Virgínia ou fazendo exercícios de treinamento, mas ainda estaria disponível para missões caso fosse necessário.

Se tudo corresse bem, Chesney continuaria a participar da vida de Cairo. Em um ano ou dois, o cão se aposentaria, e então ele faria o possível para adotá-lo. Nas Forças Armadas — assim como na polícia —, os adestradores têm "direito de preferência" quando a carreira de seus cães termina. Chesney só queria que Cairo passasse o restante da vida ao lado dele.

Os dois se tornaram companheiros de armas. Juntos, eles serviram em zonas de guerra e perseguiram criminosos. Chesney já tinha perdido a conta de quantas vezes Cairo salvara sua vida, farejando insurgentes prestes a atirar ou detectando bombas antes de explodirem. O cão merecia envelhecer em paz, e o SEAL faria questão de estar ao seu lado.

Chesney não tinha muitos vínculos, nenhuma namorada, esposa ou filhos. O grande cão preto e castanho havia se tornado sua família, sua companhia nos bons e maus momentos. Cairo pulava no colo do SEAL sempre que ele tinha um dia difícil. Ao ver o cão abanando a cauda, toda a irritação se dissipava. Chesney se sentia bem quando Cairo estava por perto. Eles se divertiam muito... certa vez, no Afeganistão, o SEAL colocou alguns acessórios no cão e alegrou o quartel inteiro.

Em uma manhã, Chesney dormiu demais e, ao levantar, notou que Cairo estava andando de um lado para o outro, com um olhar de culpa.

"O que houve, amigo?", perguntou o SEAL.

Ao calçar as botas, ele percebeu que elas estavam "praticamente ensopadas". Era o xixi de Cairo.

"Que diabos?", resmungou Chesney.

Aparentemente, Cairo queria sair para se aliviar, mas Chesney tomou um comprimido de zolpidem para recuperar o sono entre as missões. O cão tentou acordá-lo, mas em vão — e não conseguiu segurar o chamado da natureza. Chesney sabia que Cairo era bem treinado. Ele nunca tinha feito nada parecido. Mas por que as botas?

Chesney levou Cairo para fora. Ao voltarem, ele decidiu dar o troco.

"Vamos testar seus sapatos", disse o SEAL.

Os cães militares tinham pequenos calçados para proteger as patas de estilhaços de vidro quando trabalhavam em áreas urbanas. Cairo detestava usá-los. Na opinião de Chesney, aquele seria um castigo adequado, mas inofensivo.

Assim que colocou os sapatos no cão, o SEAL se segurou para não rir. Cairo deu um passo para frente, dois passos para trás. Parecia estar andando na areia quente de uma praia lotada. Chesney pegou um abafador de ruído — usado para bloquear o som de explosões — e o posicionou sobre as orelhas do cão. Em seguida, colocou os "óculos de proteção caninos" sobre os olhos de Cairo. Ele parecia um super-herói de desenho animado. Uma espécie de Scooby-Doo militar.

Alguns colegas de Chesney entraram na cabana e o viram rindo até perder o fôlego. Bastou uma olhada em Cairo e eles também caíram na gargalhada.

Finalmente, após tirar algumas fotos, Chesney removeu os acessórios de Cairo. Ele deu um grande abraço no cão e se desculpou: "Foi mal, amigo. Sei que você não queria mijar nas botas. A culpa foi minha."

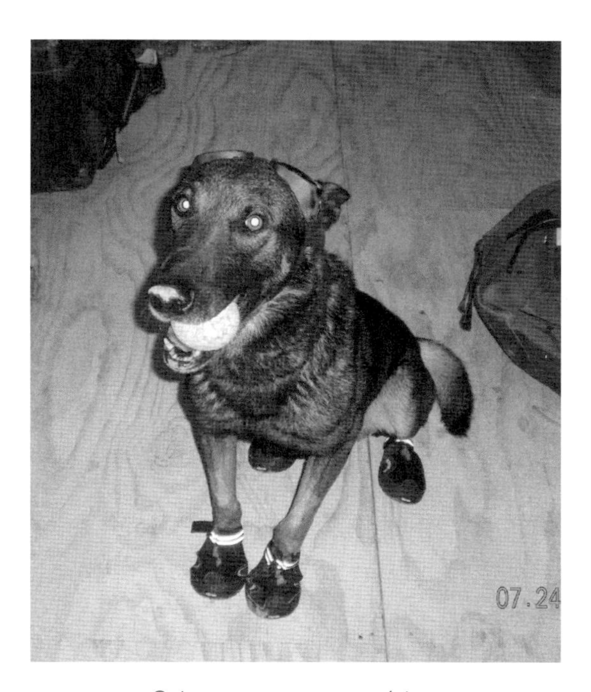

Cairo com seus acessórios.

Os SEALs levaram Cairo para fora e brincaram com ele até que todos ficassem exaustos. Sim, o cão havia se tornado mais do que um amigo ou um parceiro de equipe. Ele era quase um terapeuta. Chesney sempre conversava com Cairo, pedindo sua opinião. O SEAL se sentia vazio quando o cão não estava por perto. Ele não se abria com muitas pessoas. Em certos momentos, sentia-se até um pouco deprimido e ansioso — primeiros sintomas do transtorno de estresse pós-traumático. Chesney havia testemunhado muitas coisas no Iraque, como guerras urbanas brutais. Ele sempre foi resiliente. Não era o melhor atleta ou nadador, mas era o mais empenhado. Sua força interior e perseverança o faziam prosperar sob todo o tipo de pressão.

Mas, por alguma razão, aquela separação de Cairo, aquela despedida — embora temporária — mostrou-se a mais difícil de todas. Angelo, amigo de Chesney, seria o adestrador de Cairo até que o SEAL pudesse adotá-lo. Mas isso não amenizava a situação.

Ele decidiu se distanciar lentamente do cão. Talvez, com o tempo, passaria a se sentir melhor. Em algumas semanas, iria para a Flórida fazer um treinamento em alto-mar. Poderia mergulhar durante o dia, curtir a noite com seus amigos, comer frutos do mar e quem sabe até beber um pouco. Mas sem exageros.

Chesney estacionou no canil e desceu do carro. Pouco depois, lá estava Cairo, abanando alegremente a cauda. O SEAL sorriu. Seria difícil deixá-lo. Mas, por enquanto, não pensaria nisso. Só queria relaxar e aproveitar o dia com o melhor amigo do homem.

CONTAGEM REGRESSIVA: 65 DIAS

25 de fevereiro de 2011
Langley, Virgínia

Sexta à noite, final de inverno. A sede da CIA estava com quase todas as luzes apagadas e praticamente vazia.

Uma frota de Chevrolet Suburbans pretos passou pelos subúrbios silenciosos de Washington, foi para oeste e estacionou em uma entrada secundária. A maioria dos milhares de homens e mulheres que mantinham o governo federal funcionando diariamente estava em casa com suas famílias. Tribunais, escritórios, monumentos e museus permaneciam desertos no frio do inverno.

Panetta achava que este era o momento perfeito para uma reunião importante. O diretor tecia uma teia como um agente experiente ou um político astuto. E naquele momento, ele era ambos. Sabia como lidar com a complicada burocracia e bajular as pessoas certas. Não deixava nada ao acaso. Aquela seria uma reunião tipicamente estratégica.

Panetta sabia que sua equipe tinha razão — era preciso pressionar e definir os detalhes. Se quisessem capturar o Pacer, teriam que agir rápido. Nada podia ser feito sem o aval do presidente, e Donilon, que havia sido promovido a conselheiro de Segurança Nacional em outubro, era a solução para isso.

O diretor disse a Donilon que queria se reunir no dia 4 de março, para atualizá-lo sobre o caso. Ele tinha uma lista de opções para o presidente, maneiras de capturar o Pacer caso sua identidade fosse comprovada.

Panetta queria se preparar para a reunião com Donilon e, para tal, chamou os militares. Naquela noite, ele compartilharia todas as informações que seus analistas haviam coletado sobre o complexo no final daquela rua sem saída em Abbottabad. Seria o seu ensaio geral.

Do primeiro Suburban, desceu Cartwright, um general de quatro estrelas, especialista em guerra cibernética e armas nucleares. De outro, saíram Vickers e McRaven, recém-chegados de uma viagem ao Afeganistão.

Cartwright, Vickers, McRaven e alguns de seus funcionários se dirigiram à grande sala de conferências no final do corredor do escritório de Panetta, no sétimo andar. O diretor e Morell os esperavam, juntamente com uma réplica impressionante da fortaleza em Abbottabad.

Oficiais da Agência Nacional de Inteligência Geoespacial (NGA) analisaram todas as imagens de satélite e construíram uma maquete do complexo — 1,2m de comprimento por 1,2m de largura. Era uma réplica exata, incluindo cada árvore e arbusto.

McRaven se aproximou da maquete, posicionada no final da mesa de conferência. Uma coisa era cogitar um ataque; inteiramente outra era ver o alvo bem à frente.

Panetta tentava manter a informalidade nas reuniões. Aquela noite não era exceção. Ele discutiria "a estratégia mais sensata para a operação" ou, em suas palavras: "Como diabos o tiraríamos de lá?" O diretor sabia que a reunião poderia demorar, então levou sanduíches e refrigerantes. Alguns dos visitantes se serviram e sentaram-se na longa mesa de madeira.

Os oficiais militares já sabiam de algumas coisas. Mas, naquela noite, Panetta contou-lhes todas as informações da CIA sobre o complexo, o Pacer e os civis na vizinhança.

A reunião os prepararia para o encontro com Donilon e o presidente. E Panetta esperava que também eliminasse qualquer desconfiança ou competitividade entre agências. Na busca contínua por alvos de alto valor no Iraque e no Afeganistão, era comum existir tensão entre as equipes de inteligência militar e os agentes da CIA. O diretor se esforçava para garantir a convivência harmoniosa e a comunicação clara. Não era o momento para disputas internas. Eles estavam do mesmo lado.

Aquela missão seria muito perigosa, independentemente de quem a executasse. Abbottabad era uma cidade de 200 mil pessoas, a cerca de duas horas ao norte de Islamabad, a capital do Paquistão. Para os padrões paquistaneses, era uma cidade próspera. Abrigava a academia militar, um grande depósito de munições, um quartel com um batalhão de infantaria do Exército e várias delegacias de polícia.

Como se não bastasse, o complexo estava a oitocentos metros de uma estrada principal que atravessava a cidade. Havia várias casas próximas e um bairro densamente povoado não muito distante.

Enquanto Panetta falava, McRaven se levantou e andou em volta da maquete. A casa principal tinha três andares. Para chegar até ela, seria preciso escalar grandes muros de concreto.

Maquete do complexo em Abbottabad.

Os muros ao redor dos lados norte, leste e oeste tinham quatro metros de altura. Já o muro voltado para o sul tinha seis metros, bloqueando a vista de qualquer pessoa na cidade. O portão de metal da entrada ficava na parte norte.

Dentro do perímetro, havia a casa principal, pequenos alojamentos e um prédio menor em um dos lados da entrada. Algumas cabras e galinhas eram mantidas no pátio. McRaven notou que, para se locomover facilmente do pátio até as outras áreas, era necessário passar por vários portões de metal trancados.

O almirante se preocupava mais com o que ele não conseguia ver. Não existia um modelo do interior dos cômodos. Impossível saber quais medidas haviam sido tomadas para proteger bin Laden. Túneis? Armadilhas? Certamente, se o terrorista morasse lá, haveria uma rota de fuga. Será que o terreno ou os ambientes internos continham explosivos contra invasores? E os seguranças, será que ficavam na casa ou moravam por perto, prontos para salvar o líder terrorista a qualquer momento?

"Se comprovarmos que o Pacer é bin Laden e o presidente der a ordem, como o capturaremos?", questionou Panetta, retoricamente.

A CIA havia elaborado vários planos de ação. O diretor apresentou todos — mesmo aqueles que ele próprio já havia descartado em particular. Ele discutiu os prós e os contras de cada operação proposta.

Primeira opção: "Informar o Paquistão". Eles revelariam aos paquistaneses todas as descobertas da inteligência dos EUA e os incitariam a agir. Era a estratégia mais segura do ponto de vista diplomático.

Segunda opção: uma operação conjunta com os militares paquistaneses. Os riscos para as forças dos EUA seriam reduzidos, afirmou Panetta. Líderes da CIA haviam cogitado a ideia, mas a agência de inteligência do Paquistão tinha uma reputação de vazamentos e lealdades divididas. Muitos agentes da ISI estavam ligados ao Talibã. Era impossível confiar tais informações a eles.

Essa constatação levantou outra possibilidade — o que a CIA chamou de "Compelir o Paquistão". Eles diriam às autoridades que os EUA fariam uma incursão e exigiriam a participação dos paquistaneses.

O problema de todos esses planos de ação era que eles dependiam da assistência e do sigilo de um aliado duvidoso. Panetta definiu três outras opções, com base na atuação direta dos EUA.

O país poderia lançar um ataque aéreo. As vantagens de demolir o complexo eram óbvias: nenhuma vida norte-americana correria risco em solo paquistanês. Mas como eles teriam certeza de que bin Laden havia morrido? Se a Al-Qaeda negasse a morte de seu líder, como os EUA explicariam a explosão de uma residência no meio de uma cidade populosa no interior do Paquistão? A CIA estimou que cinco mulheres e vinte crianças viviam no complexo. O ataque também destruiria os edifícios e as casas ao redor. Impossível saber quantos civis inocentes morreriam.

Outra opção seria autorizar uma missão de operações especiais. Uma equipe iria até o Paquistão de helicóptero, atacaria o complexo e sairia antes que a polícia ou os militares paquistaneses tivessem tempo de reagir. Essa estratégia exigiria um planejamento muito mais amplo.

Seria preciso selecionar uma equipe que executaria a operação dentro de outro país, sem ser vista ou, pelo menos, sem ser interrompida. Para preservar o sigilo — e manter a negação plausível se algo desse errado —, a missão teria que ser conduzida sob a autoridade da CIA, e não do Pentágono.

Panetta disse que a última opção era recorrer aos operadores da CIA — a unidade paramilitar da agência. Em sua maioria, estes eram ex-operadores especiais ou fuzileiros navais que ajudavam a preparar e executar operações secretas em todo o mundo. Eles entrariam no local, atacariam o complexo, capturariam o alvo e o tirariam sorrateiramente do Paquistão.

Independentemente da opção escolhida, haveria riscos. Ninguém sabia se o prédio tinha armadilhas ou se os combatentes da Al-Qaeda viviam ali ou nas proximidades, prontos para atacar.

O ensaio geral foi satisfatório. McRaven ficou impressionado com a profundidade das informações. O presidente acabaria por tomar uma decisão. Se Obama optasse pelas Forças Especiais, o almirante teria que iniciar o planejamento. Superficialmente, seria como outras mil incursões já executadas por ele, mas com uma grande diferença. Aquela, em particular, aconteceria em território paquistanês, o que mudava a situação, criando todos os tipos de problemas potenciais.

Quando os militares foram embora, Panetta convidou Morell e Bash para irem ao seu escritório. O diretor se sentia animado. As peças estavam se encaixando. Ele abriu uma garrafa de Dewar's 25 anos, um uísque escocês de alta qualidade, e serviu uma dose generosa para cada um.

"Acho que elaboramos boas opções", disse Panetta.

Os planos estavam prontos para a apreciação do presidente. Eles só precisavam obter a aprovação de Donilon. O diretor não achava que isso seria um problema.

Eles degustaram o uísque, mas o clima não era de celebração.

Eles sabiam que a parte difícil estava apenas começando.

CONTAGEM REGRESSIVA:
58 DIAS

4 de março de 2011
Abbottabad, Paquistão

Sentado em seu carro, na rua sem saída em Abbottabad, o Dr. Shakil Afridi observou uma enfermeira de sua campanha de vacinação tocar a campainha e esperar. O portão era grande, cercado por enormes muros brancos de concreto. O médico se perguntou se os cômodos seriam luxuosos, decorados com seda, e se o jardim seria verdejante, repleto de árvores. Dali, a casa principal parecia uma prisão. Afridi esperava que os moradores deixassem a enfermeira entrar. Será que alguém estaria interessado em uma vacina contra hepatite B?

A enfermeira não sabia que a campanha de vacinação integrava um elaborado truque da CIA para acessar o complexo. E Afridi só conhecia algumas partes do plano. Ele estava estacionado do lado de fora da casa mais observada do mundo, uma prioridade absoluta das autoridades norte-americanas, incluindo a CIA e a Casa Branca.

Os planos da agência tomavam forma. Só era preciso comprovar que bin Laden residia no complexo. Afridi era a opção perfeita. Ninguém suspeitaria que um cirurgião proeminente trabalhava para a CIA.

Embora respeitados, os médicos do governo costumavam ser mal remunerados, e alguns, como Afridi, complementavam a renda trabalhando em clínicas privadas. Talvez a CIA o tivesse contatado por esse motivo. A agência sabia que ele precisava de dinheiro.

Seu supervisor da CIA disse que os EUA lhe pagariam dezenas de milhares de dólares pela ajuda. Afridi recrutou profissionais de saúde para obter acesso a uma "casa notável" — uma mansão de três andares — em um bairro específico.

E lá estava ele, na frente da casa, arriscando tudo para ajudar os norte-americanos. Afridi meneou a cabeça, preocupado em colocar sua família em perigo. Sua esposa, Mona, era diretora de uma escola pública. Eles tinham dois meninos e uma menina, uma vida digna. Mas era tarde demais para desistir.

Para tornar a campanha de vacinação mais crível, o médico iniciou-a em uma região carente de Abbottabad. Ele disse que havia obtido fundos de instituições de caridade internacionais para distribuir vacinas contra hepatite B. Contornando os serviços de saúde da cidade, Afridi pagou quantias generosas a profissionais com cargos mais baixos, que se juntaram à operação sem saber que era um plano da CIA. As vacinas eram da Amson, uma fabricante de Islamabad. O médico colocou cartazes em toda Abbottabad para promover a campanha. Mesmo sem seu motivo oculto, aquela era uma iniciativa digna.

Complexo em Abbottabad.

Aos poucos, os profissionais de saúde começaram a administrar as vacinas em toda a cidade. Era o momento de avançar em direção ao alvo. Não seria descabido executar a campanha também naquele bairro sofisticado.

O portão se abriu e a enfermeira adentrou o complexo. Quando o portão se fechou, Afridi sentiu seu coração disparar. Será que ela conseguiria?

Poucos minutos depois, o portão se abriu novamente e a enfermeira saiu. Um homem pediu que ela voltasse em outra ocasião.

Afridi engoliu o nó na garganta. Era um começo. E pelo menos ele tinha algo a dizer ao agente da CIA.

Casa Branca

Panetta e sua equipe chegaram à Casa Branca para outra reunião, dessa vez um ensaio geral antes do importante encontro com Obama no dia 14 de março. O diretor da CIA estava confiante. Ele mostraria a réplica da fortaleza e atualizaria Donilon e outros membros da equipe de Segurança Nacional sobre o complexo. A seu ver, seria mais uma reunião de rotina.

Quando entrou na Sala de Crise, todos já estavam lá — Donilon, Brennan e alguns outros. Mas aquela reunião do comitê principal era destinada a Donilon. Ele era o presidente do comitê, o oficial que supervisionava a equipe do Conselho de Segurança Nacional. Também era responsável por coordenar e integrar os esforços de política externa, inteligência e segurança do governo.

Donilon era perfeito para o cargo. Perspicaz e determinado, ele era influente em Washington e tinha anos de experiência em política externa. Desde 1977, já havia aconselhado três presidentes dos EUA. Advogado de profissão, Donilon ganhou destaque no Departamento de Estado de Clinton. Ele até parecia um procurador de Washington — na casa dos cinquenta, alto, calvo, ilustre. Usava ternos e gravatas elegantes, confraternizava com líderes mundiais e não tolerava tolices. Era um burocrata que seguia as regras à risca e não gostava de surpresas.

Tom Donilon, conselheiro de Segurança Nacional, e o presidente Barack Obama.

Antes de Panetta chegar, Nick Rasmussen, diretor de contraterrorismo do Conselho de Segurança Nacional, ficou responsável por colocar a maquete do complexo na Sala de Crise.

O modelo era dobrável, sendo possível transformá-lo em uma grande maleta. Ao chegar, Rasmussen colocou a maleta na longa mesa retangular e abriu-a com destreza. Com campos agrícolas esculpidos em argila e muros feitos de isopor, a elaborada maquete do complexo de bin Laden se desdobrou, tornando-se a peça central da mesa.

Brennan ficou maravilhado com o modelo extremamente detalhado. Ele se perguntou sobre os moradores da casa, suas possíveis rotas de fuga e as pessoas que viviam nas proximidades. Como alguém entraria e sairia de lá?

A segurança das reuniões sobre bin Laden era inigualável. Poucas pessoas do círculo interno de Obama sabiam a respeito da operação. Autoridades importantes foram excluídas — Hillary Rodham Clinton, secretária de Estado; Eric Holder, procurador-geral; Robert Mueller, diretor do FBI; e Janet Napolitano, secretária de Segurança Interna. Todos os incluídos deveriam manter sigilo. Eles tinham que esconder as informações de sua equipe e de seus assessores mais próximos. As reuniões nunca eram listadas nas agendas. (Na de Brennan, constavam apenas "encontros com Mickey Mouse".) Durante as reuniões, as câmeras de vigilância da Sala de Crise eram desligadas. Brennan sabia que Donilon queria garantir que o local estivesse "hermeticamente fechado para som e vídeo". Cada documento distribuído no início dos encontros era recolhido antes da saída dos participantes. Nada era deixado ao acaso.

Quando a porta se fechou, Panetta e sua equipe foram direto ao ponto, atualizando todos sobre o progresso na identificação do Pacer. O diretor explicou todas as opções que apresentaria a Obama na próxima reunião.

Donilon ficou satisfeito e sabia que Obama também ficaria. A CIA havia seguido as ordens do presidente. Ele sabia que Obama prezava detalhes e procedimentos, e que mantinha uma pasta repleta de anotações sobre o caso bin Laden. Se designasse uma tarefa, o presidente jamais esqueceria. A certa altura, ele indagaria o responsável sobre as descobertas ou sobre como sua sugestão foi acatada. E a função de Donilon era, justamente, garantir que todos atendessem às expectativas de Obama.

Antes de finalizar a reunião, Donilon disse a Panetta que havia chegado o momento de informar os líderes de inteligência do Congresso. E o diretor revelou algo que surpreendeu Donilon: "Eu já contei a eles."

"O quê?", gaguejou Donilon. "Quando?"

Antes que o conselheiro de Segurança Nacional tivesse a chance de dizer mais alguma coisa, Panetta se explicou. Sim, ele sabia que o presidente havia pedido sigilo; mas, em dezembro, decidiu informar os principais líderes do Congresso para "conquistar sua boa vontade". Afinal, o Congresso controlava as verbas, e a CIA precisava de dinheiro para continuar a operação.

O rosto de Donilon ficou vermelho. Ele ergueu a voz. O presidente esclareceu inúmeras vezes: ninguém fora de seu círculo interno poderia saber. Ninguém. Panetta deveria ter esperado até que uma decisão fosse tomada.

"Ainda estamos avaliando as informações", gritou Donilon. "Não há nada concreto aqui! Nós não decidimos nada, e você está informando o Congresso?"

Mas Panetta não recuou. "O que você queria que eu fizesse? Esse é o meu trabalho", retrucou.

Donilon balançou a cabeça. Muitas pessoas sabiam sobre a operação. Algo acabaria vazando. Obama ficaria furioso.

A tensão e o silêncio se instauraram. Rasmussen sabia que todas as medidas de segurança haviam sido implementadas para garantir o sigilo. Poucas pessoas no gabinete do próprio Obama estavam cientes das reuniões — nem mesmo a secretária de Estado sabia. O comparecimento de assistentes e membros de equipe não autorizados era estritamente proibido.

"Preciso manter os comitês de inteligência informados", explicou Panetta. "Devemos confiar neles. Essa pode ser a operação mais importante sob sua supervisão. Não podemos excluí-los. Não podemos arriscar qualquer hostilidade."

Donilon ficou quieto, totalmente indignado.

"Não tenho escolha", afirmou Panetta. "Faz parte da minha responsabilidade com os comitês de supervisão. Esta é uma operação de inteligência importantíssima. Por lei, sou obrigado a relatar informações importantes."

Rasmussen entendia os dois lados. Ainda assim, era preocupante que tantas pessoas soubessem. Brennan respirou fundo. Aquela missão significava muito para Obama, e um vazamento poderia comprometer tudo.

Panetta e Donilon trocaram mais algumas palavras ásperas antes de encerrarem a reunião.

Observando de longe, Gary não conseguia nem desviar o olhar. Ver a discussão daqueles dois homens "extremamente experientes, intensos e poderosos" era como assistir ao equivalente político de King Kong versus Godzilla. Só faltava um balde de pipoca.

Não existia inimizade entre os dois. Donilon apenas se perguntava por que Panetta se esforçava tanto para agradar o Congresso. A seu ver, isso restringiria as opções do presidente — Obama ainda não havia tomado uma decisão, e certamente não precisava de qualquer pressão externa. Mas Panetta pensava que, ao incluir o Congresso, eles ganhariam um parceiro. Seus membros apoiariam o resultado, fosse bom ou fosse ruim.

Após a reunião, Donilon contou ao presidente. Obama ficou furioso. Ele pediu que Brennan contatasse Jeremy Bash e conseguisse uma lista de todos os membros do Congresso informados por Panetta.

Um dia depois, Donilon telefonou para Panetta. O presidente queria agilizar a operação, disse ele. Após desligar, o diretor sorriu. Ele achava que a decisão levaria meses. As cartas estavam na mesa. Panetta teria que agir rápido.

CONTAGEM REGRESSIVA: 48 DIAS

14 de março de 2011
Casa Branca

O almirante McRaven caminhou por um dos corredores da Casa Branca e entrou na Sala de Crise. Estava adiantado: foi o primeiro a chegar. Em poucos minutos, membros poderosos do exército e do gabinete de Obama se juntariam a ele. McRaven ficou de pé por um momento, elegante em seu uniforme azul-marinho, com abotoamento duplo e listras douradas nas mangas. Sentou-se na ponta da longa mesa de conferência e aguardou.

Aquela reunião era importante. Panetta atualizaria o presidente e a equipe de Segurança Nacional sobre o caso — o que a CIA havia descoberto e quais seriam as medidas se bin Laden morasse no complexo. A intrigante maquete estava na mesa. McRaven se perguntou como os oficiais a haviam posicionado ali sem que ninguém questionasse o que era.

Todos os aspectos da operação eram sigilosos. A maioria das poucas autoridades que sabiam sobre o Pacer estava a caminho da Sala de Crise.

Apenas alguns momentos antes, McRaven foi surpreendido. Ele poderia facilmente ter estragado tudo. Ao se aproximar da entrada da Casa Branca, ouviu alguém chamá-lo. Quando se virou, viu que era uma amiga de infância, uma colega da quinta série que ele não via há décadas. "Tudo bem, Bill? O que está fazendo aqui?", perguntou Karen Tumulty, uma das principais repórteres do *Washington Post* que cobria as notícias da Casa Branca.

McRaven não sabia o que dizer. Ele murmurou algo sobre "muita coisa acontecendo no mundo".

"É a Líbia?", questionou ela.

A Líbia havia protagonizado o mais recente acontecimento da Primavera Árabe. Protestos pacíficos se transformaram em uma guerra civil. Os partidários de Kadhafi e os rebeldes se envolveram em combates ferozes, e os civis foram pegos no fogo cruzado. Obama estava disposto a ordenar ataques aéreos contra as forças de Khadafi.

McRaven tentou mudar de assunto. Não queria que Tumulty questionasse por que ele não estava no Afeganistão, então perguntou-lhe sobre sua família e carreira. Após conversarem por vários minutos sobre filhos e amigos em comum, o almirante explicou que tinha um compromisso, mas prometeu manter contato.

McRaven pegou seu crachá de agente do Serviço Secreto e respirou fundo. Havia conseguido se esquivar da situação.

Um por um, os outros participantes começaram a entrar na sala — Gates, secretário de Defesa; o almirante Mullen e o general Cartwright; Joe Biden, vice-presidente; Panetta, Donilon e Brennan; Jim Clapper, diretor de Inteligência Nacional; Denis McDonough, vice-conselheiro de Segurança Nacional; e uma pequena equipe da CIA, incluindo Gary.

Eis que uma figura nova também apareceu: Hillary Rodham Clinton, secretária de Estado, que tinha acabado de ser informada sobre a operação bin Laden. Uma semana antes, Panetta disse que queria falar com ela em particular. O primeiro indício de que algo importante estava acontecendo foi quando o diretor afirmou: "Certifique-se de que a reunião não apareça em sua agenda." Quando se encontraram no Departamento de Estado, Panetta revelou todas as informações, acrescentando que Clinton faria parte de um grupo muito restrito que aconselharia Obama quanto à "melhor decisão, seja ela qual for".

Clinton logo descobriu que a operação bin Laden era "totalmente sigilosa". Ela costumava recorrer aos membros de sua equipe para aconselhamento e apoio. Mas agora estava proibida de discutir o assunto com eles, incluindo seu marido. Clinton teria que inventar desculpas para suas idas à Casa Branca; do contrário, seus assessores suspeitariam de algo. As mesmas regras se aplicavam aos outros participantes. As equipes não podiam acompanhá-los. Eles também precisavam ocultar as reuniões. No fim das contas, todos ali estavam por conta própria.

Instantes depois, o presidente sentou-se na ponta da mesa, de frente para McRaven, que estava na outra extremidade. Obama se recostou na cadeira, com o corpo quase todo reclinado. McRaven observou o presidente, notando seu cansaço. Já era de se esperar, ainda mais com os acontecimentos turbulentos ao redor do mundo: a Primavera Árabe, as guerras no Iraque e no Afeganistão. Raymond Davis ainda estava em uma prisão paquistanesa. Alguns dias antes, um grande terremoto atingira o norte do Japão, matando milhares e desencadeando uma série de tsunamis que causaram danos generalizados às zonas costeiras — e a uma usina nuclear. Como se não bastasse, agora Obama teria que decidir o que fazer com bin Laden. Certamente, a pressão era avassaladora.

Morell pressentiu que aquela seria uma das reuniões mais importantes de sua carreira. Então, preparou-se ainda mais do que o normal. A equipe da CIA tinha elaborado um PowerPoint com as opções disponíveis. Morell entregou pastas espessas com detalhes sobre os possíveis planos de ação, para facilitar o entendimento de todos os presentes. Elas continham mapas de cada plano, mostrando onde as bombas seriam lançadas durante um ataque aéreo ou onde as forças de operações especiais se posicionariam durante uma incursão.

O presidente estava disposto a ouvir, e Panetta fez um breve resumo das descobertas de seus analistas de inteligência e agentes em campo sobre a fortaleza em uma rua sem saída de Abbottabad.

Sim, al-Kuwaiti morava lá. Ele já havia trabalhado como mensageiro para bin Laden. O local foi protegido de tal forma que dificultava a visão interior do complexo ou da casa. Tudo isso sugeria que alguém estava se escondendo ali. O Pacer vivia na casa principal, e só saía para caminhar no pátio. Ele nunca deixava o complexo.

As evidências indicavam que se tratava de bin Laden; no entanto, observou Panetta, elas eram inconclusivas. Talvez al-Kuwaiti estivesse protegendo a família do líder, e não o próprio bin Laden. Ou talvez al-Kuwaiti estivesse protegendo outro terrorista, ou um criminoso foragido.

A incerteza sobre quem estava lá dentro só aumentava os perigos de uma operação militar. Mas a inação também trazia os próprios riscos, alertou Panetta: "Perderíamos nossa maior chance em uma década de capturar ou executar bin Laden."

Depois que Panetta finalizou seu discurso, o presidente descartou uma operação conjunta com o Paquistão. Estava fora de cogitação, afirmou. Embora o país tivesse cooperado com os EUA em várias operações de contraterrorismo e facilitado rotas de abastecimento para as tropas norte-americanas no Afeganistão, não era segredo que algumas facções dentro do governo apoiavam o Talibã.

Era uma região complicada. Com um governo central enfraquecido, o Afeganistão estava impossibilitado de se alinhar com a Índia, o Estado rival do Paquistão. O fato de que uma grande academia militar ficava próxima ao complexo apenas aumentava a possibilidade de que os paquistaneses informassem o Pacer sobre qualquer informação dos EUA.

Obama sabia que, independentemente do plano de ação, as relações entre os EUA e o Paquistão estariam em jogo. O Departamento de Estado teria um árduo trabalho diplomático em suas mãos. Mas essa questão ficaria para mais tarde. Naquele momento, o presidente estava preocupado em avaliar as opções. Ele podia optar por não fazer nada. Sem provas concretas, será que valia a pena autorizar uma incursão?

Após eliminar as opções EUA-Paquistão, o presidente se dirigiu a Cartwright, general que havia servido como oficial de voo e piloto. Enquanto Obama observava a maquete, Cartwright esclareceu os detalhes de um ataque aéreo.

A Força Aérea propôs o uso de 32 bombas de 900kg. Mas um bombardeio "causaria um enorme estrago bem no meio de Abbottabad".

O presidente conhecia os prós e os contras dessa ideia, mas era perturbador pensar nas mulheres e crianças que morreriam dentro da fortaleza. E quanto às famílias que viviam nas residências próximas? Com toda aquela incerteza acerca da presença de bin Laden no complexo,

Obama achava inadequado ordenar um ataque aéreo que atingiria tantos inocentes.

Ao longo da reunião, o presidente se concentrou em uma possível operação das Forças Especiais. Em um helicóptero, a equipe entraria secretamente no Paquistão, atacaria o complexo e sairia antes que os militares ou os policiais paquistaneses pudessem reagir. Se optasse por essa estratégia, Obama sabia que McRaven seria o único capaz de efetuar a missão.

O almirante estava preparado, com todos os planos à disposição. Ele havia passado o dia anterior na sede da CIA, com Panetta e sua equipe, organizando sua parte da apresentação.

McRaven gostava do diretor da CIA. Ele o considerava um líder de verdade, "o perfeito colega de equipe, sociável, às vezes indelicado, e com uma risada contagiante". Mais importante, Panetta nunca agia por interesse próprio, mas, sim, em prol da nação. Tendo profundas conexões com o establishment de Washington, ele comprovava sua capacidade de fazer as coisas acontecerem.

No escritório de Panetta, eles revisaram as opções, incluindo o possível "rapto" a ser executado pela CIA. Foi uma discussão franca. Ninguém se conteve. Até os assessores de Panetta acreditavam que os militares deveriam ser responsáveis pela missão, e não a divisão de operações secretas da agência.

Todos concordaram que os EUA não precisavam comunicar o Paquistão. "Essa opção nem deveria ser cogitada", disse um conselheiro.

Um dos analistas tinha certeza de que as autoridades paquistanesas sabiam que o terrorista estava escondido à vista de todos. "A ISI deve saber que bin Laden está lá. Pelo amor de Deus, ele mora a menos de 1km da academia militar", disse.

Finalmente, Panetta se dirigiu a McRaven: "Acho que a única opção viável é a incursão das Forças Especiais." O almirante vinha pensando a mesma coisa há semanas.

Na Sala de Crise, McRaven explicou a incursão ao presidente. Após o anoitecer, uma seleta equipe de operações especiais pilotaria um ou dois helicópteros por quase 1h30 desde Jalalabad, no Afeganistão, até o complexo, pousando na parte de dentro dos muros altos. Eles protegeriam todos os pontos de entrada, portas e janelas do perímetro antes de invadirem a casa principal de três andares.

Assim que entrassem, vasculhariam o local e "neutralizariam" qualquer residente que aparecesse em seu caminho. Eles capturariam ou executariam bin Laden e, antes de retornarem à base em Jalalabad, parariam para reabastecer em algum lugar no Paquistão.

Panetta se manifestou. "Sr. Presidente, Bill está analisando o uso de alguns helicópteros especiais que seriam capazes de passar pelas defesas aéreas paquistanesas."

McRaven assentiu e, em uma grande tela na Sala de Crise, exibiu a foto de um Black Hawk furtivo, um helicóptero que havia sido modificado para mascarar o calor, o ruído e o movimento. "Senhor, é possível que esses helicópteros evitem a detecção por radar e consigam chegar ao complexo", afirmou. "Ainda não sei tudo sobre sua reconfiguração."

Quando Obama solicitou uma explicação mais detalhada, McRaven disse que não sabia quantos homens os helicópteros poderiam transportar.

"De quantos você precisa?", questionou o presidente.

"No mínimo uns vinte homens e seus equipamentos", anunciou o almirante.

Obama analisou a imagem na tela enquanto McRaven continuou, explicando que muitos aspectos eram considerados para determinar a capacidade de elevação de um helicóptero, incluindo combustível e altitude.

"Por exemplo, senhor, se a temperatura for um grau diferente do que a estimada, isso pode alterar toda a carga e os requisitos de combustível. Se o tempo no solo for maior do que o previsto, o helicóptero terá que reabastecer. É um outro elemento de risco", declarou o almirante.

As palavras de McRaven ecoaram nos ouvidos de Gates. Ele sabia que adversidades aconteciam em missões perigosas. Naquela noite de 1980, Gates estava bem ali, na Sala de Crise, quando descobriu que a missão de resgate dos 52 reféns na embaixada dos EUA em Teerã havia se tornado um desastre. Ele sabia que era preciso comprovar a presença de bin Laden no complexo. Do contrário, não valeria o risco.

McRaven percebeu o entusiasmo esvair-se do ambiente. Ele sabia que precisava ser categórico. Apenas a verdade, sem enrolação. Os presentes precisavam ouvir todas as informações — prós e contras. O almirante disse que ainda definiria os detalhes. Mas, para tanto, necessitaria de especialistas para ajudar no planejamento aéreo e terrestre.

“De quantas pessoas você precisa?”, perguntou Obama.

McRaven sentiu uma onda de euforia. “Cinco”, respondeu. O presidente aprovou o pedido. E, quando o almirante finalizou, Obama o fitou e questionou: “Você acha que consegue cumprir a missão?”

Ele poderia ter dito que sim. Sem problemas. As Forças Especiais eram capazes de fazer qualquer coisa. Mas McRaven não enganaria o presidente, pois isso contrariava seus princípios. Ele seria honesto e transparente.

O almirante explicou que aquilo era o “esboço de um planejamento”. Ele não saberia a resposta definitiva até selecionar uma equipe, elaborar uma estratégia e praticar. “Só posso afirmar que, se chegarmos lá, efetuaremos o ataque. Mas não posso recomendar a missão antes de fazer minha lição de casa.”

Obama sorriu. “Então vamos fazer a lição de casa.”

Antes de encerrar a reunião, Donilon lembrou ao presidente que o próximo encontro seria em 29 de março. Quando todos se levantaram, McRaven se apressou para sair da sala. Ele queria começar quanto antes, pois sabia que não tinha muito tempo para finalizar sua tarefa.

CONTAGEM REGRESSIVA:
35 DIAS

27 de março de 2011
Jalalabad, Afeganistão

McRaven estava trabalhando dia e noite para elaborar um plano de ataque. Após a reunião com Obama, o almirante tinha que agir rápido. Havia muitas variáveis em qualquer operação importante, mas ele sabia que, primeiro, precisaria decidir quem efetuaria a incursão: os SEALs, da Marinha, ou os Boinas Verdes, do Exército.

Qualquer uma das unidades de operações especiais daria conta do recado. Ao todo, elas haviam conduzido milhares de missões no Iraque e no Afeganistão. Eram máquinas perfeitamente calibradas para isso. E, embora McRaven fosse um SEAL, sua decisão dependeria da disponibilidade.

A maioria das unidades estava baseada no Afeganistão, e o almirante não poderia simplesmente convocar uma unidade ativa das Forças Especiais sem levantar suspeitas. O país estava repleto de talibãs e espiões da Al-Qaeda, e os próprios oficiais norte-americanos estranhariam.

Para elaborar a missão e treinar a equipe, McRaven teria que se ausentar do Afeganistão por muito tempo. (Ele já tinha um motivo plausível caso alguém desconfiasse de suas viagens constantes a Washington, D.C. As pessoas presumiriam que o almirante estava tratando seu câncer no Hospital Naval de Bethesda. Em seus registros de viagem digitais, ele escrevia: "Comandante a caminho de Washington." Ninguém faria perguntas pessoais a um comandante.)

Porém, se McRaven e uma unidade ativa sumissem do radar, seu centro de comando suspeitaria de uma operação grande. As pessoas começariam a comentar e a bisbilhotar. E ele não queria nada disso.

O almirante verificou o cronograma de destacamento. Um esquadrão dos Boinas Verdes tinha acabado de desembarcar no Afeganistão, enquanto um esquadrão dos SEALs havia acabado de retornar aos EUA para uma licença de três semanas. Perfeito. Ele escolheria os SEALs.

McRaven telefonou para o capitão Rex Smith e o coronel John "JT" Thompson, dois oficiais de sua confiança. Smith era tranquilo e equilibrado, praticamente um sósia de Robert Mitchum, o astro de cinema dos anos 1950. Thompson comandava a unidade aérea de operações especiais e sabia tudo sobre helicópteros. Ambos eram "experientes em combate, excelentes estrategistas e colegas exemplares". Missões de alto nível sempre envolviam muito drama e tensão interpessoal. O almirante queria recrutar oficiais que promovessem o espírito de equipe e prosperassem sob pressão.

Durante a visita a Washington no final de fevereiro, McRaven informou Smith sobre a operação bin Laden. Ele exigiu sigilo e pediu que o capitão ajudasse os agentes da CIA a planejar uma missão. O almirante explicou que eles haviam desenvolvido diversos planos, mas que apenas um envolvia uma incursão.

"Então, o que você quer que eu faça lá?", perguntou Smith.

"Nada. Só escute. A agência não deve pensar que estamos assumindo a missão", disse McRaven. "Só manifeste sua opinião se os agentes pedirem. Seja totalmente franco... e não dê a entender que nós poderíamos fazer melhor."

No dia seguinte, o almirante retornou ao Afeganistão. Durante as semanas que se seguiram, Smith atualizou-o quase diariamente. O capitão se mostrou indispensável. E agora, após a reunião na Sala de Crise com o presidente, McRaven precisava de um outro tipo de ajuda.

Ele pediu a Smith que reunisse alguns SEALs e os levasse para Washington no dia seguinte. Então, telefonou para o coronel Thompson e solicitou planejadores aéreos. McRaven queria que o subtenente mais experiente liderasse a parte tática do planejamento aéreo e que o piloto principal de helicópteros Black Hawk fornecesse informações técnicas.

McRaven não revelou os detalhes da missão e nem sequer disse quem era o alvo em potencial. Mas, enquanto ouvia, Thompson percebeu que algo importante estava acontecendo. Ele respeitava a discrição, mas, independentemente do que fosse, queria participar. Em tom de brincadeira, o coronel perguntou se o almirante precisava de um assistente pessoal — alguém para acompanhá-lo. McRaven riu. Ele percebeu as intenções de Thompson e, se estivesse em seu lugar, agiria da mesma forma. O almirante sabia que precisaria de um excelente piloto de helicóptero em breve, mas...

"Ainda não", respondeu McRaven. "Mas fique por perto, JT. Manteremos contato."

No dia seguinte, o capitão e os quatro convocados chegaram ao complexo da CIA. Smith não lhes disse nada sobre a missão. Mas eles suspeitavam de algo incomum, pois não foram ao prédio principal da agência, senão à gráfica, um pequeno local que produzia documentos falsos — certidões de nascimento, passaportes, carteiras de motorista — para agentes em missões secretas. McRaven recebeu-os na porta. Ao entrarem, Smith e seus homens viram a maquete da fortaleza no centro de uma mesa comprida. Alguns minutos depois, vários membros da equipe da CIA chegaram. Após as devidas apresentações, os analistas fizeram um resumo sobre o complexo e o Pacer — todas as informações coletadas até ali.

Quando finalizaram, McRaven assumiu a palavra, revelando as opções apresentadas a Obama.

"Senhores, em menos de duas semanas, o presidente espera um planejamento detalhado para a incursão. Seu trabalho é me dizer se conseguiremos realizá-la", explicou.

O almirante afirmou que havia ponderado diferentes estratégias para chegar ao alvo, como iniciar a missão a partir de vários pontos dentro do Paquistão, em vez do Afeganistão, pular de paraquedas nos arredores de Abbottabad e dirigir até o complexo. Ele disse que logo descartou as ideias, pois eram inviáveis. McRaven concederia um ou dois dias para a equipe conferir sua análise, "mas, depois, temos que definir um plano de ação e começar a elaborá-lo".

Smith se manifestou em nome da equipe. "Ok. Vocês já sabem do que o chefe precisa. Mãos à obra."

Nas duas semanas seguintes, Gary, Sam e outros oficiais e analistas da CIA trabalharam em conjunto com os SEALs. Eles revisaram todas as informações e recorreram a especialistas em defesa aérea e sistemas de radar do Paquistão. Os analistas de imagens responderam a todas as perguntas sobre a fortaleza: a altura e a espessura dos muros, a iluminação externa e as condições de vida do Pacer. Eles discutiram o possível número de mulheres e crianças dentro do complexo e a localização das unidades militares e policiais paquistanesas.

Não se tratava apenas de Abbottabad. Os analistas explicaram como os militares paquistaneses reagiriam se as forças norte-americanas fossem detectadas além da fronteira. No passado, quando os EUA perseguiam insurgentes até o Paquistão, os militares paquistaneses identificavam helicópteros e forças terrestres norte-americanas como invasores. Os analistas de inteligência responderam a todas as perguntas dos SEALs, exceto uma: bin Laden realmente estava no complexo?

Após as análises, eles chegaram a uma conclusão: a única opção de ataque era uma rota direta do Afeganistão até o complexo. Fazia-se necessário, então, determinar se os helicópteros conseguiriam transportar os SEALs sem serem detectados.

McRaven sabia que a única maneira de descobrir isso era praticando o plano em condições simuladas, o que demandaria uma equipe maior. Ele precisava de mais tempo para definir todos os detalhes que poderiam evitar uma catástrofe.

E o tempo estava se esgotando.

CONTAGEM REGRESSIVA:
33 DIAS

29 de março de 2011
Washington, D.C.

De volta à Sala de Crise, McRaven estava pronto para começar. Desde sua última visita, ele havia dedicado inúmeras horas ao planejamento da missão. Agora, só precisava esperar sua vez.

Obama vinha pensando muito no Pacer, no complexo, no Paquistão. Mas parecia que todos os dias traziam outra crise urgente, em algum lugar do mundo ou nos próprios EUA. A guerra civil havia consumido a Líbia. Não estava claro se Gaddafi sobreviveria. Na Síria, manifestantes protestavam em Damasco e Alepo, exigindo reformas democráticas e a libertação de prisioneiros políticos. Em resposta, o presidente Bashar al-Assad reprimia os manifestantes, levando à violência generalizada.

Nos EUA, uma recém-fortalecida maioria do Partido Republicano na Câmara e no Senado tentava revogar a principal conquista de Obama, a Lei de Proteção e Cuidado Acessível ao Paciente, conhecida como Obamacare. Não havia votos suficientes para anular um veto presidencial, então cerca de vinte estados entraram com ações judiciais, argumentando que a garantia de cuidados de saúde para todos os norte-americanos era inconstitucional.

Mas agora, na Sala de Crise, cercado pela equipe de Segurança Nacional, o presidente afastou as outras preocupações para se concentrar no assunto em pauta: o complexo em Abbottabad.

Quase toda a equipe de Segurança Nacional estava presente, incluindo a secretária de Estado Clinton, o secretário de Defesa Gates e o almirante Mullen. Era uma situação séria.

Panetta sabia que, apesar dos esforços, duas perguntas permaneciam: quem estava dentro do complexo? E como eles capturariam bin Laden caso sua identidade fosse comprovada?

Desde a última reunião com o presidente, Panetta tentava aprimorar as opções, acrescentando mais detalhes. Ele considerou ainda mais a fundo a possibilidade de bombardear o complexo.

O diretor convocou um grupo de pilotos para a sede da CIA, aviadores especializados da 509ª Ala de Bombardeio da Base da Força Aérea de Whiteman, perto de Kansas City. Com seus cabelos curtos e suas jaquetas de couro, eles causavam uma ótima impressão e não perderam tempo em descrever como conduziriam uma missão para executar o Pacer: dois bombardeiros B-2 voariam de Whiteman até a fronteira Afeganistão-Paquistão. Lá, as aeronaves se "camuflariam", acionando a tecnologia de bloqueio de radar e fazendo um giro à direita. Minutos depois, estariam sobre o alvo.

Cada bombardeiro lançaria dezesseis munições conjuntas de ataque direto (JDAMs). Cada bomba pesava 900kg.

Jeremy Bash tinha algumas perguntas para os pilotos. O que eles veriam depois que as bombas fossem lançadas?

"Nada", respondeu um deles.

"Como assim, nada?", questionou Bash.

Ele explicou que, em poucos instantes, o complexo seria reduzido a escombros.

Bash queria mais detalhes. Sobraria alguma coisa? Um outro piloto meneou a cabeça.

"Poderíamos coletar DNA dos corpos?", perguntou Bash.

Altamente improvável, já que todos os corpos virariam "poeira", afirmou um piloto, acrescentando que eles não seriam capazes de limitar os danos apenas ao complexo e a algumas "casas próximas".

"Tudo voaria pelos ares", declarou.

Ou seja, se bin Laden estivesse lá, ele seria morto, junto com todos os moradores do complexo e da vizinhança. Panetta e Bash sabiam que isso acarretaria outro problema: eles não teriam a chance de comprovar a execução do terrorista. Era improvável que os paquistaneses convidassem oficiais dos EUA para procurar DNA nas ruínas em chamas.

Os pilotos estavam confiantes de que poderiam cumprir a missão. Panetta conversou com John Brennan. Ambos estavam apreensivos. "É um péssimo plano", disse Brennan. "Haveria muitas baixas."

Enquanto o bombardeio permanecia uma opção, o general Cartwright, um experiente aviador naval, sugeriu o que ele chamou de "alternativa cirúrgica para um ataque aéreo".

Por que não usar um drone? Ele dispararia um pequeno míssil de 6kg diretamente no Pacer durante sua caminhada no pátio. Os danos colaterais seriam mínimos. Os militares dos EUA usavam drones regularmente para executar terroristas. O general tinha certeza de que a estratégia daria certo e eliminaria todos os perigos associados a um ataque terrestre.

Panetta também tinha dúvidas quanto a esse plano, pois só haveria uma chance. E se o drone falhasse? Se o Pacer fosse bin Laden, o terrorista desapareceria de novo. Se o míssil o eliminasse, eles enfrentariam o mesmo problema da opção de bombardeio: não teriam como coletar seu DNA. E os paquistaneses ficariam furiosos de qualquer forma.

O sentimento antiamericano vinha crescendo no Paquistão. A população se revoltava com o fato de que cada vez mais ataques de drones norte-americanos ocorriam em seu país, ao longo da fronteira com o Afeganistão. O caso Raymond Davis certamente não ajudava.

Após dois meses, os EUA finalmente o tiraram da prisão. Ele foi libertado em meados de março, depois que os familiares das vítimas receberam vários milhões de dólares em indenização. No entanto, muitas pessoas na comunidade acreditavam que aquilo era um erro judicial, incitado por "dinheiro sujo". Bastaria um ataque de bombardeiro com vítimas inocentes, e as relações EUA-Paquistão se tornariam uma causa perdida.

Na Sala de Crise, Panetta expôs a situação para Obama. Ele disse ao presidente que descartaria o ataque liderado pela CIA, pois achava que os agentes não conseguiriam efetuar esse tipo de operação.

Então, a opção dos bombardeiros B-2 entrou em pauta novamente. Obama examinou melhor o plano e decidiu descartá-lo.

O general Cartwright descreveu o ataque com drone, e o presidente disse que pensaria a respeito.

Então, Obama se dirigiu a seus conselheiros de Segurança Nacional e ampliou o foco.

Como aquela ação militar contribuiria para o objetivo geral de derrotar a Al-Qaeda? Executar bin Laden não seria o suficiente para acertar as contas. Uma missão tão onerosa e arriscada teria que favorecer consideravelmente a estratégia dos EUA ou enfraquecer a Al-Qaeda. O presidente queria uma análise completa. Ele precisava de todos os fundamentos políticos para poder tomar uma decisão adequada, disse.

Os participantes ficaram em silêncio.

Obama se dirigiu a Panetta: "Você está pronto? Quero saber os detalhes da incursão."

Panetta fitou McRaven, sugerindo que ele explicasse o plano. Então, o almirante assumiu a palavra, pronto para apresentar a "lição de casa" atribuída a ele no final da última reunião. McRaven respeitava o presidente. Mesmo sem experiência militar, Obama exibia o enérgico estilo de liderança que o almirante esperaria de alguém que serviu por anos nas forças armadas. O presidente demonstrava confiança, mas também humildade — admitia não saber algo, por exemplo — e respeito pelos especialistas na sala. Obama fazia as perguntas certas e, mais importante, mostrava-se sereno. E seu senso de humor era peculiar.

McRaven tinha a mesma confiança tranquila de Obama, mas com um caráter um pouco mais extravagante e animado. Ele explicou que o plano era bem simples. O almirante havia reunido uma equipe de 24 SEALs, um oficial da CIA e alguns helicópteros Black Hawk especialmente modificados. Se o presidente aprovasse a missão, ele levaria a equipe para o Afeganistão.

No Afeganistão, perto da fronteira com o Paquistão, também haveria cerca de 24 SEALs esperando em dois helicópteros MH-47 Chinook. Essa força de resposta rápida só seria enviada a Abbottabad se os SEALs precisassem de ajuda no complexo.

Em sua apresentação de PowerPoint, o almirante mostrou um mapa que retratava a distância de 260km entre a fronteira do Afeganistão e Abbottabad. Outra imagem indicava a cobertura do radar de defesa aérea do Paquistão. As linhas vermelhas exibiam locais onde os helicópteros dos EUA provavelmente seriam detectados. As linhas verdes, por sua vez, revelavam áreas seguras. Como todos puderam perceber, não havia muitas linhas verdes.

Obama analisou o trajeto da missão. "Vocês conseguem passar pelas defesas aéreas?", perguntou.

McRaven disse que não tinha uma resposta. "Ainda estamos estudando o problema. Mas, se usarmos as montanhas como escudo, há uma possibilidade de nos aproximarmos do complexo sem sermos detectados."

"Em quanto tempo?", questionou o presidente.

Ao se distanciarem das montanhas, eles demorariam dois minutos para alcançar o complexo. Ainda assim, não estariam a salvo. "Nesse ponto, o som dos helicópteros nos entregaria", revelou o almirante. "É muito provável que alguém na fortaleza nos ouça."

McRaven mostrou uma foto aérea do complexo, com setas indicando as rotas de entrada. Doze homens saltariam do primeiro helicóptero, adentrando a parte central da fortaleza. Eles evacuariam a casa de hóspedes e, em seguida, invadiriam o piso inferior da casa principal, revistando-a de baixo para cima.

Parte da equipe do segundo helicóptero permaneceria do lado de fora do complexo para bloquear quaisquer rotas de fuga. Então, o restante dos SEALs saltaria no telhado da casa principal e desceria metodicamente. Durante o ataque, os dois Black Hawks aguardariam em um local designado nos arredores da cidade.

"E as mulheres e crianças?", perguntou Clinton. Segundo a inteligência, havia cerca de doze crianças e cinco mulheres no complexo.

"É um desafio que enfrentamos todos os dias no Afeganistão. Nossos homens sabem lidar com grandes grupos de não combatentes", declarou o almirante.

"E se um deles representar uma ameaça?", questionou um dos participantes.

Em seu típico estilo sincero e pragmático, McRaven respondeu: "Se usarem um colete explosivo, estiverem armados ou ameaçarem a força de ataque, eles serão mortos."

O almirante queria garantir que todos na Sala de Crise entendessem o que estava em jogo. "Qualquer um que representar uma ameaça para os operadores será eliminado. Já terá anoitecido, e a situação será um tanto confusa."

E, mesmo que bin Laden não estivesse no complexo, ainda havia uma "chance de alguns paquistaneses serem mortos durante a incursão".

Obama assentiu. Ele compreendia os riscos.

O ataque poderia ser efetuado, disse McRaven, mas tirar os homens de lá era uma incerteza.

O presidente tinha mais perguntas. E se as autoridades paquistanesas interceptassem os helicópteros norte-americanos na entrada ou na saída? E se bin Laden estivesse em um esconderijo no local, de forma a prolongar a missão? E se houvesse resistência? Como a equipe reagiria se a polícia ou as forças militares do Paquistão cercassem o complexo?

Eram questionamentos difíceis, mas que precisavam ser discutidos e esclarecidos.

McRaven foi direto ao ponto. "Senhor, nas forças armadas, temos um termo técnico para essas situações." Após uma pausa, ele complementou: "É 'quando a m**** bate no ventilador'."

"Exatamente", afirmou Obama.

Gates e Mullen riram, mas os outros não acharam graça nenhuma.

O almirante explicou que o plano se baseava na premissa de que os SEALs evitariam um confronto com as autoridades paquistanesas. Caso isso acontecesse, a ideia seria manter a equipe no local até que os diplomatas norte-americanos negociassem uma retirada segura.

Obama agradeceu a franqueza, mas, com a fragilidade das relações EUA-Paquistão, o presidente tinha sérias ressalvas quanto àquela estratégia. Não, ele não deixaria o destino dos SEALs à mercê do governo paquistanês, especialmente se bin Laden não fosse encontrado na fortaleza. O clamor público faria todos serem presos, ou pior.

O presidente sabia que não podia confiar nos paquistaneses. E nem recorrer à diplomacia. Ele não queria que os homens de McRaven "apodrecessem na cadeia". Então, decidiu garantir que o almirante fornecesse orientações claras e concisas caso os policiais ou militares paquistaneses aparecessem no complexo. A fim de não deixar qualquer margem para dúvida, Obama esclareceu: "Não meçam esforços para sair."

McRaven sorriu. As palavras do presidente significavam que o almirante poderia convocar apoio aéreo para proteger seus homens no complexo ou durante seu retorno ao Afeganistão. O "pacote de guerrilha" abrangeria quase todo o arsenal militar, incluindo caças e aeronaves de combate AC-130. McRaven exibiu mais alguns slides, como a rota de saída do Paquistão. Se tudo corresse conforme o planejado, a duração estimada da missão era de três horas e meia — noventa minutos de viagem para cada trecho e meia hora para a execução. Nada mais.

"Com que rapidez os paquistaneses podem reagir?", perguntou Gates.

O almirante não sabia, pois a equipe ainda estava coletando informações. Quando a apresentação terminou, Obama fitou McRaven com uma expressão séria.

"Você consegue cumprir a missão, Bill?"

McRaven não tinha uma resposta. O planejamento ainda era apenas um esboço. Mas ele disse que reuniria a força de ataque e iniciaria os ensaios. Construtores na zona rural da Carolina do Norte já estavam criando uma réplica em tamanho real do complexo. Ficaria pronta em breve, e a equipe começaria a praticar. Se Obama aprovasse a incursão, o momento ideal seria o primeiro fim de semana de maio, quando as noites sem luar propiciariam proteção extra aos SEALs.

"De quanto tempo você precisa para treinar?", questionou o presidente.

"Três semanas."

Obama refletiu por alguns instantes. Ainda era cedo para decidir. McRaven estava progredindo, e o presidente não queria atrapalhar o ritmo, mas, a cada passo, o círculo interno se expandia, aumentando a probabilidade de um vazamento. Obama não estava pronto para aprovar a incursão, mas sabia que era preciso agir como se fosse uma certeza.

"Acho que você tem um trabalho a fazer", disse ele a McRaven.

A reunião terminou. Todos se levantaram e começaram a sair. Para o almirante, a verdadeira tarefa estava prestes a começar. Mas Donilon sabia que McRaven havia passado em um teste crítico.

O conselheiro de Segurança Nacional percebeu que Obama ficou impressionado com a honestidade do almirante. Quando o presidente perguntou se a missão era viável, McRaven poderia ter respondido: "Sim, senhor. Conseguiremos cumpri-la facilmente." Mas, em vez disso, assumiu que não sabia, prometendo encontrar uma resposta fundamentada. Ele não tentou enganar Obama.

Donilon sabia que o almirante havia conquistado a confiança do presidente e dos participantes na sala. A autorização e o sucesso da incursão ainda eram incertos. Mas, depois daquela reunião, todos compartilhavam uma certeza: McRaven era o comandante ideal.

CONTAGEM REGRESSIVA:
26 DIAS

5 de abril de 2011
Miami, Flórida

Depois de sete missões de combate e duas semanas em casa visitando familiares e amigos, Robert O'Neill estava no paraíso: Miami! Palmeiras, céu claro e águas cristalinas. Ele estava curtindo a praia e pegando umas ondas com sua equipe após um dia de treinamento de mergulho em uma base próxima.

O'Neill sorria ao pensar que adorava seu trabalho.

Era a tarefa perfeita, uma oportunidade para relaxar. Afinal, ele e seus colegas eram da Marinha... e haviam passado os últimos cinco meses nas montanhas e nos desertos do leste do Afeganistão. Precisavam voltar à água e aprimorar suas táticas, caso tivessem outra operação arriscada em alto-mar.

Dois anos antes, no Oceano Índico, O'Neill e sua equipe participaram de um resgate transmitido ao vivo pela televisão. Em pouco tempo, a ousada operação, que libertou o capitão Richard Phillips dos piratas somalis, marcou a história do SEAL Team 6.

Phillips, um marinheiro mercante dos EUA, tornou-se refém de quatro piratas somalis que capturaram seu navio de carga. Eles colocaram Phillips em um bote salva-vidas fechado, com 6m de comprimento. O objetivo era extorquir dinheiro dos EUA para libertar o capitão em segurança ou vendê-lo a um grupo de extremistas ligados à Al-Qaeda. De qualquer forma, os piratas esperavam faturar milhões.

Mas as coisas não saíram como planejado. Navios de guerra norte--americanos bloquearam a rota de fuga dos piratas. Phillips ficou preso no pequeno bote enquanto os piratas tentavam definir o próximo passo. A situação era tensa. Os piratas ameaçavam matar o capitão. Para neutralizar o perigo, a Marinha dos EUA fez um acordo com eles. O contratorpedeiro USS *Bainbridge* amarraria uma corda de 30m ao bote e o rebocaria até a costa.

Enquanto isso, nos EUA, uma equipe de SEALs começou a planejar um resgate. O'Neill estava na festa de Páscoa da escola da filha de quatro anos quando seu pager apitou, revelando um código ultrassecreto. Ele precisava ir embora o mais rápido possível, então telefonou para a esposa, Amber, explicando a situação.

Ela não fez perguntas. Podia facilmente adivinhar para onde o marido iria, já que o drama do refém estava em todos os noticiários. O'Neill tinha uma hora para chegar à base militar, onde um avião de transporte Boeing C-17 Globemaster aguardava. Amber buscou a filha na escola. Após abraçá-las e beijá-las, O'Neill se apressou até o carro.

Era um trajeto de vinte minutos, e o SEAL já estava de uniforme. Havia tempo suficiente para parar em uma loja de conveniência e pegar algumas coisas; ele estacionou, sacou dinheiro no caixa eletrônico e comprou fumo de mascar e um maço de cigarros. Teria entrado e saído com tempo de sobra se não fosse por um homem que ficou enrolando na fila do caixa. O homem olhou os jornais, leu as manchetes e, finalmente, escolheu um exemplar do *USA Today*. A provação do capitão Phillips era a notícia principal. O homem, então, bateu com o jornal no balcão e disse: "Seria ótimo se alguém resolvesse esse problema!"

O SEAL perdeu a paciência. "Ei, amigo, pague logo por suas coisas e nós resolveremos."

O homem fitou O'Neill e saiu do caminho. Afinal, eles estavam em Virginia Beach, lar de várias unidades militares. O SEAL comprou suas coisas e correu para o carro. Minutos depois, estacionou na base e se apressou até a sala da equipe.

Não havia muito tempo. Líderes e operadores do SEAL Team 6 estavam discutindo táticas e finalizando detalhes. O avião de transporte levaria o esquadrão e quatro lanchas para uma área designada no Oceano Índico. Os SEALs e os barcos sairiam por uma rampa na parte de trás da aeronave. Assim que atingissem a água, os homens nadariam até as lanchas e se preparariam para a missão.

O'Neill e os outros se apressaram, pegaram os equipamentos em seus armários, dirigiram-se ao C-17 e apertaram os cintos para o voo de dezesseis horas.

A viagem passou em um piscar de olhos. O barulho do maquinário despertou os homens: eles haviam chegado ao destino. A rampa na parte de trás do avião estava se abrindo. O'Neill foi até a borda e apreciou a vista. O oceano era lindo; o sol reluzia na água. Ele sentiu um pico de adrenalina. Nada de cansaço. Os SEALs receberam o sinal. O'Neill foi o primeiro a pular. Durante a queda, procurou pelos quatro barcos, sua área de pouso.

Mas ainda havia o mergulho e os breves lampejos de cegueira provenientes do reflexo do sol no oceano. Então, lá estavam elas, as lanchas, em perfeita posição. Quando atingiram a água, os homens nadaram até os barcos e subiram a bordo. Após uma contagem rápida para garantir que todos estavam seguros, o esquadrão de O'Neill se dirigiu ao USS *Boxer*, um navio de assalto anfíbio. Depois de toda aquela movimentação, eles ainda estavam a cerca de 800km a leste do *Bainbridge*.

A essa altura, os SEALs receberam suas ordens. O plano exigia que um pequeno grupo de atiradores de elite fosse até o *Bainbridge*. O'Neill não foi incluído, mas seu amigo Jonny sim. Enquanto se preparavam, Jonny puxou conversa com O'Neill. "Só tem um jeito de resolver essa situação. Você sabe disso, não é?"

O'Neill assentiu. "Eu sei. Não viemos até aqui para dissuadi-los."

Quando chegaram ao *Bainbridge*, Jonny e os colegas se misturaram à tripulação que entregaria suprimentos aos piratas no bote salva-vidas.

Os atiradores de elite se posicionaram na popa do *Bainbridge*. Um dos piratas se rendeu, mas três se recusavam a desistir. Dois deles estavam do lado de fora do bote, mas o terceiro estava na parte interna com Phillips. De vez em quando, o terceiro pirata aparecia em uma pequena janela, gritando ameaças. Não havia banheiro ou ventilação no bote, e os piratas estavam sem dormir. A vida de Phillips corria perigo.

Era o momento de agir.

Jonny manteve sua mira na janela, enquanto dois outros atiradores se concentravam nos piratas do lado de fora. Jonny sabia que, se não atingissem os três piratas ao mesmo tempo, o sobrevivente poderia atirar no refém. Ele disse aos colegas que, assim que avistasse o alvo na janela, começaria a "meter bala".

E foi o que aconteceu. Ao ver o pirata, Jonny atirou. Os outros dois SEALs dispararam simultaneamente. Um, dois, três — os piratas caíram.

Em segundos, a equipe de resgate desceu do *Bainbridge*, subiu a bordo do bote salva-vidas e confirmou a morte dos três piratas. O capitão Phillips foi libertado, encerrando o drama em alto-mar, que havia atraído grande parte da atenção mundial.

O'Neill sabia que o ataque preciso era resultado de um treinamento incessante. A prática e o planejamento provaram seu valor com o "aperto de um gatilho". Quando Jonny e os outros atiradores voltaram ao *Boxer*, o esquadrão inteiro recebeu-os com sorrisos e tapinhas nas costas.

Mas Jonny não estava no clima de comemoração. Ele queria ficar sozinho por um tempo. O'Neill ficou de olho nele. O navio não era grande o suficiente, mas Jonny caminhou até a extremidade mais distante. Ele conversaria quando estivesse pronto, pensou O'Neill.

Ele compreendeu. Os SEALs eram coadjuvantes, atiradores anônimos. E, agora, Jonny estava sob os holofotes — o austero atirador de elite que executou o pirata principal. Ele era um herói, e O'Neill queria que o colega soubesse disso.

Quando teve a oportunidade, ele disse a Jonny: "Você sabe que fez uma das coisas mais importantes da história dos SEALs, não é?" Mas Jonny disse que não importava. O colega sentia um enorme peso sobre seus ombros. Só queria ir para casa.

Agora Jonny estava ali, em Miami, sentado com vários outros membros do SEAL Team 6 no bar do hotel Marriott, incluindo Mack, um ex-jogador de rugby com um dente a menos; Paul, o líder de uma força de ataque que tinha uma barba perfeitamente asseada; e Eric Roth, que virou comandante durante sua última missão.

Para O'Neill, era ótimo poder aproveitar o sol e conversar sobre as táticas e teorias dos SEALs, e não apenas combater terroristas nas montanhas e nos desertos.

De manhã, O'Neill e os colegas corriam na praia e nadavam no oceano. Em seguida, se amontoavam nos carros e iam até o local de treinamento. Após finalizarem, retornavam ao hotel, se exercitavam em uma academia próxima, tomavam banho e saíam. Era perfeito.

Os SEALs estavam prestes a pedir a primeira rodada de bebidas quando o celular de Roth tocou. Ele se afastou da mesa para atender. Ao voltar, pediu para falar em particular com O'Neill, Jonny e Paul.

Eles foram até o saguão. Roth não perdeu tempo e explicou que precisariam arrumar as malas e sair do hotel pela manhã, pois voltariam a Virginia Beach para se encontrar com líderes de comando. O restante do batalhão continuaria o treinamento. Era tudo o que Roth sabia.

O'Neill percebeu que era importante. Ele foi para o quarto e fez as malas. Seria outra situação com reféns? Não havia nada no noticiário. Talvez Gaddafi? O SEAL deitou-se na enorme cama, fechou os olhos e tentou dormir. Sua mente martelava todos os cenários possíveis. Nada fazia sentido. A situação era uma incógnita. Mas ele até que gostava de todo esse mistério.

Yuma, Arizona

A quase 3.200km a oeste, em Yuma, Arizona, Will Chesney pensava a mesma coisa. Ele estava em Miami, treinando com a equipe de O'Neill, mas, alguns dias antes, foram disponibilizadas duas vagas em uma escola especial de paraquedismo. Os líderes da equipe enviaram Chesney e um outro SEAL para oeste.

O Curso de Salto Livre Militar era uma grande oportunidade, que poderia levar a uma promoção no futuro. Tratava-se de um programa rigoroso de três semanas. Chesney não só se tornaria um melhor paraquedista, mas também aprenderia a coordenar um salto para uma equipe inteira. Liderar um salto era uma manobra técnica, altamente coreografada e perigosa. Um único erro poderia ser catastrófico.

Ele estava entusiasmado para encarar o desafio. Mas, antes mesmo do início das aulas, seu líder de equipe entrou em contato.

"Arrume suas coisas", disse a voz no telefone. "Precisamos de você na Virgínia. Imediatamente."

Chesney mal podia acreditar. Ele explicou que tinha acabado de chegar no Arizona.

Mas o homem foi breve e enigmático. Algo importante havia surgido, e só depois Chesney saberia mais a respeito.

Após anos na Marinha, ele sabia que não deveria questionar. Imprevistos acontecem. Os planos mudam. Se você recebe uma ordem, deve cumpri-la. E assim por diante.

Mas, antes de finalizar o telefonema, o homem disse que havia mais uma informação: ao chegar em Virginia Beach, Chesney precisaria buscar Cairo.

O SEAL ficou atordoado. Ele estava tentando se distanciar emocionalmente do cão, e agora precisaria reencontrar seu amigo para efetuar uma missão sabe-se lá onde. Mas o que importava?

Chesney e Cairo voltariam a ser um time. E isso era o mais importante.

CONTAGEM REGRESSIVA:
25 DIAS

6 de abril de 2011
Norte da Virgínia

Gary tirou sua mala favorita do armário, jogou-a na cama, abriu o zíper e colocou camisas, gravatas, meias e sapatos dentro dela. Mais uma viagem de negócios, mas aquela seria diferente. Após anos perseguindo bin Laden, ele estava prestes a ajudar na missão de captura ou execução do terrorista. Parecia um ponto-final. A sensação era boa.

A operação ainda dependia do consentimento de Obama, mas a equipe estava se preparando como se já fosse uma certeza. E, embora a inteligência ainda não tivesse confirmado a identidade do Pacer, Gary sabia que se tratava do terrorista. Ele sempre foi cético, mas, com o tempo, sua confiança aumentou. Todas as descobertas da equipe faziam sentido. As peças do quebra-cabeça se encaixavam. Aquele complexo só podia ser o esconderijo de bin Laden.

O presidente concedeu a McRaven três semanas para organizar uma possível incursão. Os detalhes tinham que ser perfeitamente planejados, desde o peso que cada helicóptero podia carregar até a quantidade de combustível necessária para os trajetos de ida e volta. Condições climáticas, temperatura ambiente, feriados religiosos locais... nada deveria ser deixado ao acaso.

Era preciso saber exatamente onde pousar e onde entrar. Com base nas fotos de vigilância, na maquete do complexo e em outros dados, McRaven já tinha uma ideia de como conduziria o ataque. O trabalho de Gary era garantir que a equipe tivesse todas as informações necessárias. Ele e Sam iriam até a Carolina do Norte para orientar os SEALs em meio ao planejamento da operação.

Outro importante membro da equipe os acompanharia: Maya. Com seus vinte e poucos anos, ela estava envolvida na caça a bin Laden há anos. Maya era negra, esbelta, atraente, perspicaz, motivada e, às vezes, intimidadora. Ela sempre estava a par de todos os fatos em um caso — e não hesitava em deixar transparecer isso. Era a pessoa com mais conhecimento sobre bin Laden no Departamento Paquistão-Afeganistão.

A esposa de Gary não ficou surpresa ao saber da viagem. Ela deu de ombros. Conhecia os sinais, e já esperava por isso. O marido passava longas horas no escritório e, quando chegava em casa, estava sempre preocupado. Ele já não comia direito e nunca demonstrava interesse em sair.

A esposa não sabia os detalhes do trabalho de Gary. Nunca soube. Os casos eram secretos, uma realidade que permeava qualquer relacionamento com um agente da CIA. Mas aquele caso específico parecia importante. A única coisa que a esposa sabia era que, enquanto o marido estivesse fora, ela teria que assumir todas as responsabilidades — as crianças, as tarefas domésticas, as contas, os compromissos e o seu próprio trabalho. Gary prometeu que, ao retornar, viajaria com a família. Mas, honestamente, ele já não tinha certeza se conseguiria cumprir a promessa antes que a missão se concretizasse.

O caso havia progredido consideravelmente. No início, Gary informava os oficiais sobre o complexo, sua localização, seus moradores, e os indícios que apontavam para a verdadeira identidade do Pacer. Agora, as reuniões eram mais estratégicas: bombas, drones, ataques, rotas de fuga, possíveis danos.

Nessas reuniões de alto nível, Gary era uma fonte de apoio, presente ali apenas para responder a perguntas dos oficiais, como “Por que vocês precisam de quatorze dias a mais para coletar informações?” ou “Gary, podemos ampliar o acesso ao complexo?”. Por ele, estava tudo bem. Afinal, sua equipe havia descoberto a fortaleza.

Gary, Sam e Maya seriam os principais informantes na base da Carolina do Norte. Eles eram uma equipe de personalidades bem diferentes. Com quase cinquenta anos, um cavanhaque de estilo intelectual e um bigode desalinhado, Gary era do tipo tranquilo e filosófico. Ele parecia mais velho e mais abatido do que seus colegas. Ao longo dos meses anteriores, Gary havia perdido 9kg e estava mais magro do que em anos; seus 80kg distribuíam-se por seu corpo esguio. Sam, por sua vez, tinha quarenta e poucos anos, mas seu rosto jovial e barbeado aparentava menos idade. Assim como Gary, ele era discreto e analítico. Maya era a mais extrovertida do trio. Com roupas casuais e o cabelo preso, ela parecia a típica melhor amiga de uma irmã. Era uma mulher que se sentia confortável em meio aos homens.

Os três já vinham se esforçando há bastante tempo e, agora, estavam chegando muito perto. Eles se sentiam entusiasmados em atualizar os SEALs. O trabalho seria simples: conceder as informações necessárias para cumprir a missão.

Mesmo que a identidade do Pacer ainda fosse incerta, Gary continuava coletando informações diárias das mais variadas fontes secretas — o esconderijo em Abbottabad, fotos de satélite, interceptações.

Há meses, eles monitoravam o complexo 24 horas por dia. Conheciam todos os detalhes e procuravam por quaisquer possíveis mudanças. O Pacer ainda estava lá? E Al-Kuwaiti e sua família? A equipe trabalhava em um ritmo frenético, mas teria que mantê-lo até que o presidente tomasse uma decisão.

Agora, eles estavam se esforçando para descobrir o máximo de informações possíveis sobre o interior dos cômodos. E havia o auxílio de tecnologias de ponta. Eles conseguiam "voltar no tempo" e analisar imagens de satélite antigas da casa principal, quando esta ainda estava sendo construída, em 2005. Eles sabiam a quantidade de portas e janelas, a disposição dos quartos, a medida dos pés-direitos. Nada muito além disso.

Portas, janelas, forros falsos, ângulos dos beirais. Gary nunca esteve tão ocupado com os detalhes de uma construção. Mas a equipe não sabia o que os moradores haviam acrescentado entre os muros. Portões, armadilhas, túneis subterrâneos — qualquer uma dessas coisas poderia estar lá.

Ao terminar de fazer as malas, Gary refletiu sobre a quantidade de trabalho que ainda teria. Um bom trabalho. Ele estava otimista. Em agosto, quando revelou a pista a Panetta, Gary ainda tinha dúvidas. Era apenas uma informação promissora.

Mas, com o tempo, os fatos e a experiência o fizeram adquirir uma visão mais ampla. Ele estava se aproximando do alvo. Era como arremessar dardos que continuavam aterrissando cada vez mais perto do centro. No final, ao ter o alvo cercado, seria possível ganhar vantagem. Acertar na mosca. E era exatamente isso que estava acontecendo com o complexo. O cerco estava se fechando.

A equipe tinha todo o apoio necessário para executar o plano. Gary ficou impressionado com Obama. O presidente tinha uma perspicácia admirável. Ele lia cada palavra dos relatórios. E Panetta era um líder excepcional, que incentivava as pessoas.

Gary fazia o mesmo. Ele motivava a equipe, lembrando que, a cada dia, havia um custo. "A espera tem um preço. A oportunidade pode ser perdida, e a chance de capturar bin Laden pode se dissipar." Todas as decisões precisavam ser tomadas contra o relógio.

Em seu escritório, para não se esquecer da falta de tempo, Gary destacou dois números na janela que corria pela parede. Os números em vermelho indicavam a contagem dos dias desde a descoberta do complexo. Estes só aumentavam. A cada dia, havia uma maior probabilidade de que alguém no complexo descobrisse a vigilância e o Pacer fugisse. Em um piscar de olhos, ele desapareceria. Já os números em azul marcavam o prazo concedido a determinadas tarefas da operação bin Laden. Esses números diminuíam diariamente.

Gary anotou os números em sua janela por pura frustração. Entretanto, optou por manter esse hábito para aumentar a pressão sobre seus analistas. Ao entrarem em seu escritório, os números eram a primeira e a última coisa que viam: um lembrete de que precisavam trabalhar mais rápido, e com mais afinco.

O trabalho era entusiasmante, porém exaustivo. Gary sentia o peso da responsabilidade todos os dias.

Ele fechou a mala, beijou a esposa e disse que voltaria em breve.

Só não sabia exatamente quando.

CONTAGEM REGRESSIVA:
24 DIAS

7 de abril de 2011
Algum lugar da Carolina do Norte

Gary e sua equipe se instalaram em um centro clandestino da CIA na Carolina do Norte, no meio do nada. Eles interligaram computadores e compilaram documentos ultrassecretos para apreciação do SEAL Team 6. Seria um dia longo, um de muitos que viriam nas próximas semanas.

Alguns oficiais do alto escalão já estavam na sala para a grande revelação. McRaven era um deles, assim como seu líder, o almirante Eric Olson, chefe do Comando de Operações Especiais dos EUA, que organizava o controle, a supervisão e o treinamento de todas as unidades de elite. Eles estavam acompanhados pelo capitão Perry "Pete" Van Hooser, responsável pelo lendário SEAL Team 6. Os oficiais explicariam a missão aos homens escolhidos, compartilhariam os materiais confidenciais e responderiam às suas perguntas.

Para Gary, era um momento épico, o ápice de anos de trabalho. Ele sabia que Sam e Maya se sentiam da mesma forma. O trio conhecia todos os detalhes da operação bin Laden. Eles ligaram a máquina de café na cozinha adjacente, testaram o microfone da sala e esperaram.

A poucos quilômetros de distância, uma van repleta de membros e equipamentos do SEAL Team 6 estava a caminho. O'Neill e três de seus colegas — Mack, Paul e Roth — viajavam há dois dias. Em 6 de abril, eles voaram de Miami a Virginia Beach. De volta ao quartel-general, os SEALs entraram diretamente na sala de conferências do comandante, onde a maioria dos líderes os aguardava. O'Neill notou que ele e seus colegas não eram os únicos convocados — Chesney também estava lá.

Willy, o comandante suboficial, listou os nomes de SEALs cujas situações pessoais os manteriam em Virginia Beach. Ele pediu que os homens mencionados saíssem da sala para que os outros pudessem se inteirar, ou seja, ouvir detalhes sobre uma operação.

Os homens saíram e a porta foi fechada. Vinte e quatro SEALs permaneceram.

"O que estou prestes a dizer a vocês não pode ser discutido fora desta sala", alertou Willy. Então, ele transmitiu as breves informações.

Os SEALs participariam de uma missão altamente importante, mas ainda não podiam saber onde e nem qual seria o objetivo. O alvo era semelhante a vários outros que eles haviam perseguido no Afeganistão. O local ficava em uma área delicada, e o único jeito de acessá-lo seria literalmente saltando sobre ele. Os homens seriam divididos em quatro equipes, com quatro líderes. O'Neill lideraria uma delas.

Willy respondeu às perguntas, mas quase sempre da mesma forma: "Ainda não podemos contar a vocês."

À medida que o dia avançava, Willy revelou que o alto escalão queria apenas os SEALs mais experientes para a missão, o que alterava a hierarquia. Os chefes geralmente ficavam na base, enquanto os líderes orientavam as equipes em campo. Dessa vez, no entanto, os chefes seriam responsáveis pela orientação, e os líderes fariam o trabalho de equipe, servindo "no ataque, na invasão e como atiradores de elite".

Três das equipes atacariam o alvo, disse Willy, enquanto a equipe de O'Neill garantiria a segurança no perímetro.

"Que tipo de apoio aéreo estará disponível?", perguntou alguém.

"Não haverá apoio aéreo", afirmou Willy.

"O quê? Sem apoio aéreo? O que estava acontecendo?", pensou O'Neill. Era algum tipo de brincadeira?

Chesney estava sentado no fundo da sala, ouvindo com atenção, sentindo-se orgulhoso por integrar a equipe. A única coisa que ele sabia era que o haviam designado ao esquadrão de O'Neill. Ele admirava e respeitava O'Neill, e acreditava em sua capacidade como líder e combatente. Enquanto observava a sala, Chesney sorriu. Todos ali eram extremamente talentosos e experientes. Era uma verdadeira equipe dos sonhos.

Chesney percebeu o quão longe havia chegado desde que saíra daquele parque de trailers no sudeste do Texas. Ele se esforçou para isso, e também recebeu orientação de alguns SEALs. Agora, não fazia parte de uma unidade aleatória qualquer, mas, sim, de uma unidade de elite. Não importava a dificuldade da missão, ele se lembraria daquilo.

Antes de encerrar a reunião, Willy disse que todos deveriam comparecer ao "Local" no dia seguinte. Os SEALs sabiam que ele estava se referindo a uma base paramilitar da CIA de 485 hectares, a cerca de 140km ao sul, na Carolina do Norte. O'Neill pretendia fazer o trajeto com Mack, Paul e Roth.

A viagem durou apenas uma hora e meia, tempo suficiente para que os homens ouvissem música, dessem risada e se perguntassem para onde estavam sendo enviados. Pinheiros e carvalhos finalmente superaram em número pessoas e animais de fazenda, e os SEALs pararam em frente aos portões.

Chesney estava logo atrás, dirigindo com Cairo, seu passageiro de quatro patas.

Enquanto isso, na base, a sala de conferências estava se enchendo. Jeremy Bash e Michael Vickers já haviam chegado. Um por um, os SEALs entraram, vestindo camisetas e jeans. Entre as mesas dobráveis, os computadores e as impressoras, alguns deles conversaram com os amigos. Outros seguiram o cheiro de café fresco até a cozinha improvisada, pegando algumas rosquinhas e bebidas quentes.

McRaven foi até o palco na frente da sala, que parecia um pequeno teatro com fileiras de assentos. Todos ficaram em silêncio e se sentaram. Ele olhou para o fundo e esperou até que alguém fechasse a porta.

Ele agradeceu aos homens por chegarem até ali em tão pouco tempo. Em seguida, passou a vez para um oficial da CIA, que distribuiu termos de confidencialidade. O clima na sala mudou repentinamente.

Alguns SEALs estavam irritados, pois tinham acabado de retornar de longas missões e foram convocados em meio a férias em família ou exercícios de treinamento relaxantes. Suas esposas e seus filhos estavam chateados. Alguns acreditavam que seriam enviados para a Líbia. Outros pensavam que teriam que fazer "algum tipo de exercício sem aviso prévio apenas para impressionar o alto escalão". Mas termos de confidencialidade eram algo sério, e quase nunca eram exigidos para exercícios de treinamento. A sala ficou em silêncio enquanto os homens os preenchiam e assinavam. Tudo indicava que tratava-se de uma missão crucial.

Depois que os termos foram recolhidos, o capitão Van Hooser subiu ao palco. Ele disse que os analistas da CIA explicariam os detalhes, mas que ele queria ser o responsável por revelar o objetivo da missão: eles estavam à caça de Osama bin Laden.

Silêncio absoluto. Antes que os homens tivessem a chance de reagir, Gary assumiu a palavra. Ele tinha cerca de sete minutos para apresentar um resumo de como a equipe havia encontrado aquela rua em Abbottabad. Era o aperitivo antes do prato principal.

No passado, os operadores especiais haviam participado de missões para capturar bin Laden, mas todas acabaram se revelando alarmes falsos. Gary queria mostrar aos homens que, dessa vez, existiam provas. Ele queria esclarecer — "eis o que sabemos, eis o que não sabemos". Se ele expusesse as informações de forma objetiva e honesta, não haveria margem para dúvidas.

Gary contou a eles sobre o Pacer, o homem que caminhava diariamente no pátio de um complexo em Abbottabad. Mas o homem, afirmou Gary, nunca saía da propriedade. "Temos razões para acreditar que o Pacer é Osama bin Laden. Vocês entrarão lá para capturá-lo."

Vários SEALs se entreolharam, como se dissessem: "Eles estão brincando ou falando sério?" Não havia sorrisos. Nem comemorações. Bash percebeu que, para muitos, era um momento arrebatador. Os EUA tinham bin Laden na mira — e os SEALs foram os escolhidos para eliminá-lo.

Eles até tentaram não demonstrar entusiasmo, mas Chesney estava eufórico. Sim, ele sabia que seria uma missão desafiadora e perigosa, com uma probabilidade significativa de baixas no lado norte-americano. Mas, para ele, aquela era uma "oportunidade única na vida".

Por seis horas, Gary, Maya, Sam e outros detalharam todas as informações, incluindo as opções que haviam sido apresentadas a Obama. Eles discorreram sobre os mensageiros, al-Kuwaiti e os moradores, exibindo slides, vídeos, mapas e a maquete do complexo. Os operadores analisaram a disposição da fortaleza — muros, portões, entrada e casa de hóspedes.

O'Neill notou que o Pacer havia dado um jeito de "se excluir do mundo e se resguardar". O complexo fora construído para bloquear toda e qualquer visão de fora. Era por isso que a CIA não conseguia confirmar sua identidade.

Conforme a verdade se assentava, os SEALs foram percebendo que era improvável que não houvesse baixas. Certamente, bin Laden tinha seguranças, talvez um pequeno exército. A casa devia estar equipada com explosivos. Mesmo que eles invadissem o complexo, poderiam ser mortos por uma bomba. Talvez nem sequer chegassem à fortaleza se o sistema de defesa aérea paquistanês os detectasse ao longo do caminho. Na volta, os helicópteros poderiam ser destruídos por granadas-foguete.

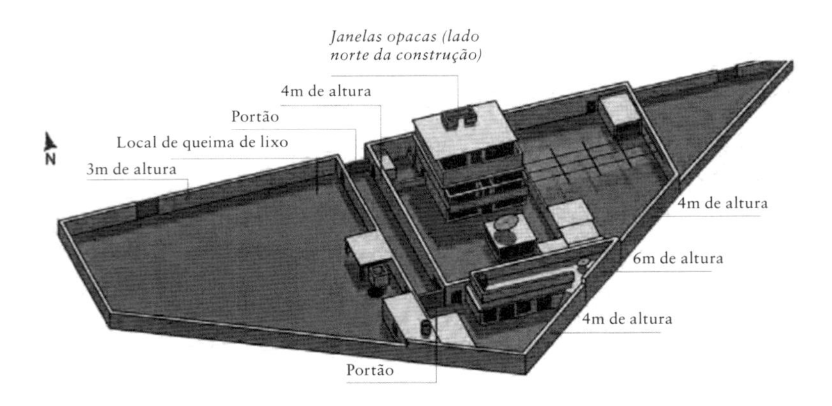

Ilustração do complexo.

O'Neill continuava pensando no 11 de Setembro e em todas aquelas pessoas "que foram trabalhar em uma manhã de terça-feira e, uma hora depois, decidiram pular de um arranha-céu para não morrerem queimadas". Todas elas eram norte-americanas. Civis inocentes. Ainda havia um lugar vazio nas mesas de jantar de suas famílias, uma dor que jamais seria superada. O'Neill sabia que poderia morrer na missão. Mas, se eles pudessem acabar com bin Laden, valeria a pena.

Chesney sabia que a captura ou execução de bin Laden não significaria o fim da Al-Qaeda ou das guerras no Afeganistão e no Iraque. Mas seria um "ato de vingança" pela morte de quase 3 mil civis em 11 de setembro de 2001. Era uma oportunidade valiosa, pensou ele.

Após seis horas, a reunião foi encerrada, mas os SEALs não voltariam para casa. McRaven disse que eles permaneceriam durante a maior parte daquela semana para praticar incansavelmente. As equipes se reuniriam individualmente no Centro de Operações para planejar suas tarefas, então iriam para outra parte da base, onde a CIA havia construído uma réplica em tamanho real do complexo de bin Laden. Eles passariam alguns dias definindo táticas de ataque antes de avançar para outro lugar no oeste, para um ensaio geral exaustivo.

McRaven revelou o nome da missão: Operação Lança de Netuno. Na mitologia romana, Netuno era o deus dos mares, que carregava uma lança de três pontas, uma arma mágica muito poderosa. O tridente tinha um significado profundo para os SEALs. Era um dos elementos de sua insígnia dourada, que simbolizava a conexão com o mar.

O almirante esperava que o nome inspirasse os SEALs e trouxesse boa sorte em uma missão perigosa para se livrar do terrorista mais famoso do mundo. Toda ajuda era bem-vinda.

Os membros do SEAL Team 6 não queriam desperdiçar um minuto sequer. Após a reunião, eles permaneceram na sala. Bash observou os homens examinarem a maquete do complexo e ouviu enquanto discutiam táticas. Os SEALs haviam participado de tantas missões que já tinham uma ideia geral de como efetuar a incursão. Não demorou muito até que esboçassem um plano básico: era uma casa de três andares cercada por um grande muro. Havia criminosos no terceiro andar. Um helicóptero deixaria alguns SEALs do lado de fora da fortaleza para garantir a segurança. O segundo helicóptero pairaria sobre a casa, onde outros SEALs saltariam no telhado e no quintal para vasculharem a parte interna.

Os líderes da equipe se entreolharam, assentindo, e conversaram com seus comandantes. Era hora de praticar. E Bash queria estar lá para assistir. Então, após sair da sala, ele subiu na carroceria de um caminhão com várias outras pessoas. Com todos a bordo, o motorista se dirigiu a uma seção remota da base. Alguns minutos depois, Bash avistou uma clareira atrás de um bosque de pinheiros. Ao se aproximar, viu uma pilha de contêineres vazios, dispostos em ângulos precisos. Estruturas de madeira compensada substituíam escadas, portas, portões e janelas.

Não parecia o complexo paquistanês de luxo, mas suas dimensões eram idênticas ao original. Uma cerca de arame reproduzia em medidas exatas a largura e a altura dos muros de concreto ao redor da fortaleza de Abbottabad. Não era bonito, mas era funcional — o melhor que a CIA conseguiu fazer com o tempo e os recursos disponíveis. Todas as características principais foram consideradas, exceto uma: ninguém sabia como eram os cômodos internos. Seria preciso adivinhar.

O caminhão parou em um estacionamento de cascalho. Já havia outros veículos. No local, Bash prestou muita atenção enquanto os SEALs se amontoavam em pequenos grupos. Eles discutiram a possibilidade de saltar do helicóptero até o topo do contêiner que representava o telhado da casa em Abbottabad, mas não estavam certos de que era firme o bastante para suportar o peso. Mais discussões. Outras questões secundárias. Então, os SEALs colocaram seus equipamentos.

Já era tarde, e havia sido um longo dia. Enquanto aguardava, Bash jogou conversa fora com outros presentes, até que ouviu um ruído intenso. Ao se virar, avistou dois helicópteros, a trinta metros de altura, indo em sua direção. Cerca de noventa segundos depois, os SEALs estavam a postos, atacando o complexo.

Com as armas em punho, eles não estavam a todo vapor. Não, seus movimentos demonstravam uma certa "pressa cuidadosa". Alguns adentraram os contêineres. E, cerca de dez minutos depois, Bash ouviu alguém afirmar: "Neutralizamos o alvo."

Após o ensaio, os SEALs não estavam afoitos para ir embora. Eles levavam o trabalho a sério. Permaneceram ali, então, discutindo suas táticas. Bash os ouviu dizer que fariam alguns ajustes. Então, os SEALs encerraram o dia. Bash ficou surpreso com sua competência. Em um intervalo de tempo incrivelmente curto, eles se organizaram e executaram um plano básico. Imagine o que poderiam fazer com um pouco mais de prática.

CONTAGEM REGRESSIVA:
20 DIAS

11 de abril de 2011
Algum lugar da Carolina do Norte

O coronel John "JT" Thompson esfregou os olhos. Outra noite longa. Ele havia passado horas revisando todos os pormenores do plano aéreo para a missão bin Laden. Cada detalhe importava.

Helicópteros eram sua especialidade há quase 25 anos. Do ponto de vista tático, não seria o planejamento mais complicado da sua carreira. Todas as noites, as unidades de operações especiais efetuavam ataques semelhantes no Iraque e no Afeganistão. Mas Thompson sabia que seria a missão mais importante — e que um erro poderia arruinar tudo.

Logo, os SEALs começariam os ensaios gerais em uma base em Nevada. McRaven havia convocado os melhores operadores, bem como os principais planejadores. Eles tinham todos os recursos necessários. Como um membro-chave da equipe de McRaven, Thompson não iria desapontá-lo.

Em fevereiro, o almirante insinuou que algo importante estava prestes a acontecer. Então, em março, ao receber o telefonema, Thompson não ficou surpreso. McRaven havia voltado do Afeganistão para visitar a esposa em Fort Bragg e queria conversar pessoalmente com o coronel. Por coincidência, ele já estava em Fort Bragg para uma reunião.

"Você pode passar aqui?", perguntou o almirante.

"Claro, senhor", respondeu Thompson.

McRaven recebeu-o na porta de casa. Um aroma delicioso preenchia o ambiente. Eles foram até a cozinha, onde Georgeann, a esposa do almirante, havia acabado de tirar alguns biscoitos de aveia e passas do forno, oferecendo-lhes alguns. Quem seria capaz de recusar?

Thompson sentou-se enquanto McRaven abria a geladeira. "Quer uma cerveja?", perguntou.

"Não, senhor. Tenho uma reunião mais tarde", explicou o coronel.

"Que tal leite?"

"Biscoitos e leite está ótimo, senhor."

O almirante serviu-lhe um copo. Quando Georgeann saiu da cozinha, ele puxou uma cadeira. Algumas semanas antes, havia dito que precisava de planejadores aéreos, mas sem dar muitos detalhes. Não divulgou nenhuma informação — nem mesmo o alvo. Agora, no entanto, estava disposto a fazê-lo. O almirante se inclinou e encarou Thompson. "Você precisa manter sigilo", alertou. "Não pode contar a ninguém."

O coronel assentiu, mergulhando um biscoito no leite.

McRaven foi direto ao ponto. "Acho que encontramos bin Laden."

Thompson ficou em silêncio. Ele engoliu em seco e tentou não demonstrar emoção. Sim, era uma surpresa, mas o coronel já estava acostumado com situações desse tipo. Certa vez, em 2003, a CIA notificou uma "aparição de bin Laden" aos militares. Thompson e McRaven foram de Bagdá, no Iraque, até a base aérea de Bagram, no Afeganistão, para seguir a pista. Logo após chegarem, descobriram que se tratava de um alarme falso. Outra informação equivocada.

McRaven sabia que Thompson estaria cético, então revelou todas as descobertas da operação bin Laden. O coronel reconheceu que, dessa vez, havia indícios plausíveis. "Quero participar", disse ele.

"É por isso que você está aqui", afirmou o almirante.

Thompson se juntou à pequena equipe de planejamento da missão. Ele gostava de trabalhar com seu velho amigo. McRaven era um comandante carismático, que se sentia à vontade com qualquer pessoa — militares, senadores e presidentes, fossem homens ou mulheres. Ambos tinham muito em comum, desde sua ética de trabalho até suas origens. O coronel e o almirante vinham de famílias militares. Assim como o pai de McRaven, o avô de Thompson serviu como piloto na Segunda Guerra Mundial. Ele morreu durante uma missão na Alemanha, quando seu avião foi atingido por fogo antiaéreo.

Robert, o pai de Thompson, foi capitão do Exército dos EUA, um piloto de helicóptero da lendária 1ª Divisão de Cavalaria. Em agosto de 1969, durante a segunda missão de Robert no Vietnã, seu UH-1C foi abatido na província de Quang Ngai. Ele tinha apenas 28 anos. Na época da morte de seu pai, John tinha dois anos de idade.

Após a tragédia, a família voltou para a Geórgia. A mãe de John se tornou professora e acabou se casando novamente. Não falava muito sobre o falecido marido, mas, quando John completou dezessete anos, ela entregou-lhe uma carta. Robert a escreveu no segundo aniversário do menino; se algo ruim acontecesse no Vietnã, o filho poderia lê-la um dia.

Era uma carta repleta de duras realidades, mas que trazia esperança, otimismo e sábios conselhos a um adolescente. Aqueles dizeres acabaram mudando a trajetória de John:

> *Nosso mundo é assolado por todas as tragédias imagináveis, e a maioria delas é criada por mãos humanas. Com a orientação de Deus, é nessas mãos que também reside a salvação do nosso mundo. Rezo para que você participe dessa salvação e preservação, sempre desejando lutar pelo que é certo.*
>
> *Como parte de sua vida ativa, um homem tem uma carreira, e lutar por justiça é um ato inerente a todas as causas honrosas. Ao escolher o trabalho da sua vida, não tenha como*

único critério o fato de ser o que mais lhe agrada. Eu seria um pai orgulhoso se soubesse que você também considerou os benefícios para outras pessoas ou para a humanidade em geral.

Naquela época, Thompson era um típico garoto do ensino médio. Adorava jogar futebol americano, paquerar garotas e beber cerveja. A mãe sugeriu que ele cursasse a Universidade do Norte da Geórgia, onde ela e Robert se conheceram. O filho acatou o conselho. Na faculdade, ele teve aulas de aviação e aprendeu a pilotar helicópteros, assim como o pai. Após se formar, em 1987, conquistou o posto de oficial do exército e iniciou carreira na aviação militar.

Ao longo dos anos, Thompson foi enviado para vários locais de risco. Ele testemunhou a batalha durante a libertação do Kuwait na Operação Desert Storm. Nesse período, conseguiu sentir a presença do pai e constatou que tudo ficaria bem. Ele estava dando continuidade ao legado de Robert.

Mais tarde, Thompson se juntou ao 160º Regimento de Aviação de Operações Especiais, uma divisão das Forças Especiais do Exército conhecida como Night Stalkers. O apelido derivava da sua habilidade em operações aéreas noturnas.

Um ano antes do 11 de Setembro, John Thompson compareceu ao discurso de McRaven na Escola de Comando e Estado-maior do Exército dos EUA, em Leavenworth, Kansas. Os dois se deram bem e, em 2003, começaram a trabalhar no Comando Conjunto de Operações Especiais (JSOC). No JSOC, Thompson contribuiu para o planejamento aéreo de inúmeras missões. Agora, lá estavam eles, juntos novamente.

Coronel John "JT" Thompson.

McRaven sabia que a expertise de oficiais como Thompson era essencial para a operação. Sua habilidade com helicópteros e planejamento de missões aéreas era inigualável. Se houvesse falhas, o coronel as identificaria e elaboraria todas as soluções possíveis.

Thompson propôs uma combinação de "táticas e tecnologia" para os helicópteros escaparem do radar, conseguindo chegar até o alvo sem serem detectados. Sistemas de radar de defesa aérea transmitem ondas eletromagnéticas de alta frequência. Quando essas ondas atingem um objeto, elas emitem um sinal que retorna às antenas do radar para processamento. Os sistemas são usados como dispositivos de alerta para detectar a aproximação de aeronaves ou mísseis inimigos.

O coronel estudou as defesas aéreas do Paquistão. O país era uma potência nuclear, com defesas sofisticadas, capazes de detectar qualquer movimentação no seu espaço aéreo. Sua relação complicada com a Índia, outra potência nuclear, motivou o desenvolvimento de uma infraestrutura militar de primeira linha, cuja maior parte era proveniente dos EUA.

Os norte-americanos precisavam encontrar uma solução. Thompson poderia recorrer a algumas contramedidas para burlar o radar — certos truques poderiam até mesmo fazer objetos desaparecerem. Havia pontos cegos no sistema de defesa aérea, mas não seriam o suficiente. O coronel sabia que esses sistemas eram projetados para identificar inimigos no céu. Eles perscrutavam acima das nuvens, procurando por aeronaves a altitudes elevadas, mas não eram feitos para detectar objetos próximos ao solo — de 15m a 90m acima da superfície.

A situação exigia pilotos excelentes, que conseguissem efetuar voos rasantes. Nas telas de radar, os helicópteros apareceriam como "desordem do solo", juntamente com colinas, árvores e animais. Se os pilotos voassem baixo, rente às montanhas, poderia ser o suficiente.

Se existiam pilotos experientes o bastante para executar essa estratégia, eram os Night Stalkers, com milhares de "horas no céu".

Os avanços tecnológicos ajudariam. Os Black Hawks especialmente modificados tinham um revestimento que podia absorver as ondas de radar. Os engenheiros substituíram as bordas pontiagudas por curvas mais suaves. Com essa modificação, um Black Hawk poderia refletir as ondas de radar em tantas direções que um sistema de defesa aérea teria dificuldade em detectá-lo.

Porém, mesmo com os melhores pilotos e a tecnologia furtiva, Thompson sabia que, em 99% das vezes, algo dava errado. Era preciso "esperar pelo melhor e preparar-se para o pior".

Ele criou "ensaios mentais" para os pilotos, a saber, formas de reagir a problemas mecânicos, a ordens para recuar ou ao fogo antiaéreo paquistanês. Os pilotos praticariam tanto que suas respostas a qualquer cenário se tornariam instintivas.

Mas, mesmo com todo o treinamento, só seria possível saber como os pilotos reagiriam se tudo se transformasse em um desastre quando o grande dia chegasse.

Ainda assim, Thompson sabia que precisava fornecer uma resposta instantânea a cada pergunta e a cada cenário possível, tanto no ar quanto no solo. Ele começou a elaborar uma "matriz de decisão" para que, se algo desse errado, McRaven não tivesse que ponderar todas as alternativas no calor do momento.

As possibilidades eram praticamente infinitas.

McRaven havia conduzido milhares de missões. E a última coisa que queria em meio a uma crise era tentar descobrir "o que diabos fazer".

Como comandante, ele sabia que precisaria tomar decisões difíceis. E aquela missão, com todos os seus obstáculos potenciais, apenas reforçava a necessidade da matriz.

McRaven sabia que, a partir do momento em que o SEAL Team 6 decolasse, haveria "seis ou sete possíveis decisões" a serem tomadas. Se o radar paquistanês detectasse os helicópteros logo após o cruzamento da fronteira, eles prosseguiriam ou abortariam a missão? E se os Black Hawks fossem detectados a meio caminho do alvo? Eles parariam ou continuariam? E se eles perdessem um helicóptero ao alcançarem seu destino? Seria preciso enviar outro?

Caso a equipe avançasse com o ataque, McRaven teria uma folha de papel nas mãos. Ele saberia todas as respostas com antecedência. E não deixaria nada ao acaso.

CONTAGEM REGRESSIVA:
18 DIAS

13 de abril de 2011
Algum lugar da Carolina do Norte

O corpo de O'Neill estava dolorido. Há dias, ele e os SEALs se movimentavam pelo complexo improvisado, praticando repetidamente quem seria o primeiro, o segundo, o terceiro a saltar, como se posicionariam pelos cantos, como fixariam os cabos. Eles trabalhavam ininterruptamente.

Os SEALs seguiam os planos de ataque e ocupação elaborados pelos líderes. Mas, enquanto ensaiavam, também revisavam e aprimoravam algumas partes. Quatro equipes, quatro líderes. A casa principal era a A1; a casa de hóspedes, a C1. Os helicópteros que os levariam para Abbottabad eram o Chalk 1 e o Chalk 2.

Analistas da CIA disseram que bin Laden provavelmente morava no terceiro andar da casa principal. Khalid, seu filho, morava no segundo andar. Tudo indicava a presença de pelo menos uma ou duas esposas e doze crianças. O irmão de Al-Kuwaiti morava no primeiro andar da casa principal com sua família.

De acordo com o plano original, o Chalk 2 deixaria O'Neill e sua equipe do lado de fora do portão norte, onde eles garantiriam a "segurança externa". A equipe incluía Jonny e Rob, os atiradores de elite; Mack, atirador de metralhadora; Chesney e Cairo; e um intérprete. Quando o helicóptero voltasse a sobrevoar a casa principal, outra equipe saltaria no telhado, desceria até a varanda do terceiro andar e adentraria.

O Chalk 1 levaria a principal equipe de ataque até o pátio, entre a casa principal e a casa de hóspedes. Era o ponto mais vulnerável. Pairando sobre o complexo, o helicóptero poderia ser atingido de qualquer ângulo.

O trabalho de segurança externa era um dos mais perigosos da incursão. Se os SEALs na parte interna demorassem muito, a equipe externa precisaria lidar com uma intervenção — da polícia ou das forças militares.

Como líder da segurança externa, O'Neill não deveria adentrar o perímetro. Mas, enquanto observava o desenrolar do treinamento, ele notou uma falha. Se de fato estivesse no complexo, bin Laden com certeza teria ampla proteção. Os SEALs precisariam de mais atiradores na parte interna, especialmente ao tentarem invadir o terceiro andar.

O'Neill expressou sua preocupação a Willy, o comandante suboficial. Ele concordou, transferindo O'Neill, um atirador experiente, para a equipe no telhado. Jonny o substituiu como líder da segurança externa.

Eles invadiram o complexo improvisado por dias. O'Neill saltou tantas vezes que desenvolveu uma tendinite. Os outros também estavam lesionados, mas ninguém queria reclamar. Aquilo era importante demais, a missão de suas vidas.

Ao ver o complexo improvisado pela primeira vez, Chesney ficou impressionado. Quando se preparavam para missões, o alvo era quase sempre "teórico", apenas uma ideia vaga até chegarem ao local. Mas aquele modelo permitia que eles realmente ensaiassem as táticas — aproximação, inserção, organização e extração bem-sucedida. Na parte interior, eles precisariam usar sua intuição, com base nas missões efetuadas em estruturas semelhantes no Afeganistão e no Iraque.

Chesney dizia a si mesmo que, desde que os SEALs soubessem seus papéis, todos ficariam bem. Ele gostava de comparar missões a um jogo de basquete com amigos. Às vezes, tratava-se apenas de "ler e reagir" às jogadas — articular os movimentos. Todos conheciam a missão de cor e salteado, e a confiança era mútua. Isso faria toda a diferença.

Chesney havia cometido um erro, apenas, mas não tinha nada a ver com o ensaio.

Cairo sempre praticava com os SEALs. Mas, quando eles testaram explosivos para derrubar os portões do complexo, Chesney decidiu colocá-lo em sua caixa de transporte no Chevrolet Suburban. Os explosivos eram estressantes para os cães, e não havia necessidade de expor Cairo a traumas desnecessários.

Chesney deveria ter pensado melhor. Cairo queria estar com a equipe e era praticamente um Houdini. O cão aprendeu a enfiar a pata dianteira entre as barras da grade e destravar a caixa de transporte. Não era uma atitude frequente, mas naquele dia foi o que aconteceu. Mesmo assim, ele não conseguiu abrir a porta do carro.

Ao voltar, Chesney viu que Cairo estava solto dentro do veículo, entre tufos de tecido branco. O cão havia destruído o encosto de um dos bancos.

"Cairo, o que você fez?!", berrou Chesney.

Quando ele abriu a porta, o cão saiu como se nada tivesse acontecido. Ainda bem que o veículo não seria usado na missão.

As sessões de prática foram concluídas, mas o trabalho não estava finalizado. Os SEALs voltavam ao Centro de Operações e examinavam a maquete do complexo, circulando-a e ponderando diferentes cenários. O que aconteceria se um veículo saísse da fortaleza? Qual helicóptero o perseguiria? E quanto ao fogo cruzado da casa de hóspedes? Armas químicas, gás, lança-chamas? E se os criminosos usassem as crianças como escudo? E se as mulheres estivessem armadas? Os SEALs tentavam pensar em tudo que poderia dar errado.

Eles se concentravam principalmente em detalhes técnicos, incluindo o tempo entre o primeiro som de um helicóptero se aproximando do complexo e a entrada da equipe na casa. Obama tinha questionado esse aspecto. Por enquanto, a resposta era noventa segundos. Eles queriam reduzir essa marca para que bin Laden não tivesse tempo de fugir.

Finalmente, quando terminavam de trabalhar, os homens voltavam para o pequeno e apertado quartel e tentavam relaxar, algo cada vez mais difícil. Havia uma sala de jogos com mesas de pingue-pongue e bilhar, mas o clima era sombrio. Todos estavam taciturnos. Eles começavam a assimilar a gravidade da operação.

Existia um sentimento crescente do qual ninguém queria falar. Certa noite, então, O'Neill abordou o assunto. A probabilidade de todos voltarem em segurança era baixa. Sem dúvida, o complexo estava repleto de armadilhas, sobretudo a casa principal. Se uma bomba explodisse quando estivessem no telhado, eles morreriam. Isso se chegassem tão longe.

A defesa aérea paquistanesa poderia derrubar os helicópteros antes mesmo de eles alcançarem o complexo. Ou os helicópteros poderiam ser destruídos ao pairarem sobre o alvo, aguardando a entrada dos SEALs. (Depois que os homens adentrassem o complexo, os helicópteros esperariam em um local designado nos arredores da cidade.) No máximo, eles teriam trinta minutos para entrar, capturar bin Laden e sair. Ponto-final. A academia militar era no fim da rua. Eles poderiam ser cercados por tropas paquistanesas. Se isso acontecesse, o que fariam? Lutariam ou se renderiam? Como os paquistaneses tratavam os prisioneiros?

Em tom de brincadeira, O'Neill chamou sua equipe de Brigada dos Mártires — aquela que tinha a maior probabilidade de morrer.

Os SEALs não costumavam falar sobre os perigos de uma missão ou sobre o receio da morte. Eles eram reservados a esse respeito. Mas, naquela noite, um deles encarou O'Neill e disse: "Assim que formos para a missão, nunca mais veremos nossos filhos ou beijaremos nossas esposas."

Os homens refletiram sobre aquilo, e a conversa tomou um rumo existencial. Por que eles aceitaram a missão? Por que estavam dispostos a sacrificar suas vidas? A troco de quê?

As perguntas finalmente se esgotaram em um silêncio.

O'Neill se manifestou. "Estamos fazendo isso por todas as pessoas que foram trabalhar naquela terça-feira de manhã, achando que voltariam para casa e veriam suas esposas, seus maridos, seus filhos. Mas nunca voltaram. Elas eram inocentes. Não tinham como se defender.

Nós lutaremos por todos que morreram naquele dia. Mataremos o responsável por essa tragédia."

O clima do ambiente mudou. Os homens se levantaram, se espreguiçaram, sorriram. Eles ficaram entusiasmados. Se pudessem, iriam para Abbottabad naquela mesma noite.

Talvez eles conseguissem desafiar as probabilidades. Sim, era uma missão perigosa, mas poderiam ter a sorte de voltar para casa. Todo mundo morre um dia. Pelo menos seria por uma causa nobre.

CONTAGEM REGRESSIVA:
16 DIAS

15 de abril de 2011
Langley, Virgínia

Os SEALs haviam finalizado as práticas na Carolina do Norte e iriam até Nevada para um ensaio geral, onde simulariam o ataque do início ao fim. Mullen e outros líderes estariam lá. A simulação seria gravada para que Obama pudesse assistir durante a reunião seguinte, na Sala de Crise.

Panetta tentava conciliar a missão bin Laden com centenas de outros problemas. Ele pediu ao Serviço Clandestino Nacional da CIA, um corpo de especialistas em missões secretas, para avaliar a inteligência. Eles eram céticos, desconfiados de qualquer informação que não viesse de seres humanos. A seu ver, os EUA precisavam colocar "olhos dentro do complexo" antes de efetuar a incursão, mas Panetta e sua equipe já haviam tentado de tudo para confirmar que o Pacer era bin Laden.

Em um esconderijo em Abbottabad, havia agentes da CIA que coletavam informações dia e noite. Eles tinham contratado um médico, que estava fazendo uma campanha de vacinação falsa para colher amostras de DNA dos moradores da fortaleza. Mas, até o momento, nada. Nenhum dos familiares havia sido vacinado. E, com o prazo apertado, era impossível saber se isso seria possível.

Além disso, Panetta estava sob pressão devido a outros fatores. Alguns dias antes, ele havia se encontrado com o tenente-general Ahmad Shuja Pasha, o diretor da poderosa Inteligência Inter-serviços do Paquistão. Panetta e Pasha costumavam se dar bem. Em 2009, quando Panetta visitou o Paquistão, Pasha insistiu que ele ficasse em sua casa. Mas, ultimamente, a relação entre a CIA e a ISI vinha se mostrando instável, por conta do incidente de Raymond Davis e dos conflitos em curso na fronteira afegã. A CIA estava por todo o Paquistão, e o país começava a demonstrar insatisfação com aquilo. A reunião de quatro horas no escritório de Panetta ilustrou a complexidade desses problemas e o imenso esforço que seria necessário para restaurar a relação.

A campanha de drones dos EUA visava mais posições do Talibã em solo paquistanês. Pasha queria informações antes que os alvos fossem atingidos, mas essa não era uma opção — os EUA acreditavam que a ISI avisaria os alvos com antecedência. Pasha também pressionou Panetta para reduzir o número de agentes da CIA no Paquistão. Os EUA tinham várias centenas deles no país — operadores, contratados e forças de operações especiais. Aquilo já havia passado do limite, alertou o diretor da ISI.

Panetta argumentou. Ele disse que Pasha não estava se esforçando o suficiente para deter os movimentos do Talibã no Paquistão. No final da reunião, ambas as partes emitiram uma declaração conjunta, dizendo que concordavam em colaborar "na luta comum contra as redes terroristas que ameaçam ambos os países".

A declaração era válida, mas as nítidas divergências persistiam. Além disso, se os EUA efetuassem o ataque em Abbottabad, Panetta não sabia quanto tempo levaria para consertar a situação com o Paquistão — ou quais seriam as consequências. O Paquistão poderia retaliar, expulsando todos os oficiais da CIA; poderia, ainda, limitar ou fechar rotas de abastecimento confiáveis que as Forças Armadas dos EUA usavam para transportar equipamentos até o Afeganistão. Um único terrorista valia todo esse risco?

Panetta não conseguia pensar nisso agora. Em breve, ele teria outra reunião com Obama e precisava se atualizar com os analistas e operadores que observavam o complexo. Ele queria a apreciação mais recente quanto ao misterioso morador da fortaleza. Quão certos eles estavam de que era bin Laden? Panetta logo teria que decidir sua recomendação ao presidente: "Atacar ou não."

No sétimo andar da sede da CIA, o diretor aguardou na sala de conferências, enquanto Gary, Sam, Maya e outros se ajeitavam em seus lugares. Panetta fechou a porta e sentou-se.

Havia um senso de urgência em sua voz. Ele lembrou o quão longe haviam chegado, mas também salientou as falhas na inteligência. Era hora de tomar uma decisão, disse.

Panetta reconheceu o esforço de anos para encontrar bin Laden. Mas, agora, eles estavam em um ponto crítico da missão. E a decisão certa legitimaria todos os sacrifícios feitos até ali.

"Preciso que vocês sejam sinceros e me digam se há uma justificativa plausível para colocar pessoas em perigo e enviar uma unidade especial para aquele complexo", afirmou.

Então, Panetta começou a questionar um de cada vez.

"O que você acha, Sam?"

O diretor trabalhava em estreita colaboração com Sam na operação bin Laden e em vários outros casos da Al-Qaeda. Panetta sabia que ele era cauteloso por natureza, então não esperava por aquela resposta. "Acho que há 80% de chance de ser bin Laden", declarou Sam.

O diretor se dirigiu a Maya, que tinha um conhecimento enciclopédico do caso bin Laden. Ela estava atuando na articulação entre os SEALs e a agência; era a pessoa a quem recorrer, aquela que poderia dizer a eles o que esperar dentro e fora do complexo.

"Na sua opinião, qual é a probabilidade de o Pacer ser bin Laden?", perguntou Panetta.

Maya não hesitou: "95%." E acrescentou que estava "extremamente confiante". Panetta notou que todos ficaram surpresos. Era como se ela dissesse: "Não entendo por que vocês estão tão preocupados, seus covardes."

O diretor continuou o interrogatório. A maioria não se mostrou tão confiante quanto Maya. Mas, no geral, a equipe acreditava que havia fortes indícios da presença de bin Laden na fortaleza.

No entanto, Panetta ainda não tinha uma imagem clara. Não havia uma equação matemática, nenhum algoritmo para comprovar que bin Laden estava no complexo. Talvez por isso o diretor vinha perdendo o sono com aquela mesma pergunta: sem uma informação sólida, o risco valeria a pena? Só seria possível saber se eles dessem continuidade à missão.

CONTAGEM REGRESSIVA:
13 DIAS

18 de abril de 2011
Algum lugar de Nevada

As arquibancadas de alumínio começaram a lotar, com as tropas ocupando as fileiras superiores, e os operadores e oficiais de alta patente preenchendo os outros espaços. O burburinho das vozes ecoava por todo o hangar. O alto escalão tomava os lugares da frente, onde teriam uma visão clara do ensaio geral.

Era hora do espetáculo na base secreta da Força Aérea, escondida na altamente confidencial Área 51, no deserto de Nevada. Lá fora, estava ensolarado e a temperatura passava dos 37°C. Todos que deveriam comparecer já haviam chegado, incluindo McRaven e o almirante Olson. Os oficiais da CIA entraram sem chamar atenção: Jeremy Bash, Gary, sua equipe e alguns outros.

Todos sabiam que a voz de Mike Mullen era a que teria mais peso. O chefe do Estado-maior Conjunto havia se tornado o conselheiro militar mais confiável de Obama. Sua opinião sobre a missão — se os SEALs conseguiriam ou não efetuar um ataque tão audacioso — era imprescindível.

Um comandante prático, Mullen fazia questão de comparecer ao ensaio geral para mostrar apoio aos SEALs. Mais importante, era preciso se certificar de que eles estavam confiantes quanto à operação, algo que só poderia descobrir pessoalmente.

Mullen sabia que aquela missão era a mais importante de sua longa carreira. Ele integrava o establishment militar há décadas. Em 1968, após se formar na Academia Naval dos EUA em Annapolis, Maryland, ele começou a se esforçar para subir na hierarquia, tornando-se famoso por sua franqueza entre oficiais e marinheiros.

Em 2007, George W. Bush nomeou Mullen como chefe do Estado-maior Conjunto. Após assumir o cargo, ele insistiu em missões de combate mais curtas e intensificou os tratamentos para transtorno de estresse pós-traumático destinado a soldados e a marinheiros.

E ali estava ele, dentro daquele enorme hangar. O barulho cessou. E o ensaio de preparação, conhecido como *ROC Drill*, foi iniciado. A prática antecipada, parte essencial de qualquer missão importante, era um passo a passo do plano de batalha. Todos, desde os comandantes até os subalternos, precisavam conhecer seus papéis e responsabilidades — como e quando agir.

Um enorme mapa do leste do Afeganistão foi posicionado no chão, com o nome "Operação Lança de Netuno" escrito na parte inferior. O plano tático estava ali para todos verem: as rotas de voo dos helicópteros e a maquete do complexo. Um narrador deu início ao ensaio, lendo um roteiro que detalhava a missão.

Os pilotos de helicóptero seriam os primeiros a falar. McRaven estava um pouco preocupado com isso, pois ainda não havia contado a Mullen sobre uma mudança realizada após sua equipe identificar um problema potencial nos planos de voo.

Um dia antes, o coronel Thompson abordou McRaven com más notícias. Depois de calcular o peso dos homens e as temperaturas esperadas na noite da operação, a equipe constatou que, para ir e voltar, era provável que os Black Hawks precisassem reabastecer. Fazer uma parada dentro do Paquistão seria mais um risco em uma missão que já era perigosa o suficiente.

McRaven ficou atordoado. Desde o início, eles planejavam pilotar dois Black Hawks até o alvo. Depois que os SEALs entrassem no complexo, os helicópteros esperariam por trinta minutos em um local designado até que bin Laden fosse encontrado. Então, retornariam para buscar os SEALs antes de se dirigirem ao Afeganistão. Até ali, os cálculos tinham demonstrado que não seria preciso reabastecer. E agora, logo antes do ensaio de preparação, havia surgido esse impasse.

Reabastecer os Black Hawks exigiria a inclusão de um MH-47 Chinook com um tanque de combustível extra. Ou seja, haveria outro helicóptero no espaço aéreo paquistanês. A mudança no plano demandaria um ponto de reabastecimento aéreo avançado (FARP) em uma área isolada do Paquistão, onde os helicópteros pudessem pousar e reabastecer por vinte minutos. Eles teriam que fazer isso sem serem detectados. Praticamente uma missão impossível.

Thompson se desculpou, explicando que seria melhor planejar agora do que correr o risco de ficar sem combustível em um local controlado pelo Talibã.

McRaven estava frustrado — durante as reuniões anteriores com Mullen, Gates e o presidente, ele tinha assegurado que a missão dispensava o reabastecimento. O almirante havia insistido que Thompson e os planejadores encontrassem uma opção que incluísse apenas dois helicópteros. Já era uma missão extremamente perigosa, e adicionar outra aeronave só aumentaria os riscos. Cada novo obstáculo era uma chance a mais de Obama cancelar a operação.

McRaven, porém, não podia culpar Thompson. Sua equipe era a melhor possível. Ele sempre exigia análises quanto ao comando e ao controle da missão. Todos os problemas possíveis precisavam ser identificados com antecedência. E foi exatamente o que eles fizeram.

“Presumo que vocês encontraram um local seguro para o FARP”, declarou McRaven.

“Sim, senhor”, disse Thompson.

“Vamos garantir que o reabastecimento faça parte do ensaio”, afirmou o almirante.

“Nós já levamos isso em consideração, senhor”, revelou o coronel.

McRaven deu um tapinha nas costas de Thompson e sorriu. “Vai dar tudo certo, JT.”

O almirante realmente acreditava nisso. Ele reconhecia o tempo e o esforço que seus homens haviam despendido nos planos e nas sessões de prática. McRaven sabia que a prática era o segredo para uma missão bem-sucedida — essa era uma parte importante de sua dissertação de mestrado da Escola de Pós-Graduação Naval. Todas as missões históricas analisadas por ele mostraram que, quando uma parte específica não era ensaiada, ela sempre falhava. E ele não deixaria isso acontecer com a Operação Lança de Netuno.

A equipe havia ensaiado cada aspecto repetidamente, mas faltava praticar a missão como um todo. Por esse motivo, o ensaio geral era tão importante.

McRaven havia escolhido aquela parte de Nevada por ser bem parecida com o leste do Afeganistão e o oeste do Paquistão. O trajeto de voo em Nevada incluía montanhas altas, vales profundos e longos trechos de deserto. No ensaio, eles queriam reduzir o tempo de viagem das montanhas até o complexo de noventa segundos para um minuto. Dessa forma, os moradores da fortaleza não conseguiriam acordar, reagir e escapar.

Outra razão era a privacidade. Na Carolina do Norte, eles levantariam suspeitas se pilotassem dois Black Hawks totalmente carregados por cerca de 250km em cada sentido — a distância entre Jalalabad e Abbottabad. Em Nevada, contudo, não havia ninguém por perto.

McRaven pretendia conferir quantos SEALs caberiam nos helicópteros com todos os equipamentos. Os assentos foram removidos para deixar as aeronaves mais leves, propiciando um espaço maior do que o habitual. Ainda assim, o almirante queria que seus homens se "amontoassem nos helicópteros para saber onde seus equipamentos estariam e se suas armas estariam prontas".

Além disso, ele exigiu que os helicópteros praticassem o reabastecimento no trajeto de volta. Alguns homens repudiaram a ideia, dizendo a McRaven que sabiam reabastecer um helicóptero. Mas o almirante não deixaria nada ao acaso. No ensaio, eles simulariam a missão completa.

E, como previsto, surgiu um problema. Eles descobriram que, devido à modificação do Black Hawk, o bico de abastecimento do Chinook não encaixava direito no bocal do tanque de combustível. Foi preciso improvisar. Resolver essa falha durante a missão seria um sufoco — sobretudo se estivessem sendo perseguidos por militares paquistaneses.

No hangar, McRaven permaneceu impassível enquanto ouvia os pilotos explicarem a rota de voo de Jalalabad a Abbottabad. Eles esclareceram como lidariam com os possíveis problemas em diferentes cenários.

Cada líder das equipes de ataque descreveu sua responsabilidade durante a operação. Chesney ouvia atentamente, mas já sabia os detalhes de cor.

O Black Hawk que carregaria a sua equipe e uma outra pousaria do lado de fora do complexo. O esquadrão de Chesney, que incluía Cairo, um intérprete, dois atiradores de elite e um atirador de metralhadora, desceria primeiro. Eles se posicionariam para proteger o perímetro, e o helicóptero deixaria o segundo grupo dentro da fortaleza.

O trabalho de Chesney era manter a segurança na parte externa do complexo. Sua equipe poderia enfrentar combatentes da Al-Qaeda, a polícia ou os militares paquistaneses. Moradores curiosos poderiam aparecer no local. De qualquer forma, eles fariam de tudo para proteger as equipes de ataque. Caso os outros SEALs não encontrassem o terrorista, Chesney entraria com Cairo para efetuar uma busca mais ampla. A seu ver, se o Pacer realmente fosse bin Laden, com certeza haveria esconderijos.

Depois que cada equipe apresentou seu plano, os membros da plateia fizeram perguntas. A maioria questionou como a equipe do perímetro lidaria com os espectadores.

"Qual é o plano se vocês forem confrontados por policiais ou militares locais?", perguntaram a um líder de equipe.

"Senhor, evitaremos o conflito na medida do possível", respondeu ele. "Primeiro, recorreremos ao intérprete; depois, utilizaremos o cão. Como último recurso, usaremos a força."

Mullen prestou muita atenção a todos os detalhes e, em seguida, fez uma pergunta ao suboficial chefe dos SEALs: "Quão rápido os paquistaneses poderiam reagir ao descobrirem que estamos no local?"

Sem hesitar, o homem explicou que, a menos de 2km do complexo, havia uma delegacia e que, a cerca de 6km, havia um batalhão de infantaria.

"Avaliamos que a polícia chegaria primeiro, mas que levaria pelo menos trinta minutos até que soldados do batalhão aparecessem. Nossa maior preocupação são os moradores das casas nos arredores", afirmou, apontando para o mapa no chão. "Com o barulho dos helicópteros, é muito provável que eles saiam para ver o que está acontecendo."

O homem se aproximou de Mohammad, o intérprete norte-americano que estava sentado junto com a equipe de ataque. Ele era fluente em urdu e dari, as línguas mais comuns da região.

"Se uma multidão se formar, Mohammad dirá que é um exercício paquistanês, e que as pessoas devem voltar para suas casas", declarou o homem. Ele fez uma pausa e franziu o cenho. Sabia que não era uma boa desculpa. "Ganharemos alguns minutos", acrescentou. "Será o suficiente."

Mullen ficou impressionado com o plano. Mas não era só isso. Ele trabalhava com muitas unidades das Forças Especiais, mas aquela se destacava. Era um grupo forte e obstinado, uma unidade de veteranos com uma "quantidade absurda de experiência".

Sim, eles ainda precisavam efetuar o ensaio geral, mas Mullen acreditava que tudo correria às mil maravilhas. Antes de seguirem em frente, ele conversou com cada um dos SEALs, olhando diretamente em seus olhos e fazendo a mesma pergunta: "Você está confiante de que pode cumprir essa missão?"

E cada um deles assentiu sem hesitar. Então, individualmente, Mullen entregou aos SEALs uma moeda de desafio, a forma tradicional de um líder militar demonstrar seu apreço por um trabalho bem executado.

Após o briefing, Mullen puxou McRaven de lado. "Vi que você incluiu outro helicóptero."

O almirante assentiu. “Se as condições estiverem adequadas, esse helicóptero não será necessário. Mas precisamos considerá-lo no planejamento e no ensaio geral”, disse.

Mullen concordou.

Quando os SEALs deixaram o hangar e embarcaram nos helicópteros, McRaven sentiu-se confiante quanto ao apoio de Mullen. Se ele acreditasse na missão, Obama provavelmente daria mais crédito a ela.

O dia estava longe de acabar. O ensaio geral seria gravado e mostrado ao presidente na reunião seguinte, em 19 de abril. McRaven sabia que havia planejado a missão até o último detalhe. Ainda assim, não era o suficiente. Após o ensaio, o almirante organizaria sua apresentação para o encontro na Casa Branca. Seria a última chance de convencer Obama de que ele e sua equipe estavam prontos para uma das missões mais perigosas da história dos EUA.

CONTAGEM REGRESSIVA:
12 DIAS

19 de abril de 2011
Washington, D.C.

O ensaio geral correu muito bem. McRaven e sua equipe já estavam em Washington. O almirante se sentia cansado, mas não dormiu; preferiu repassar o plano. Não podia se deixar levar pelo excesso de confiança, pois não sabia o que Obama decidiria. O presidente poderia cancelar a incursão e optar por um ataque de drones, achando que seria menos arriscado. Ou poderia optar por não agir. As informações eram promissoras, mas a CIA ainda não tinha o elemento-chave: a confirmação de que o Pacer era bin Laden.

A incerteza atormentava o almirante. Talvez a reunião lhe fornecesse uma resposta. De qualquer forma, ele tinha que estar preparado para as perguntas — não apenas de Obama, mas de qualquer outra pessoa na Sala de Crise, ou seja, todas as autoridades administrativas: Panetta, Gates, Clinton, Biden. Mullen estaria lá também, junto com o alto escalão militar. Entre eles, havia mentes brilhantes, e McRaven não queria ser pego de surpresa.

A sala começou a lotar. O almirante respirou fundo. Teria que esperar a sua vez, mas estava pronto. Finalmente, Obama chegou. Ele cumprimentou os presentes, mas não perdeu tempo socializando. Todos sabiam por que estavam lá.

O presidente se dirigiu a Panetta. O diretor da CIA disse que o ensaio geral havia dado certo, mas que deixaria os detalhes para os outros.

Analistas e operadores continuavam a observar o Pacer caminhando ao redor do jardim diariamente, mas ainda não havia uma identificação precisa.

Panetta insistiu que os EUA precisavam agir. Ele afirmou que a comunidade de inteligência enfrentava “a lei dos rendimentos decrescentes” ao coletar novas informações sobre o complexo. A espera envolvia um custo de oportunidade. Todos os dias, a inação aumentava a probabilidade de que o Pacer desaparecesse. Panetta não queria perder a chance de capturar bin Laden, não depois de todos aqueles anos.

E havia um fator que reforçava o senso de urgência. Os SEALs queriam efetuar a incursão durante a noite, e havia apenas duas ou três noites sem luar em cada mês — e elas estavam próximas, logo no início de maio. Portanto, se não agissem agora, teriam que esperar até junho. Mas, em junho, o calor poderia impossibilitar o ataque, que precisaria ser adiado para setembro. Mais tempo para bin Laden fugir. Mais tempo para as pistas esfriarem.

Obama não queria desperdiçar aquela oportunidade, mas ainda estava avaliando os prós e os contras. O presidente ouviu a opinião de todos e leu os relatórios. Ele queria saber as novidades — se os SEALs se mostraram preparados, se o clima estava favorável.

Panetta atualizou Obama sobre o ensaio geral. A assinatura acústica — o tempo que os moradores do complexo teriam para reagir após os helicópteros emergirem da escuridão — havia sido reduzida para apenas sessenta segundos. Ele disse ao presidente que as equipes invadiram metodicamente a réplica do complexo. Assim que os Black Hawks alcançaram o alvo, os SEALs saltaram na fortaleza, vasculharam a área e retornaram aos helicópteros com precisão cronometrada. Essa parte da operação levou cerca de vinte minutos. Era apenas um ensaio, mas decorreu tranquila e rapidamente — um bom sinal.

Quando Panetta terminou, foi a vez de John Brennan. Ele afirmou que era consenso entre os conselheiros de Segurança Nacional optar pelo ataque com os helicópteros.

Gates disse ao presidente que Mullen e o Estado-maior Conjunto concordavam que a incursão era a melhor opção. Mas ele ainda tinha algumas dúvidas, e aproveitou a reunião para expressá-las.

A opinião de Gates era essencial. Ele era um experiente analista de segurança que tinha uma voz branda, mas uma determinação incisiva. Ele revelou que confiava no plano de McRaven, mas que achava os riscos muito altos. Gates imaginava um cenário caótico, no qual os militares paquistaneses cercariam o complexo e prenderiam os SEALs. A Operação Lança de Netuno poderia facilmente se transformar em um desastre de proporções internacionais.

Obama entendia as preocupações de Gates. Ele também tinha as suas. Era por isso que vinha adiando a decisão. A sala permaneceu em silêncio quando McRaven começou a falar.

O almirante explicou que havia planejado cada detalhe, cada cenário. Ele observou seus homens trabalharem juntos, encontrando soluções para possíveis problemas. Foi assim que descobriram a necessidade de outro helicóptero. O helicóptero adicional e seu tanque de combustível extra eliminariam o risco de um reabastecimento de emergência dentro do Paquistão.

Após analisar e planejar todos os cenários possíveis — e testemunhar um ensaio geral impecável —, McRaven disse que estava confiante de que os SEALs conseguiriam "chegar ao alvo, capturar ou executar bin Laden e retornar em segurança".

Obama assentiu. Ele ainda não havia aprovado a incursão, mas queria passar para a próxima fase. O presidente autorizou o deslocamento da equipe de ataque para o Afeganistão. A viagem aconteceria em uma semana, no dia 26 de abril. Ele teria tempo para se decidir. Se realmente fossem atacar, contudo, eles precisariam agir rápido. Não havia mais como esperar.

CONTAGEM REGRESSIVA:
7 DIAS

24 de abril de 2011
Virginia Beach, Virgínia

Will Chesney pegou o celular. Estava prestes a cumprir o último item de sua lista: telefonar para o pai. Ele sabia que a ligação não duraria muito tempo, então se preparou por uns instantes.

Devido ao seu empenho, Chesney sempre superou as expectativas. Ele nunca foi o cara mais atraente, o aluno mais inteligente ou o melhor atleta. Era do tipo que fazia as coisas acontecerem por pura força de vontade e perseverança. Ele prosperava quando outros falhavam, e o pai era um dos grandes responsáveis por seu sucesso. Foi ele quem lhe ensinou o valor do esforço, encorajando-o de maneiras sutis. E, mesmo que já não convivessem muito, o SEAL ainda se sentia próximo dele. Por isso, aquele telefonema seria tão difícil. Poderia ser a última conversa entre os dois.

Quando Chesney e os outros SEALs voltaram do ensaio geral em Nevada, eles foram instruídos a se preparar, a "resolver as pendências". Eles iriam para o Afeganistão. E ninguém sabia se efetuariam o ataque, pois isso dependia do presidente. Mas, por via das dúvidas, precisariam estar em Jalalabad.

Chesney não tinha esposa ou filhos. Cuidar dos negócios antes da missão significava garantir seu seguro de vida e se despedir dos familiares, sem jamais mencionar a operação. Ele não precisaria se preocupar com Cairo. O cão o acompanharia.

O SEAL nunca telefonava para a mãe antes das missões. Ela tinha deficiência auditiva, o que tornava os telefonemas difíceis. Chesney enviou mensagens de texto, avisando que viajaria, mas que tentaria ficar em segurança. Se o filho telefonasse, ela suspeitaria. Não, era preciso agir normalmente para não preocupá-la.

Com o pai, porém, a história era outra. Chesney sempre telefonava antes de um destacamento. Não seria algo incomum. Mas, dessa vez, enquanto segurava o celular, ele se sentia diferente. Queria dizer o quanto o amava, o quanto apreciava tudo o que o pai havia feito por ele ao longo dos anos. Chesney chorou só de pensar. Não sabia como aguentaria aquela ligação.

Mas o filho não perdeu tempo no telefone. "Só queria avisar que tenho uma missão. É inusitada, mas diz respeito a algo importante."

Houve silêncio do outro lado da linha. O pai sabia que não deveria perguntar nada, nem mesmo para onde o filho estava indo. Mas, dessa vez, Chesney se abriu.

"Há algo importante acontecendo, e eu estou diretamente envolvido. Você ficaria orgulhoso." O SEAL pausou por um instante. "Você não pode me fazer perguntas a respeito, mas... talvez eu não consiga voltar."

Chesney não precisava ver o rosto do pai. O filho já sabia que ele estava abalado, procurando as palavras certas.

"Tenha cuidado, ok?", sussurrou.

"Pode deixar. Ah, pai..."

"Sim, filho."

"Te amo."

Houve uma longa pausa. Chesney tinha saído do roteiro ao contar ao pai que talvez não voltasse e ao dizer que o amava. Ele nunca agira assim. Chegou o momento de desligar. Mas, antes, ele ouviu a voz do pai: "Também te amo."

• • •

Enquanto isso, em outra parte de Virginia Beach, Robert O'Neill estava sentado em uma mesa de um restaurante Chick-fil-A, observando a filha de quatro anos brincar com uma nova amiguinha na área recreativa. Assim que avistou a outra garota, ela largou o frango empanado, deixou o pai para trás e pulou na piscina de bolinhas. As crianças riam enquanto mergulhavam e saltavam para lá e para cá. O'Neill sorriu, com o sanduíche na mão. A avó da outra garota estava conversando com ele. O SEAL tentava ao máximo ser simpático e demonstrar atenção, mas só conseguia pensar na despedida que estava por vir. A missão tornou a sua estadia em casa um tanto nebulosa.

Quando ele voltou de Nevada, sua esposa, Amber, suspeitou que algo estava acontecendo. O marido nunca detalhava seus destacamentos. Ela sabia que não podia perguntar. E, ultimamente, estava ainda mais difícil conversar sobre qualquer coisa. O silêncio e as longas missões afetavam o casamento. Dessa vez, porém, a situação era estranha. O marido não costumava voltar inesperadamente do treinamento. Por que ele seria enviado ao Afeganistão, sendo que muitas outras equipes de SEALs já estavam lá?

Um dia antes, O'Neill levou as filhas ao shopping. Naqueles poucos dias, ele tentava aproveitar uma vida inteira com elas, esperando proporcionar memórias felizes. A família entrou em várias lojas, comprando brinquedos e roupas. Foi divertido. Ainda assim, por mais que tentasse não pensar a respeito, a dor nos tornozelos e nos braços o faziam lembrar-se constantemente da operação.

O'Neill participaria de uma missão suicida. O Pacer era Osama bin Laden. Tinha que ser. Mas ele só teria certeza quando chegasse lá.

Saindo do shopping, o SEAL passou por uma loja da Sunglass Hut. Aproximou-se da vitrine e viu um par de óculos de sol Prada. Decidiu experimentar. Perfeitos. O preço era alto: US$350. Ele nunca tinha pagado mais de US$50 em um par de óculos de sol.

"Eu não deveria gastar com isso. Sou um suboficial da Marinha. Não posso pagar esse valor", pensou O'Neill. Mas, parado ali, com as filhas ao lado, ele decidiu esbanjar. Por que não? Em uma semana, poderia estar morto. Então, pegou seu cartão American Express e entregou-o para a mulher do caixa.

No restaurante, O'Neill checou o relógio. Era hora de ir para casa. A filha mais velha logo chegaria da escola, e ele queria estar lá para recebê-la. Então, se despediria da família e iria para a base.

O SEAL pegou a filha mais nova na área recreativa e foi para casa. Ele sentia um aperto no coração. Se algo acontecesse, quem contaria a ela? Será que ela se lembraria do pai? Ele não queria nem pensar naquilo.

Momentos depois de chegarem em casa, sua filha mais velha apareceu. Ela correu para abraçar o pai. O'Neill sorriu e apertou-a em seus braços, sentindo seu perfume, imaginando se seria a última vez que a veria. Por dentro, ele estava desmoronando. Não queria chorar na frente das filhas. Elas saberiam que havia algo de errado e ficariam assustadas. Por fim, O'Neill se despediu das meninas, abraçou a esposa, pegou a mala e saiu pela porta.

Ao ver sua casa no espelho retrovisor, ele deixou as lágrimas caírem. Chorou copiosamente pelos 5km até a guarita da base. Respirou fundo, se recompôs e diminuiu a velocidade para passar pela segurança. Precisava se concentrar. Foco. Só assim teria uma chance de reencontrar a família.

CONTAGEM REGRESSIVA:
6 DIAS

25 de abril de 2011
Cidade de Nova York

Jessica Ferenczy acordou com os sons da primavera. Pássaros cantando, a chuva caindo. Era uma segunda-feira de manhã, mas ela estava de folga. Era o aniversário de Jerome.

Jerome faria 47 anos. Ele já teria se aposentado e estaria gerenciando o próprio centro de treinamento policial nas montanhas. Provavelmente, Jessica estaria arrumando duas ou três crianças para a escola. Tais eram os planos do casal. Jerome queria uma família grande. E Jessica já havia perdido as contas de quantas vezes os sogros disseram: "Não vemos a hora de ser avós."

Em um mundo perfeito, ela passaria aquele dia organizando uma grande festa de aniversário. A casa estaria cheia de bexigas, haveria bolo, música alta e risadas. Muitas risadas.

Ferenczy levantou da cama e se vestiu. Ela ainda morava com a família de Larry, seu supervisor, mas planejava ter a própria casa. Já estava na hora.

Ela estava seguindo em frente, fazendo planos. Jessica se aposentaria em menos de dois anos, receberia a pensão e se mudaria para a propriedade que havia comprado nas Montanhas Adirondack. Só precisava esperar mais um pouco. Assim que se aposentasse, decidiria o que fazer com o restante de sua vida. Não estava com pressa.

Os amigos ainda se preocupavam, mas Jessica garantia que estava melhorando. A terapia ajudava. Em breve, completaria dez anos. Dez anos da perda de Jerome.

Por quanto tempo a dor permaneceria? Não havia uma resposta. Jessica sabia que as pessoas passavam por lutos diferentes. A ferida estaria ali para sempre. Sim, uma cicatriz se formava e era possível seguir em frente. Mas, então, algo desencadeava uma memória — poderia ser uma música no rádio ou o aroma de um pão na chapa. As emoções vinham à tona, e a ferida se abria mais fundo do que nunca.

Ferenczy não queria sucumbir à dor, mas também não queria esquecer o marido. Alguns dias eram mais fáceis. Naquele dia, no entanto, ela olharia fotos, escreveria em seu diário e se esforçaria para lembrar. Sua hora ainda chegaria. E, como ela não tinha filhos, ninguém preservaria sua memória.

Então, em 25 de abril, assim como em todos os dias 11 de setembro e 19 de dezembro, Jessica fazia questão de relembrar, concentrando-se "em cada detalhe e em cada minuto" de seu tempo com Jerome.

Os últimos dez anos tinham sido difíceis. Havia momentos em que Ferenczy tentava se automedicar. Seus amigos diziam que ela ainda era jovem e bonita, que deveria sair, encontrar um cara legal. Jessica descartava essa ideia. E se algum homem se apaixonasse? Não seria justo com ele. Ela nunca mais amaria ninguém. E isso seria cruel.

Sua vida amorosa estava encerrada. Jessica sabia que jamais conseguiria se relacionar novamente. E tudo bem. Ela dizia aos amigos que havia "antecipado sua felicidade".

"Algumas pessoas envelhecem juntas, têm uma vida agradável e morrem uma ao lado da outra. Eu estou pagando o preço por minha felicidade antecipada. Jerome arruinou meu interesse em outros homens", afirmava.

Jessica não queria que sentissem pena dela. Eram apenas as reviravoltas do destino.

Ferenczy sorriu e pegou um caderno ao lado da cama. Fechou os olhos por um momento, depois escreveu por cerca de dez minutos. A sensação era boa. Terapêutica, até. Então, ela largou a caneta e fechou o caderno. Era hora de enfrentar o dia.

CONTAGEM REGRESSIVA:
4 DIAS

27 de abril de 2011
Washington, D.C.

Obama estava farto. Havia tantos problemas que ele não tinha tempo para bobagens. Uma guerra civil na Líbia. Violência nas ruas da Síria. Uma insurgência implacável no Afeganistão. A economia dos EUA ainda se recuperando da Grande Recessão. E, claro, a decisão quanto à questão bin Laden.

No entanto, em meio a todos esses problemas graves, o presidente estava sendo questionado sobre suas origens. Todas as semanas, matérias sobre o local de nascimento de Obama circulavam nos veículos de comunicação direitistas. Donald Trump, empreendedor imobiliário que vinha se autopromovendo, estava insistindo em uma teoria insensata de que Obama havia nascido no Quênia, e não no Havaí. Supostamente, isso significava que ele não era apto ao cargo, pois apenas alguém nascido em território norte-americano poderia ser o comandante-chefe.

Então, Obama decidiu que precisava acabar com essa "conspiração".

Agora, a controvérsia centrava-se nas versões simples e de inteiro teor da sua certidão de nascimento. A versão de inteiro teor era o documento original, arquivado no local de nascimento do bebê. A simples era o documento autenticado, atestando a existência da outra versão.

O presidente já havia divulgado a versão simples de sua certidão de nascimento, emitida pelo Departamento de Saúde do Estado do Havaí. O documento era válido para a obtenção de passaporte, número de

Seguro Social ou carteira de motorista. Mas, para Trump e seus aliados, a versão simples não bastava. Eles exigiam que Obama apresentasse a versão de inteiro teor. "O que ele está escondendo?"; "Ele é muçulmano?"; "A versão simples foi adulterada". Os disparates não cessavam.

Para calá-los, Obama pediu que Bob Bauer, seu advogado, solicitasse e divulgasse a versão de inteiro teor. Bauer e outros não achavam uma boa ideia. Mas o presidente disse que era a única forma de acabar com aquela loucura.

E, então, um dia antes de uma reunião crítica sobre o caso bin Laden, Obama realizou uma conferência de imprensa e divulgou o documento. As redes televisivas interromperam as programações para transmitir as declarações do presidente.

Antes de abordar o assunto, Obama observou que, embora estivesse no meio de importantes negociações orçamentárias com líderes republicanos da Câmara, as notícias se concentravam no falatório em torno da sua certidão de nascimento. Ele disse que o país enfrentava "enormes desafios e grandes decisões" e que, juntos, seria possível "moldar um futuro melhor".

"Mas não seremos capazes de fazer isso se estivermos distraídos. Não seremos capazes se perdermos tempo difamando uns aos outros. Não seremos capazes se inventarmos boatos e fingirmos que fatos não são fatos. Não seremos capazes de resolver nossos problemas se nos deixarmos levar por falácias e falastrões", afirmou.

Obama se esforçou para manter a calma e o controle que costumava demonstrar em público. O presidente fitou os repórteres na sala de imprensa da Casa Branca e afirmou ter consciência de que, não importava o que dissesse ou fizesse, alguns ainda contestariam seu local de nascimento. Mas ele queria que as pessoas — bem como a imprensa — soubessem que "não há tempo para esse tipo de tolice. Temos coisas mais importantes para fazer. Eu tenho coisas mais importantes para fazer. Temos problemas sérios para solucionar". E acrescentou que se concentraria nestes, e "não nessa bobagem".

"Lembrem-se: somos melhores do que isso", declarou Obama.

Jalalabad, Afeganistão

Deitado na cama, Robert O'Neill tentava descansar, mas o sono não vinha. Ele estava exausto e, ao mesmo tempo, empolgado. Não conseguia relaxar, o que era de se esperar naquela situação inquietante.

Dias antes, na Estação Aérea Naval Oceana, ao sul de Virginia Beach, O'Neill e sua equipe embarcaram em um Boeing C-17 Globemaster, um grande avião de transporte militar. Ninguém, exceto os SEALs e a equipe da missão, tinha autorização para entrar na aeronave. O C-17 foi reabastecido na Base Aérea de Ramstein, na Alemanha. Eles desceram, tomaram café da manhã e depois voaram até o aeródromo de Bagram, a maior base militar dos EUA no Afeganistão. Após passarem a noite, embarcaram em um C-130 para um voo rápido até Jalalabad.

Os SEALs tiveram tempo suficiente para superar o jet lag, mas ainda estavam irrequietos, tentando se distrair até serem informados se iriam ou não atacar o complexo. O'Neill sabia que não poderiam perder a oportunidade, pois as condições daquele fim de semana seriam ideais. Nas noites seguintes, praticamente não haveria luar sobre Abbottabad. Depois, demoraria um mês até que o ciclo lunar estivesse em sua fase mais escura. Não havia mais como esperar. Era preciso agir.

Se o Pacer fosse bin Laden, por quanto tempo ele permaneceria na fortaleza? Poderia fugir a qualquer momento, certo? Os SEALs estavam prontos para atacar. E O'Neill já não aguentava mais ponderar o assunto. "Vamos acabar logo com isso", pensou ele.

O SEAL Team 6 foi colocado em quartéis especiais. Eles ainda conviviam e se exercitavam com os colegas da base, mas não podiam revelar a situação nem explicar por que estavam em Jalalabad.

A equipe tentava fazer o que normalmente faria em qualquer outra missão. Para matar tempo, eles malhavam, ouviam música, jogavam cartas e videogame. Por mais que tentassem, não conseguiam parar de pensar na possibilidade da morte.

Maya, a analista de inteligência da CIA, também estava na base. Nas últimas semanas, O'Neill passou a confiar nela. Era bom saber que ela estaria em Jalalabad durante a missão. Ele sabia que, se tivesse a chance, Maya os acompanharia até o covil de bin Laden. Mas estar ali para oferecer apoio era seu prêmio de consolação.

Maya havia se tornado o elo entre a agência e os SEALs. Além de Gary e Sam, ninguém tinha se esforçado tanto quanto ela para encontrar bin Laden. O'Neill e Maya se conheceram durante a reunião na Carolina do Norte, quando os SEALs souberam que participariam da missão proposta. Eles se davam bem. Ambos eram extrovertidos, enérgicos e tinham o mesmo humor ácido.

Na Carolina do Norte, Maya foi a primeira a dizer "Abbottabad". Ela estava tão familiarizada que a palavra saiu de sua boca com facilidade. O'Neill nunca tinha ouvido falar daquele lugar, mas o conhecimento convicto de Maya o fez sentir que a missão era legítima. Em sua carreira, ele já havia perseguido muitas pistas falsas de bin Laden. Mas não dessa vez.

Por duas horas, Maya liderou a reunião, retendo a atenção de militares experientes que já tinham visto de tudo. Ela mostrou fotos em um PowerPoint e indicou as principais áreas, incluindo o terceiro andar, onde acreditava que bin Laden morava, e a varanda do quarto, protegida por enormes paredes. A analista falou sobre al-Kuwaiti e seu irmão, explicando que eles estavam escondendo alguém muito importante. Maya discorreu sobre o homem que caminhava pelo jardim todos os dias, mencionando que ela e seus colegas o chamavam de Pacer. Ela tinha imagens de satélite para apresentar, além de outras informações sobre o complexo e seus habitantes.

Após a reunião, O'Neill e Maya se sentaram para tomar um café. Eles conversaram sobre a inteligência e como a analista havia passado grande parte de sua carreira tentando obter informações que levassem ao líder terrorista. Alguns demonstravam incerteza quanto à identidade do Pacer, mas não Maya. Ela estava convencida de que se tratava de bin Laden. Com o tempo, a analista se tornou parte do grupo. Embora brincasse com todos, ela ficava extremamente séria quando o assunto era a missão. Sempre que tinham uma pergunta, os SEALs recorriam a Maya. Ela sabia todos os detalhes sobre bin Laden e o complexo.

O'Neill se levantou da cama. Ele pretendia ouvir Pearl Jam enquanto corria na esteira da academia, tal como fazia no colégio. O draft da NFL estava próximo. Talvez ele assistisse a alguma prévia para se atualizar. O Redskins precisava de um quarterback, mas quem o time escolheria? Até que fossem atualizados sobre a missão, o futebol americano seria uma boa distração, uma maneira de espairecer por algumas horas.

Em breve, O'Neill teria que enfrentar a realidade.

CONTAGEM REGRESSIVA:
3 DIAS

28 de abril de 2011
Washington, D.C.

Leon Panetta dirigia-se à Casa Branca para se encontrar com o presidente. Era primavera, e as cerejeiras ao longo das ruas ainda estavam em flor. Um belo dia na capital da nação. Mas, com tudo que vinha acontecendo, o diretor sabia que não era a melhor hora para uma coletiva de imprensa.

Depois que entrou na Casa Branca, ele foi até o Salão Oval, onde foi recebido por Obama. O general David Petraeus, o principal comandante norte-americano no Afeganistão, também estava lá. O presidente anunciaria mudanças na equipe de Segurança Nacional.

Panetta substituiria Gates como secretário de Defesa, e Petraeus passaria a liderar a CIA. As nomeações foram desencadeadas pela aposentadoria iminente de Gates.

O diretor já estava ciente. Algumas semanas antes, Obama perguntou se Panetta tinha interesse no cargo, acrescentando que confiava muito nele. "Preciso de você na equipe, ainda mais para esse trabalho."

Panetta aceitou. Ele era da velha guarda. Estaria à disposição sempre que o presidente precisasse dele. Mas não esperava que Obama fizesse o anúncio tão perto de uma operação delicada e importante como aquela.

O diretor já tinha obrigações demais. Há meses, ele conciliava a operação bin Laden com suas tarefas habituais, que incluíam monitorar os desdobramentos da Primavera Árabe e da guerra no Afeganistão.

Mas, naquela manhã, ele precisava se concentrar em seu novo cargo. Panetta, Gates, Biden e Donilon entraram no Salão Leste em seus ternos escuros, camisas brancas e gravatas. Petraeus, em seu uniforme militar, e Clinton, vestindo um conjunto cinza, se juntaram a eles. Todos pareciam solenes ao redor de Obama, que estava de pé em um púlpito com o selo presidencial.

Na sala, que estava repleta de repórteres e câmeras de televisão, Obama elogiou a nova equipe: "Trabalhei em estreita colaboração com a maioria das pessoas presentes neste palco, e todas elas têm minha total confiança. São líderes de imensa integridade e talento, que dedicam suas vidas para manter nossa nação forte e segura. Sou extremamente grato a cada um deles por aceitar a nova incumbência."

Após o anúncio, Panetta passou a maior parte do dia na Casa Branca, telefonando para membros dos comitês da Câmara e dos Serviços Armados do Senado, respondendo a perguntas sobre sua nova função e explicando como entregaria o cargo de diretor da CIA para Petraeus.

Mas Panetta não estava tão entusiasmado. Ele não conseguia parar de pensar na missão. O dia passou em um piscar de olhos. Ao conferir o relógio, viu que já eram quase 16h45. Ele teria que comparecer à reunião da tarde com o presidente, que tentava decidir o que fazer sobre o complexo em Abbottabad.

Ele sabia que Obama ainda considerava um ataque de drones. O general Cartwright garantiu que tudo estava pronto para essa opção. Bastava dar a ordem.

Panetta, contudo, insistia no ataque com os helicópteros. Não havia muito tempo. A incursão precisaria acontecer naquele fim de semana. Uma decisão tinha que ser tomada o mais rápido possível.

O diretor aproveitou as longas semanas de espera para resolver assuntos pendentes. Ele estava envolvido em cada aspecto da operação e comparecia a todas as reuniões, presenciais ou por vídeo. Panetta discutiu detalhes operacionais com os membros da Segurança Nacional. Eles analisaram todos os cenários possíveis, incluindo o que fariam se bin Laden fosse capturado e como se livrariam do corpo do terrorista em caso de execução.

Um dia antes, eles cogitaram informar os líderes do Congresso quando a operação estivesse em andamento. Panetta achava uma boa ideia, mas muitos outros se preocupavam com possíveis vazamentos. Como eles notificariam todos de forma oficial e segura em um fim de semana, se os membros estariam em casa? Panetta propôs avisá-los quanto à possibilidade de receberem um telefonema. Isso aumentaria o risco de vazamento, mas era a coisa certa a fazer. Dessa forma, ninguém poderia dizer que não foi informado. O grupo concordou.

Quando Panetta entrou na Sala de Crise, a maioria dos membros da equipe de Segurança Nacional já estava lá, incluindo Donilon, Gates, Clinton e Mullen. Ultimamente, eles se encontravam com tanta frequência que até parecia que dividiam a mesma casa.

Durante o último mês, eles realizaram dezessete reuniões para discutir todos os aspectos da operação bin Laden. Algumas incluíram o presidente. Todas envolveram oficiais de diferentes agências — Conselho de Segurança Nacional, Comitê Principal do Conselho de Segurança Nacional, Agência Central de Inteligência — além de oficiais do Pentágono — o Estado-maior Conjunto e o secretário de Defesa. Por mais restritas que fossem as deliberações, Donilon insistia em um processo meticuloso.

Se o presidente aprovasse a missão, ela se respaldaria em seções da lei que davam à CIA autoridade legal para efetuar operações de inteligência e ações secretas em nações estrangeiras.

Enquanto Donilon aguardava o presidente, ele pensou que "a história tinha o seu peso." Ela influenciou as opiniões de algumas autoridades que ainda eram assombradas pelos fantasmas da Operação Eagle Claw — a missão fracassada para libertar os reféns na embaixada norte-americana. Mas essa mesma operação também era o motivo pelo qual Obama poderia vir a aprovar o ataque. Após a tragédia, as Forças

Armadas dos EUA reorganizaram suas Forças Especiais, submetendo-as a um comando. Elas tinham o melhor treinamento e equipamento. O sucesso dos SEALs e de outras unidades especiais no Iraque e no Afeganistão moldou uma nova geração de líderes, como McRaven e Obama, que não eram obcecados pelos erros do passado. Donilon sabia que o presidente ainda estava avaliando suas opções. Mas ele também sabia que a Operação Eagle Claw não determinaria a sua decisão.

Quando o presidente iniciou a reunião, todos estavam prontos. Mullen havia preparado mais de meia dúzia de slides. Ele explicou o ataque a Obama "de A a Z", mostrando por onde começariam, o que aconteceria quando chegassem ao complexo e como sairiam de lá. Mullen estava confiante de que os SEALs cumpririam a missão.

Então, o presidente se dirigiu a Panetta. O diretor da CIA disse que não havia nenhuma nova informação que pudesse mudar o conhecimento que todos já tinham sobre o complexo.

Na verdade, quase todos na sala acreditavam que a análise já era bastante sólida. Mas Obama desejava saber mais — ele queria avaliar a confiança de todos na missão. Para garantir que a CIA "havia testado adequadamente seus resultados", o presidente ordenou que uma nova equipe de analistas de inteligência revisasse as informações disponíveis. O presidente pretendia conferir o quanto as novas conclusões coincidiriam com as dos analistas que trabalhavam no caso.

A fim de revisar a inteligência, Michael Leiter, diretor do Centro Nacional de Contraterrorismo, liderou um grupo especial do Departamento de Defesa. Ele montou duas "equipes vermelhas" de analistas não envolvidos na operação para examinar todos os cenários possíveis. Leiter revelou que, segundo os novos resultados, o grau de certeza quanto ao Pacer ser bin Laden era de 40% a 60% — muito mais baixo do que a avaliação de 60% a 80% da equipe da CIA.

"Mesmo no menor grau, estamos 38% melhores do que estivemos em dez anos, desde Tora Bora, então precisamos agir logo", afirmou Leiter.

Obama ficou intrigado com a discrepância das estimativas, pedindo uma explicação a Panetta. Mas o diretor dirigiu-se a Morell, seu vice: "Michael, por que você não explica?"

Morell foi pego de surpresa. Ele respirou fundo e tentou esclarecer a divergência, dizendo a Obama que todos trabalharam com a mesma informação, mas que os analistas diretamente envolvidos na luta contra a Al-Qaeda estavam mais confiantes da presença de bin Laden no complexo devido ao sucesso dos últimos anos. Seu julgamento se pautava nos planos e nos líderes terroristas que eles já haviam derrubado.

Os novos analistas, por sua vez, acreditavam que a inteligência não justificava um ataque, pois se baseavam nas falhas do passado, incluindo a crença equivocada de que Saddam Hussein tinha armas de destruição em massa. Morell acrescentou que, em sua opinião, só havia 60% de chance de bin Laden estar no complexo.

"Sr. Presidente, acredito que o caso circunstancial das armas de destruição em massa do Iraque era mais sólido do que o caso circunstancial da presença de bin Laden no complexo. Mesmo que houvesse um informante dentro da fortaleza em Abbottabad me dizendo que bin Laden estava lá, eu não teria 100% de certeza. Informantes erram o tempo todo."

Silêncio absoluto. O caso das armas de destruição em massa era mais sólido? As pessoas na sala ficaram perplexas e se mexeram desconfortavelmente em suas cadeiras de couro. Não era possível que aquelas palavras haviam saído da boca de Morell.

"Então, Michael, se há apenas 60% de certeza, você não faria o ataque?", perguntou o presidente.

"Eu faria, mesmo com 60%. Dada a importância do alvo, o caso é sólido o suficiente", respondeu ele.

Obama recostou-se na cadeira e questionou: "Bem, o que vocês acham?" Então, virou-se para a direita e fitou o vice-presidente Joe Biden.

Biden disse que ficaria mais confortável se tivesse informações adicionais. Por que colocar as tropas em risco e prejudicar ainda mais as relações dos EUA com o Paquistão se não havia certeza da presença de bin Laden no complexo?

Gates afirmou que as informações não eram tão sólidas. Ele se opunha à incursão, mas ainda considerava um ataque com drones. O resgate fracassado dos reféns norte-americanos no Irã em 1980 ainda o assombrava. Gates recordou estar naquela mesma sala três décadas antes, quando a tragédia aconteceu. Ele se preocupava com os possíveis danos à relação entre os países, que poderiam afetar diretamente a guerra no Afeganistão. Os EUA dependiam das rotas de abastecimento paquistanesas. E quanto aos combatentes do Talibã e da Al-Qaeda que atuavam ao longo da fronteira? Seria o fim da cooperação do Paquistão em erradicá-los.

Mullen apoiava o ataque. Assim como Panetta, que acreditava ser aquela a decisão mais importante de sua carreira. As tropas estariam em perigo, mas o objetivo era derrubar o terrorista mais famoso do mundo: Osama bin Laden. Por dez anos, todos cogitaram a captura de bin Laden sem imaginar que fosse possível. Mas ali estavam eles com o presidente, decidindo se o perseguiriam. Se fossem bem-sucedidos, o mundo passaria a conhecer a capacidade norte-americana de rastrear e deter criminosos. Os EUA comprovariam sua obstinação em fazer justiça. Para Panetta, seria o momento decisivo da administração Obama.

O diretor decidiu fazer outro apelo fervoroso. "Desde que estava no Congresso, utilizo a seguinte fórmula: 'Como um cidadão agiria se soubesse o que eu sei?' Penso que, nesse caso, a resposta é clara. Essa é a melhor inteligência que temos desde Tora Bora. Tenho uma enorme confiança na nossa equipe de ataque. Se não agirmos agora, vamos nos arrepender."

Clinton, a secretária de Estado, foi a última pessoa a responder à pergunta do presidente. Ela nunca tinha comparecido a uma reunião com riscos tão altos. Em sua opinião, o ataque "beneficiaria ou arruinaria o mandato de Obama". Se eles fossem bem-sucedidos e capturassem bin Laden, o presidente receberia o crédito. Mas, se algo desse errado — intervenção dos paquistaneses, tiroteios, baixas norte-americanas —, seria o fim de sua presidência.

Ela trabalhou com Obama por tempo suficiente para saber que ele era sistemático. O presidente analisava todos os prós e contras antes de tomar uma decisão. O mínimo que Clinton — e todos os outros — poderia fazer era expor os aspectos de forma metódica. Então, ela avaliou minuciosamente os argumentos favoráveis e contrários a uma incursão.

Clinton disse que também gostaria de ter informações mais detalhadas, pois sabia que o presidente correria um risco considerável. Mas ela acreditava fortemente que o Pacer era bin Laden. E, após anos de busca pelo impiedoso terrorista, essa era uma "rara oportunidade" de capturá-lo. Eles precisavam assumir esse risco. Talvez não tivessem outra chance.

No final, Clinton disse que, a seu ver, "as chances favoráveis eram ligeiramente maiores". O presidente deveria permitir que McRaven efetuasse o ataque.

Obama ouviu atentamente. Ele compreendia as preocupações de todos ali. Carter nunca se recuperou politicamente do desastre da Operação Eagle Claw. A equipe de Segurança Nacional acreditava que, se a incursão desse errado, ele sofreria o mesmo destino. Para o presidente, não se tratava de concorrer a outro mandato. Sua decisão se basearia em inteligência, não em política.

Obama já tinha ouvido o suficiente. Na verdade, ele estava ficando um pouco irritado. "Sei que estamos tentando quantificar esses fatores da melhor maneira possível. Mas, em última análise, é uma decisão que abarca a mesma proporção de chances favoráveis e adversas", declarou.

Em sua opinião, no caso de uma incursão, havia quatro resultados possíveis: 1) não enfrentar oposição e encontrar bin Laden; 2) enfrentar oposição, mas encontrar bin Laden; 3) não enfrentar oposição, mas não encontrar bin Laden; 4) enfrentar oposição e não encontrar bin Laden. Obama disse que o último cenário seria o mais desastroso, mas que os três primeiros seriam aceitáveis.

Então, depois de quase duas horas, o presidente encerrou a reunião. "Pela manhã, revelarei meu parecer", disse.

Se optasse pelo ataque, Obama queria ter certeza de que McRaven conseguiria acertar os últimos detalhes. O almirante precisaria resolver algumas questões de última hora. Se o presidente desse a ordem, a incursão aconteceria naquele fim de semana. Ele sabia que todos ao redor estavam ansiosos, mas eles teriam que esperar mais um pouco.

CONTAGEM REGRESSIVA:
2 DIAS

29 de abril de 2011
Washington, D.C.

Enquanto o sol nascia em Washington, Obama sentou-se sozinho em seus aposentos na Casa Branca, ponderando o assunto pela última vez. Havia chegado a hora. Ele não podia mais deixar McRaven e os conselheiros de Segurança Nacional esperando. Se fossem perseguir o Pacer, precisariam agir imediatamente.

Durante meses, o presidente ouviu todas as evidências, analisou todas as informações, leu todos os memorandos. Ele sabia cada detalhe do plano de McRaven; havia assistido ao vídeo do ensaio geral dos SEALs; participou de inúmeras reuniões, nas quais as mentes mais brilhantes do país argumentaram a favor e contra a incursão no complexo.

Era o momento de prosseguir. Obama não contou aos seus conselheiros, mas tinha restringido suas opções semanas antes. Ele desconsiderou o ataque com drones, pois não haveria um corpo.

Os oficiais de inteligência não precisavam de mais tempo para coletar informações. Eles já tinham feito todas as descobertas possíveis de fora da fortaleza. Com todo o planejamento em curso, e com tantas pessoas envolvidas, as informações vazariam em breve.

O presidente só precisava decidir se ordenaria ou não o ataque. Os riscos já eram altos o bastante. Como Gates havia dito desde o início, algo sempre dá errado nesse tipo de operação. Os militares norte-americanos poderiam morrer, trocar tiros com os paquistaneses ou se tornarem prisioneiros. As relações EUA-Paquistão poderiam ser irremediavelmente prejudicadas. Um único erro poderia arruinar Obama.

O presidente entendia a apreensão de Gates, mas a Operação Eagle Claw aconteceu em 1980, há 31 anos. Eles estavam em 2011, e as Forças Especiais dos EUA eram muito mais bem treinadas e equipadas. Elas já conduziam esse tipo de missão há anos no Iraque e no Afeganistão.

Obama tinha total confiança em McRaven, a quem considerava um profissional exemplar. Se estivessem produzindo um filme sobre operações especiais, o almirante seria o protagonista. E interpretaria a si mesmo.

O presidente não se precipitava ao tomar grandes decisões. Fosse para salvar a indústria automobilística durante a crise financeira, fosse para aumentar as tropas norte-americanas na tentativa de estabilizar a situação no Afeganistão, ele sempre fazia sua lição de casa. Obama era ponderado. Ficava acordado até tarde analisando os problemas e avaliando as hipóteses antes de chegar a uma conclusão. Algumas pessoas se irritavam com essa abordagem, mas ele não se importava. Era necessário fazer a coisa certa.

Na noite anterior, o presidente ficou acordado até tarde. Ele jantou com Michelle e as filhas. Elas riram e brincaram com ele, dizendo que o pai sempre andava pela casa com "chinelos surrados" e que "não gostava de doces", pois eram "deliciosos demais". Após colocar as filhas na cama, Obama foi para a Sala do Tratado, seu escritório nos aposentos da família no segundo andar da Casa Branca, e ligou a televisão para assistir ao jogo de basquete — o Los Angeles Lakers com Kobe Bryant enfrentaria o Charlotte Hornets. E ali mesmo, sozinho, o presidente tomou uma decisão e foi para a cama.

Agora, Obama estava pronto. Ele cumpriu o combinado e enviou um e-mail para Donilon, Brennan e dois outros conselheiros, pedindo que o encontrassem na Sala de Recepção Diplomática, na Casa Branca. Assim que chegassem, ouviriam sua decisão.

Casa Branca

Tom Donilon saiu da Ala Oeste e se apressou até a residência presidencial. Eram 8h e ele tinha acabado de receber um e-mail de Obama. A decisão havia sido tomada.

Donilon sabia que o presidente estava se preparando para embarcar no helicóptero Marine One e viajar com sua família até Tuscaloosa, Alabama. Eles confeririam os estragos dos tornados que devastaram o sul, matando mais de trezentas pessoas.

Donilon tinha que chegar rápido. Ele não queria deixar o presidente esperando. Outros membros da equipe de Obama também estavam a caminho, incluindo Brennan. Todos chegaram à Sala de Recepção Diplomática quase na mesma hora e, assim que entraram, formaram um semicírculo em torno do presidente. Obama geralmente usava ternos, mas, naquele dia, estava com roupas mais casuais: calças marrons, camisa branca aberta na gola, casaco e sapatos marrons. Sua família já estava no gramado sul, se dirigindo ao Marine One.

Era difícil ouvir qualquer coisa com o barulho do helicóptero, mas o presidente não perdeu tempo. Ele disse que autorizava a incursão, acrescentando que McRaven teria absoluto controle operacional. E havia outra coisa: o almirante determinaria o momento exato da missão.

Dito isso, Obama deu meia-volta e saiu. Donilon ficou parado por um momento, observando o presidente e sua família embarcarem no Marine One. A distância, ele contemplou o Monumento a Washington e o Jefferson Memorial. Então, a ficha caiu. Com a decisão de Obama, Donilon teria inúmeras tarefas a cumprir, além de vários telefonemas a fazer. Se achava que as últimas semanas haviam sido agitadas, ele não fazia ideia do que o esperava.

Cabul, Afeganistão

McRaven se encontrou com o general Petraeus para a reunião semanal de sexta-feira. Ele gostava de Petraeus, que liderava a Força Internacional de Apoio à Segurança, no Afeganistão. O general tinha acabado de ser nomeado pelo presidente para substituir Panetta na CIA.

Mas Petraeus desconhecia o planejamento da Operação Lança de Netuno. McRaven sabia que, provavelmente, essa decisão havia sido tomada por alguém em Washington que tinha receio de expandir o círculo interno. Após a última reunião sobre bin Laden, Cartwright deveria informar o general sobre a operação. Então, quando entrou no escritório de Petraeus, o almirante supôs que ele estava a par da situação. Mas McRaven logo percebeu que ele não sabia de tudo.

"Cartwright mencionou algo sobre uma operação transfronteiriça", afirmou Petraeus.

O almirante respirou fundo. "Bem, é um pouco mais complicado do que isso."

"O que é?"

McRaven pegou os slides com o planejamento da missão e os colocou na frente de Petraeus. "Nós vamos atrás de bin Laden."

O general ficou atordoado. "Como assim?", indagou, rindo.

Slide por slide, o almirante explicou o plano para Petraeus. Quando viu a foto do complexo, o general disse: "Minha nossa!" Ele repetiu essa mesma frase ao visualizar outras imagens.

"Só estamos esperando a aprovação do presidente", disse McRaven.

Após a reunião, o almirante pegou um helicóptero e fez o breve trajeto de Cabul a Bagram, onde recepcionou os membros de uma delegação do Congresso. Ele pensou em cancelar a visita, mas desistiu. Ninguém queria políticos bisbilhotando, mas ali estavam eles.

Finalmente, McRaven terminou de mostrar-lhes o quartel de operações especiais. Era tarde, hora do coquetel para os senadores. O almirante retornou ao seu escritório. Não havia muito o que fazer naquele momento, mas tudo bem. Ele estava bastante ocupado desde que chegara ao Afeganistão.

Seu subcomandante, o general de brigada Tony Thomas, viajou com a força de ataque para Jalalabad. O objetivo era garantir que tudo estivesse pronto. Se o presidente autorizasse a missão, quando chegasse a hora, McRaven iria até a base aérea em Jalalabad para supervisionar a incursão.

Semanas antes, ele pediu que o coronel Erik Kurilla, um dos líderes de combate mais agressivos das operações especiais, reunisse uma força de reação rápida, com cerca de 24 SEALs, para o caso de o Team 6 ter problemas. Durante o ataque, dois Chinooks com a força de reação rápida esperariam na fronteira Afeganistão-Paquistão. Dois outros Chinooks voariam até o Paquistão e pousariam em uma área remota, a cerca de 50km ao norte do complexo. Então, eles organizariam um local de reabastecimento, onde os Black Hawks parariam no trajeto de volta. Se os SEALs tivessem algum problema com um dos helicópteros na fortaleza, um Chinook do local de reabastecimento iria até Abbottabad.

McRaven disse a Kurilla que a força de reação rápida deveria estar a postos, fazendo o mesmo com seu "pacote de guerrilha" — os aviões de combate e os caças AC-130 que protegeriam as tropas caso elas fossem perseguidas por aeronaves paquistanesas.

O almirante terminou sua matriz de decisão. Se os helicópteros fossem vistos cruzando a fronteira paquistanesa, eles abortariam a missão. O mesmo aconteceria caso fossem detectados antes da metade do trajeto para o complexo. Depois disso, eles seguiriam em frente.

Tudo estava pronto. McRaven só estava aguardando um telefonema.

Langley, Virgínia

Panetta andava de um lado para o outro. O presidente ainda estava se decidindo. Se a ordem fosse "sim, avance com o ataque", Panetta avisaria McRaven imediatamente.

Ainda era cedo. Obama teria um dia cheio pela frente. Panetta sabia que ele viajaria para o Alabama, e depois para Cabo Canaveral, na Flórida, com a esposa e as filhas, para assistir ao lançamento do ônibus espacial Endeavour. No final do dia, o presidente faria o discurso de abertura na Miami Dade College.

Morell entrou no escritório de Panetta bem na hora que o telefone tocou. O diretor atendeu. Era Donilon. "Podemos avançar", disse ele. Obama havia autorizado a missão.

Panetta sorriu. "OK, vou cuidar disso."

Morell ficou de pé ao lado do diretor enquanto este telefonava para McRaven. "Conseguimos a autorização. Será neste fim de semana", disse ao almirante.

A decisão do momento exato do ataque cabia a McRaven. Ele teria que analisar a previsão do tempo. O almirante disse que estava pensando em atacar no domingo, e não no sábado, mas daria mais detalhes a Panetta durante a tarde.

"Estou rezando por vocês", disse Panetta a McRaven. "Pela missão, e para que todos voltem para casa em segurança. Mais uma coisa."

"Pois não, senhor?"

"Entrem, capturem bin Laden e deem o fora dali. Se bin Laden não estiver lá, deem um jeito de sair!"

Depois que desligou, Panetta sentou em seu escritório com Morell e tentou se acalmar. Tanta coisa havia acontecido desde que Gary lhe contara sobre a fortaleza em Abbottabad. Ninguém imaginava que levaria a um ataque de operações especiais para acabar com aquele maldito terrorista. A magnitude da decisão do presidente impressionava Panetta. Tantas vidas em risco. O prestígio dos EUA em jogo. Impossível saber o que aconteceria nas 48 horas seguintes. De uma forma ou de outra, eles estavam prestes a fazer história.

Naquele momento, antes de qualquer outra coisa, Panetta decidiu que, por uma questão histórica, manteria um "registro de comando". Então, escreveu à mão uma breve nota:

Para constar em registro:

Recebi um telefonema de Tom Donilon, que me avisou da decisão do presidente quanto ao AC1 [o código para o complexo]. A ordem é prosseguir com o ataque. O momento, a

> *tomada de decisão operacional e o controle da missão estão nas mãos do almirante McRaven. A autorização pautou-se no perfil de risco apresentado ao presidente. Quaisquer riscos adicionais devem ser apresentados ao presidente para sua apreciação. A orientação é entrar no complexo para capturar bin Laden e, se ele não estiver lá, sair imediatamente. Essas instruções foram transmitidas ao almirante McRaven por volta das 10h15.*
>
> *Leon Panetta, diretor da CIA*

Ele respirou fundo. Estava feito.

Nesse ínterim, todos precisavam manter a normalidade. Eles não poderiam fazer nada que levantasse suspeitas.

Panetta verificou sua agenda. Obama teria um dia agitado. Ainda bem que não havia cancelado seus compromissos. Mas, então, o diretor notou o evento de sábado à noite: o jantar anual dos correspondentes da Casa Branca — parte homenagem cômica, parte angariação de fundos para bolsas de jornalismo. Esperava-se que o presidente aparecesse, assumisse o palco e zombasse das personalidades de Washington.

Obama teria que comparecer ao evento, mesmo com um peso tão grande em seus ombros. Panetta não queria estar no lugar dele. Então, focou o momento presente. Naquele instante, precisava telefonar para todos do círculo interno e espalhar a notícia. Eles efetuariam o ataque.

Pentágono, Washington, D.C.

Gates finalmente estava a bordo da operação. Antes que o presidente anunciasse a decisão, Mullen, Michael Vickers, subsecretário de Defesa para Operações Especiais, e Michèle Flournoy, subsecretária de Defesa para Política, visitaram Gates em seu escritório no Pentágono.

Eles achavam importante ter seu apoio. Talvez ele ajudasse a convencer Obama. Os três oficiais entendiam por que Gates se opunha à operação. Ele havia testemunhado o resgate fracassado dos reféns norte-americanos em 1980.

Gates permaneceu impassível enquanto Vickers repassava as informações da operação bin Laden. Ele disse a Gates que as evidências eram "muito sólidas".

"Nossas tropas são capazes de cumprir a missão", acrescentou.

Então, chegou a vez de Mullen. Ele e Gates já se conheciam há décadas. Certa vez, o secretário de Defesa disse a Mullen que, em quarenta anos, Joe Biden não acertara um único palpite em assuntos importantes. Após a reunião do dia anterior com o presidente, ambos retornaram juntos ao Pentágono. Mullen, então, lembrou Gates a respeito do seu comentário sobre Biden.

"O que está acontecendo?", disse Mullen. "Nos últimos quarenta anos, Biden esteve errado e você concordou com ele dois dias seguidos?" Os dois riram. No escritório de Gates, Mullen reiterou o argumento de Vickers: eles eram capazes de cumprir a missão.

No final do encontro, Gates agradeceu pelas atualizações. Ele não disse o que faria. Mas, depois que os outros saíram, telefonou para Donilon. "Diga ao presidente que sou a favor da incursão."

"Obama já autorizou o ataque", informou o conselheiro.

Bagram, Afeganistão

McRaven desligou o telefone. A missão havia sido autorizada. Em Washington, ainda era cedo, mas, em Cabul, com um fuso horário de oito horas e meia a mais, o sol já estava se pondo.

O almirante era pragmático. Ele informaria seu círculo interno sobre a decisão do presidente. Todo o treinamento havia sido concluído. Os SEALs estavam preparados.

McRaven se sentia incrivelmente calmo. Se tivesse certeza da presença de bin Laden no complexo, estaria mais entusiasmado com a missão. Mas sabia que a equipe poderia ir até Abbottabad, invadir a fortaleza e voltar de mãos vazias. Há muito tempo, ele havia aprendido a "não ser nem tão otimista, nem tão pessimista".

Agora, sua principal função era observar o clima. Se estivesse favorável, a operação aconteceria no sábado, como planejado. Do contrário, seria no domingo. De qualquer forma, McRaven acordaria cedo e ficaria a postos.

Washington, D.C.

Aquele já seria um dia abarrotado de reuniões, mas Donilon e Panetta convocaram outra. O presidente estava viajando. Ainda assim, eles reuniram os principais envolvidos na Sala de Crise, apenas para ter certeza de que todos estavam alinhados.

A sala se encheu enquanto a tarde se estendia. Panetta explicou que McRaven decidiria o momento da operação e como ela se desdobraria. Eles discutiram as responsabilidades de cada um, mas sem qualquer objetivo de controlar a missão a distância.

Oficialmente, era uma operação da CIA, enquadrada no "Título 50", uma seção do código de leis dos EUA que autorizava a agência a realizar missões secretas. Dessa forma, se algo desse errado, os EUA poderiam negar seu envolvimento no ataque. Mas todos sabiam que a missão estava sob o comando de McRaven.

Alguém mencionou o jantar anual dos correspondentes da Casa Branca. Esperava-se que Obama comparecesse. Mas será que ele deveria aparecer rindo e distribuindo cumprimentos com uma grande operação militar acontecendo do outro lado do mundo?

"Pouco importa o jantar dos correspondentes", retrucou Hillary Clinton.

Todos ficaram quietos. Ela explicou. O jantar seria no sábado à noite, às 20h, em Washington, D.C. O fuso horário do Paquistão estava horas à frente. Se tudo corresse conforme o planejado, antes do início do jantar, eles já saberiam o resultado da operação.

Se sábado fosse a melhor noite para o ataque, McRaven deveria ir em frente, afirmou Clinton. Seria difícil se algo desse errado? Claro. Mas seria inaceitável dizer: "Ah, desculpem, vocês não podem ir atrás de bin Laden no sábado, pois temos um jantar. Seria vergonhoso deixar um evento político atrapalhar uma operação militar."

No final, eles concordaram que a decisão era de McRaven. O momento da operação era de sua responsabilidade. Agora, só lhes restava aguardar.

Nesse meio-tempo, Donilon e Brennan tinham algumas pendências a resolver. Vários membros-chave do gabinete ainda não sabiam sobre a operação bin Laden. Era hora de contar a eles.

Os dois conselheiros da Casa Branca temiam uma reação negativa. Algumas autoridades poderiam questionar o motivo de sua exclusão. Não eram membros importantes da equipe de Obama? Donilon e Brennan conversaram com Robert Mueller, diretor do FBI, e Eric Holder, procurador-geral. Ambos foram compreensivos. Brennan ficou com a difícil tarefa de informar outros membros da equipe de Segurança Nacional. Quando contou a Susan Rice, embaixadora dos EUA nas Nações Unidas, ela disse: "Ótima notícia!"

Porém Janet Napolitano, secretária de Segurança Interna, não ficou nada entusiasmada. Seu trabalho era impedir ataques terroristas contra os EUA. Caso a missão fosse bem-sucedida, a Al-Qaeda poderia retaliar o país. Ela declarou que desejava ter mais tempo, mas que seu departamento estaria pronto.

CONTAGEM REGRESSIVA:
1 DIA

30 de abril de 2011
Jalalabad, Afeganistão

A notícia se espalhou rapidamente pela base: uma decisão! O'Neill, Chesney e outros membros da equipe correram para o prédio do esquadrão. Era isso. Ou o ataque aconteceria ou eles iriam para casa.

O capitão Van Hooser, alto comandante do SEAL Team 6, não perdeu tempo. "O presidente autorizou a missão. Será hoje ou amanhã."

O'Neill estava animado. Eles efetuariam a incursão! Logisticamente, era o melhor momento para um ataque. As condições seriam perfeitas — a lua estava em sua primeira fase, lua nova, o que significava que o céu estaria escuro. O disfarce perfeito.

Em uma hora, McRaven decidiu adiar o ataque para domingo. Meteorologistas previram neblina baixa ao longo da rota. Provavelmente não seria um problema para os Black Hawks, mas a temperatura atingiria cerca de 20°C. Se fosse mais alta, eles precisariam reduzir o número de homens nos helicópteros para economizar combustível — e já não eram muitos.

O almirante também considerou outra questão: o jantar anual dos correspondentes da Casa Branca. Ele se perguntou o que aconteceria se efetuassem a operação no sábado e enfrentassem problemas. Se Obama precisasse sair do evento, toda a imprensa suspeitaria. Por que correr riscos desnecessários, especialmente com condições mais favoráveis no domingo? Então, McRaven decidiu adiar o ataque por um dia.

Ele avisou Panetta por telefone. O diretor, então, contatou todos da sua equipe. A notícia se espalhou entre os SEALs.

Com o adiamento, O'Neill decidiu resolver uma pendência. Ele voltou ao quartel e foi ao escritório administrativo em busca de papel e caneta. Na saída, encontrou Maya, seu elo com a CIA.

"E aí, tudo bem?", perguntou o SEAL.

"Estou ansiosa. Você não está?"

Ele disse que não. "Faço isso todas as noites. Viajo para algum lugar e persigo criminosos. Este será apenas um voo mais longo. Mas a sua situação é diferente. Você precisa estar certa, já que estamos prestes a invadir um país para capturar alguém que apenas supomos estar lá, com base em anos do seu trabalho. Então, sim, sua ansiedade é plausível."

O'Neill não estendeu a conversa. Foi para o dormitório e sentou-se em uma cadeira na pequena mesa ao lado da cama. Pegou o papel e o rabiscou para testar a caneta. Era hora de escrever cartas para as filhas.

Mesmo com todo o planejamento militar e o armamento pesado, O'Neill sentia que era o fim. Os riscos eram muitos. Se o Pacer fosse bin Laden, a fortaleza estaria repleta de armadilhas mortais. Sem dúvida, haveria túneis de fuga e combatentes da Al-Qaeda dispostos a se sacrificar pelo seu líder. Como se não bastasse, os militares paquistaneses tinham todo tipo de equipamento para proteger seu espaço aéreo.

O'Neill estava em uma equipe que saltaria no telhado da casa principal. Por semanas, eles brincavam se autointitulando Brigada dos Mártires, pois sabiam que o prédio explodiria assim que pisassem no telhado. Mas o SEAL não se arrependia. Era o seu trabalho. Se houvesse uma pequena chance de capturar bin Laden, ele ingressaria na missão sem hesitar. E foi o que fez. Assim como todos os outros em sua equipe.

O SEAL precisava se despedir das filhas e dos familiares, então decidiu escrever cartas que só deveriam ser entregues se ele morresse no ataque.

O'Neill não redigiu as cartas para suas filhas de quatro e sete anos, mas, sim, para suas versões adultas, com 24 e 27 anos. Eram páginas repletas de desculpas por não comparecer às suas formaturas e aos seus casamentos, por não testemunhar suas conquistas e por não ampará-las em suas decepções. Ele agradeceu-lhes por se apoiarem e permanecerem fortes ao lado da mãe. Sabia que elas se tornariam mulheres incríveis.

Enquanto escrevia, lágrimas caíam sobre o papel. Ele fez algumas pausas para se recompor. Aquela era uma das coisas mais difíceis que já fizera.

Quando terminou, O'Neill redigiu cartas para a esposa, o irmão, as irmãs, a mãe e o pai. Ao finalizá-las, colocou todas em um envelope e dirigiu-se ao quartel-general. Precisava encontrar alguém que enviasse as cartas caso ele não voltasse.

Ele não podia entregá-las aos colegas de equipe. Se algo lhe acontecesse, era improvável que qualquer um deles voltasse.

Washington, D.C.

Obama prendeu um broche da Velha Glória na lapela do seu paletó e riu de uma das piadas que havia ensaiado. Ele não estava nada entusiasmado para o jantar dos correspondentes. Havia sido um longo dia.

No início da tarde, o presidente se encontrou com Panetta e a equipe de Segurança Nacional para revisar os detalhes finais, incluindo a localização de todos no momento do ataque. Alguns assistiriam ao acontecimento na Sala de Crise. Panetta, Morell e sua equipe estariam na sede da CIA, em Langley. Mas ninguém estava se enganando. Assim que os helicópteros decolassem, o show seria conduzido por McRaven.

Após a reunião, Obama ensaiou seu discurso para o jantar. Desde Calvin Coolidge, todos os presidentes participaram pelo menos uma vez do evento, iniciado em 1921. Naquela época, era uma pequena confraternização, na qual políticos e jornalistas deixavam de lado suas diferenças e zombavam uns dos outros.

Ao longo dos anos, o encontro se transformou em uma grande produção digna de Hollywood, um evento de gala transmitido para a nação, no qual centenas de jornalistas, políticos, líderes empresariais e estrelas socializavam no salão de um hotel. Normalmente apresentado por um comediante, o jantar se tornou um tipo de brincadeira generalizada. E, por uma noite, esperava-se que o presidente fosse um humorista.

Era a última coisa de que Obama precisava. No dia seguinte, ele supervisionaria uma das maiores apostas militares dos EUA em décadas. Ele só queria uma boa noite de sono. Mas o presidente havia participado dos dois últimos jantares. Se cancelasse em cima da hora, levantaria suspeitas — em uma sala repleta de repórteres intrometidos. Ninguém disse que ele precisava gostar daquilo; mas ele precisava comparecer.

Alguns dias antes, o Havaí liberou a versão de inteiro teor da certidão de nascimento para a imprensa, provando que Obama realmente nasceu nos EUA, e não no Quênia. Isso silenciou Donald Trump e seus colegas conspiracionistas — pelo menos momentaneamente. Quando o presidente se reuniu com os redatores para elaborar seu monólogo, a certidão de nascimento era um dos temas. Nenhum deles sabia sobre a operação.

Obama pediu para que alterassem uma piada sobre os conspiracionistas. Tim Pawlenty, governador do Minnesota, pretendia concorrer à nomeação presidencial do Partido Republicano em 2012. Então, eles escreveram que Pawlenty escondia o fato de que seu nome completo era "Tim bin Laden Pawlenty". Obama sugeriu que trocassem "bin Laden" para "Hosni", o nome do ex-presidente egípcio. Os redatores não gostaram da "melhoria".

Depois que saíram, Obama telefonou para McRaven. O almirante presumiu que o assunto seria a missão. "Tudo em ordem, Sr. Presidente, mas está um pouco nublado no Paquistão, então decidi esperar até amanhã. Atacaremos no domingo."

"Só ajam quando estiverem prontos", disse Obama, acrescentando que gostaria de desejar boa sorte a McRaven e seus homens. "Diga a eles que estou orgulhoso. Prometa que dirá isso a eles, Bill."

"Eu prometo, senhor."

Então, o presidente fez mais uma pergunta ao almirante: "E então, Bill, o que você acha?"

"Não sei, senhor", declarou McRaven. "Se ele estiver lá, vamos pegá-lo. E, se não estiver, voltaremos para casa."

O almirante fez uma pausa. Queria expressar sua admiração à liderança de Obama. "Obrigado por tomar essa decisão difícil."

O telefonema foi finalizado. Agora, McRaven só precisava cumprir sua promessa.

Naquela noite, a carreata parou em frente ao Washington Hilton. Quando as portas da limusine presidencial, conhecida como "A Fera", se abriram, Obama e Michelle desceram, ambos elegantes.

Em poucos minutos, eles socializariam com a imprensa de Washington, celebridades e bilionários. Lá dentro, posaram para fotos com alguns dos convidados e conversaram com o magnata da mídia Rupert Murdoch, o ator Sean Penn e a atriz Scarlett Johansson.

O presidente sorria, mas, por dentro, tentava "se equilibrar em uma corda bamba". Sua mente se concentrava em Jalalabad, McRaven, nos 24 SEALs e no complexo.

Enquanto tomava seu lugar, Obama observou a ilustre plateia. Em uma mesa próxima, estava Donald J. Trump. Perfeito. Metade do discurso do presidente era destinada ao "Donald".

Leon Panetta também estava na plateia, sentado na mesa da revista *Time*. Em seu smoking, ele se esforçava para não transparecer a tensão. "Inacreditável", refletiu. O ator George Clooney e o diretor Steven Spielberg estavam sentados à sua mesa, todos rindo e se divertindo. "Se essas pessoas soubessem o que está prestes a acontecer, que tipo de missão estamos tentando conduzir", pensou consigo mesmo.

Quando chegou a vez de Obama, ele iniciou com um vídeo chamado "I Am a Real American", que zombava da controvérsia sobre sua certidão de nascimento. Quando o vídeo terminou, ele se levantou. Com seu sorriso largo, o presidente encarou a plateia.

"Meus companheiros norte-americanos", começou, enfatizando a palavra "companheiros".

Obama fez inúmeras piadas. Na metade de seu monólogo, ele se concentrou em Trump. Após semanas de ataques, era a hora da vingança.

"Sei que ele tem sido criticado ultimamente", afirmou, "mas ninguém está mais orgulhoso de esclarecer a questão da certidão de nascimento do que Donald. Isso porque ele agora pode retomar problemas importantes, como: nós fingimos o pouso na lua? O que realmente aconteceu em Roswell? E onde estão Biggie e Tupac?"

Obama também alfinetou os planos de Trump de concorrer à presidência em 2012. "Conhecemos muito bem suas qualificações."

Trump não riu. Permaneceu sentado, de cara fechada.

Mas o presidente não havia terminado. Ele disse que o bilionário poderia trazer mudanças para a Casa Branca, transformando a mansão imponente em um cassino brega com uma banheira de hidromassagem no jardim.

"Donald Trump é dono do concurso Miss USA, o que é ótimo para os republicanos. Isso poderá agilizar a busca por um vice-presidente", brincou.

A plateia caiu na gargalhada. Donald Trump parecia furioso.

Obama mal conseguia imaginar o que estava passando pela mente de Trump durante os poucos minutos em que o provocou. Mas o presidente não se importava.

No entanto, os mesmos repórteres que riram das piadas de Obama naquela noite continuariam a dar notoriedade a Trump. O presidente jamais teria previsto que, um dia, por mais absurdo que pudesse parecer, Trump se sentaria em sua cadeira no Salão Oval. Na verdade, a zombaria que sofreu naquele jantar pode ter aumentado sua motivação.

CONTAGEM REGRESSIVA:
10 HORAS

1º de maio de 2011
Jalalabad, Afeganistão

Ao amanhecer, o pequeno avião pousou na extensa base de Jalalabad. McRaven pegou seu equipamento e desceu a rampa para a pista. Um jovem suboficial prestou continência e levou-o até a instalação dos SEALs.

Eles foram ao Centro de Operações Conjuntas, um nome dignificado para um celeiro de madeira. Uma das extremidades era o Centro de Operações Táticas, criado especialmente para a missão, com computadores, telefones e monitores de tela plana nas paredes. Van Hooser recebeu McRaven na entrada e fez um rápido resumo.

Eles teriam uma última reunião no fim do dia. Depois, os SEALs descansariam um pouco até que fosse hora de se equipar.

McRaven sorriu. Sabia que podia contar com Van Hooser para manter tudo em ordem. O almirante estaria em contato direto com o comandante da equipe em campo, que o atualizaria do andamento da incursão. O coronel JT Thompson, encarregado dos helicópteros, se reportaria diretamente a Van Hooser.

Outras pessoas no prédio tinham funções definidas a cumprir. McRaven reuniu quinze oficiais da CIA, da Força Aérea e de sua própria equipe, que forneceriam inteligência, vigilância e reconhecimento — "ISR", em linguagem militar.

De uma extremidade à outra, a sala tinha cerca de 9m e talvez uns 5m de largura. Com todos lá dentro, o centro de comando ficaria apertado e barulhento. A equipe construiu um pequeno escritório para McRaven logo após a porta da frente — um espaço não muito maior do que um closet. Assim, o almirante teria certa privacidade se precisasse falar com Panetta e a equipe na Virgínia. De dentro de sua alcova, ele ainda conseguiria acompanhar a ação pelos monitores e ouvir as comunicações de rádio. McRaven esperava manter a porta aberta, mas, se o ambiente ficasse muito caótico, ele poderia se isolar com seu telefone e sua tela de computador.

O almirante ficou impressionado com a instalação. Tudo estava em perfeito funcionamento. Parecia que o clima ia cooperar. Os meteorologistas tinham acabado de enviar atualizações: os vales estariam livres de neblina; a temperatura seria de 18°C. Perfeito. Eram as peças finais do quebra-cabeça. A missão estava confirmada. McRaven informaria os SEALs na reunião. Não tinha como voltar atrás.

CONTAGEM REGRESSIVA:
9 HORAS, 30 MINUTOS

Norte da Virgínia

Gary levantou da cama e olhou pela janela. Ainda estava escuro, mas ele precisava ir para o escritório. Não encontraria a esposa e os filhos, pois estavam de "miniférias", a viagem que Gary esperava fazer com eles para compensar o tempo longe. Mas a missão aconteceria naquele fim de semana. A casa estava vazia.

Na noite anterior, ele havia organizado suas roupas para economizar tempo pela manhã. Não queria se atrasar procurando por camisas, gravatas ou sapatos. Gary escolheu as melhores peças. Poderia ser o seu último dia de trabalho. Se fosse o caso, ele sairia com estilo.

Os SEALs estavam mais preparados do que nunca, mas Gary e seus analistas ainda trabalhavam ininterruptamente, monitorando o complexo, certificando-se de que os moradores não saíssem. Ninguém conhecia aquela esquina de Abbottabad como os operadores de Gary. Eles observavam qualquer possível mudança, qualquer coisa que parecesse incomum — um imprevisto que pudesse colocar em risco a missão ou a vida dos SEALs. Eles estavam alertas 24 horas por dia, disponíveis para responder a perguntas das autoridades militares ou da Segurança Nacional.

Gary lidava bem com a pressão. Oito meses antes, sua equipe informou Panetta e Morell sobre a descoberta de um possível alvo de alto valor em Abbottabad. Desde então, Gary era o supervisor da CIA na operação bin Laden. Ele analisava a inteligência e conectava os pontos. Pressionava seus analistas, participava de inúmeras reuniões, sentava-se ao lado de importantes autoridades, sempre pronto para responder a qualquer pergunta.

Por oito meses, Gary vivenciou altos e baixos angustiantes, extremos correlatos de entusiasmo, dinamismo e tédio. Mas, finalmente, as peças do quebra-cabeça se encaixaram. Ele estava trabalhando com uma equipe de excelentes especialistas, e o otimismo o manteve motivado. Era gratificante, tanto profissional quanto pessoalmente.

Mas havia uma falha potencialmente fatal: e se o Pacer não fosse bin Laden? Gary seria o grande fracasso, a pessoa imprudente, o líder equivocado. Quando se sentia deprimido, essas dúvidas o perturbavam.

Muitas pessoas em sua posição "remariam em círculos" e acabariam abdicando das grandes decisões. Mas Gary não era um desistente. Ele se entregava de corpo e alma. A missão havia se tornado sua verdade. Ele estava apostando sua carreira — e muito mais — naquela operação.

Talvez, no final, todo o esforço, a bajulação e as madrugadas de trabalho valessem a pena. Se tudo desse certo, aquele seria um dia muito bom. Do contrário — se a missão fosse um desastre —, provavelmente seria seu último dia na CIA.

Gary usava terno risca de giz azul, uma camisa branca e uma gravata cinza de seda. Ele colocou sua antiga caneta Montblanc no bolso do paletó, para dar sorte. Estava pronto.

Gary observou a sala e o corredor de sua casa. Sussurrou uma oração. Não pediu que bin Laden fosse o Pacer — disso ele estava confiante. Rezou pelos SEALs, pedindo que nenhum deles morresse na missão. Gary respirou fundo e se dirigiu à porta. Independentemente do que acontecesse, sucesso ou fracasso, sua vida mudaria. Ele só esperava que fosse para melhor.

CONTAGEM REGRESSIVA:
7 HORAS, 30 MINUTOS

Casa Branca

Após o jantar dos correspondentes, o presidente foi direto para a cama e acordou cedo na manhã seguinte, pronto para dar umas tacadas com Marvin Nicholson, diretor de viagens da Casa Branca. Ele precisava relaxar um pouco, mesmo que fosse apenas para uma partida rápida de golfe na Base Aérea de Andrews. Caso contrário, a missão o consumiria.

Obama era uma pessoa noturna. Costumava trabalhar até tarde em seu escritório na Sala do Tratado. O telefone não tocava tanto à noite, e ele conseguia pensar sem ser interrompido.

Era uma manhã tranquila e fresca de primavera. Sua equipe já havia cancelado as visitas públicas à Ala Oeste. Em quase todos os domingos, Obama e Nicholson jogavam golfe. O presidente queria manter a rotina para que nada parecesse fora do comum. Ele tentaria não pensar em Jalalabad. Haveria tempo suficiente para esse assunto no final do dia.

CONTAGEM REGRESSIVA:
6 HORAS, 39 MINUTOS

Washington, D.C.

Leon Panetta estava no Capitólio, sentado em um banco na parte de trás da Igreja de São Pedro. Se alguma vez precisou da ajuda do Senhor, era naquele dia.

Panetta era um católico romano devoto. Muitas vezes, rezava durante a missa, geralmente por sua família, pedindo saúde, felicidade, sucesso. Mas, naquele dia, ajoelhou-se, abaixou a cabeça e se concentrou. Pediu a Deus que abençoasse a operação, que confirmasse a presença de bin Laden no complexo, que guiasse aqueles helicópteros e garantisse que todo o planejamento dos últimos meses fosse bem-sucedido. Por favor.

O diretor estava confiante. Havia pesado os prós e os contras da operação inúmeras vezes. Sempre que ele e sua equipe analisavam a inteligência, a presença de bin Laden em Abbottabad se mostrava uma grande probabilidade. Eles finalmente descobririam. Panetta sentia certo alívio; depois de todos aqueles meses, a resolução do caso estava próxima.

Ele não tinha dormido bem. Não conseguia tirar a missão da cabeça. Ao acordar, sabia que precisaria ir à missa antes de se dirigir ao escritório.

Quando o hino da Comunhão terminou, os presentes receberam a bênção final. Panetta se sentia bem. O dia estava nas mãos de Deus.

CONTAGEM REGRESSIVA: 4 HORAS

Casa Branca

A Sala de Crise foi preparada para o longo dia. Denis McDonough, o vice-conselheiro de Segurança Nacional, encomendou sanduíches, bebidas e biscoitos.

Todos estavam a postos. Brennan dormiu apenas algumas horas na noite anterior. Assim que se levantou, revisou todos os detalhes em sua mente, indagando: o que deixamos passar? O que ainda precisamos fazer?

Michael Leiter, diretor do Centro Nacional de Contraterrorismo, também não dormiu direito. Muito antes de tomar conhecimento de Abbottabad ou do Pacer, ele havia marcado seu casamento para 30 de abril. Quando McRaven disse que a missão aconteceria entre 29 de abril e 1º de maio, McDonough se lembrou do convite. Ele perguntou para Leiter: "Não é o dia do seu casamento?"

"Droga", murmurou Leiter. "Estou ferrado!"

Então, sete dias antes do casamento, ele explicou à sua noiva que talvez trabalharia naquele fim de semana. Ela ficou atordoada. O casal vinha se preparando para a ocasião há meses. Quando a data da incursão mudou de sábado para domingo, Leiter sentiu um grande alívio — não teria que adiar o casamento. Ainda assim, disse à noiva que a lua de mel precisaria esperar.

"Quando descobrir o porquê, você vai entender", afirmou ele.

O casamento foi lindo. Leiter nem sequer pensou na operação. Ele conseguiu aproveitar a cerimônia e a festa, graças a um truque que aprendeu como piloto da Marinha: separar as coisas. Você pode ter um dia ruim em casa, mas, ao entrar no cockpit, deve se concentrar na missão.

Ele entrou na Sala de Crise e recebeu as parabenizações. "Você não se casou há algumas horas?", perguntou Mullen.

Leiter sorriu, ergueu a mão para mostrar a aliança no dedo e pegou um café. Brennan havia organizado as informações mais recentes. O Afeganistão e o Paquistão estavam tranquilos — pelo menos quanto aos talibãs, à Al-Qaeda e aos militares paquistaneses. Donilon chegou com pastas, temas de discussão e roteiros do plano de ação. Eles revisaram a estratégia: para qual autoridade cada um deveria telefonar e avisar sobre o início do ataque.

Mullen estava na Casa Branca para garantir que ninguém tentasse assumir o controle da operação. Com os áudios e as transmissões em tempo real, ele sabia que, em uma sala repleta de pessoas acostumadas a comandar, isso poderia acontecer facilmente. McRaven estava à frente do show no Paquistão, e Mullen queria que as opiniões de todos os presentes permanecessem na Sala de Crise. Àquela altura, o almirante não precisaria de intromissões desnecessárias.

CONTAGEM REGRESSIVA: 3 HORAS

Jalalabad, Afeganistão

Reunião final. McRaven e Van Hooser queriam revisar a função de todos pela última vez.

O'Neill entrou no enorme hangar e se juntou a uma multidão de cerca de cem pessoas. "Para uma missão secreta, com certeza há gente demais aqui", pensou. Além dos SEALs, as tripulações, os mecânicos e os oficiais da CIA estavam presentes.

McRaven sentou-se em uma cadeira dobrável bem no meio do hangar. À sua frente, havia algumas fileiras de assentos, mas muitos dos militares estavam em um semicírculo atrás dele. Os acessórios de McRaven estavam ao seu lado — a maquete do complexo e um grande projetor com imagens-chave da missão. Era hora do show. As enormes portas de aço se fecharam. O almirante estava calmo e confiante.

McRaven pediu que cada participante da missão fosse até ele, dissesse seu nome e descrevesse seu papel. Os envolvidos revisaram uma lista de tudo o que precisavam fazer. Às vezes, o almirante os interrompia para interrogá-los. Eles tinham que responder a cada pergunta sem hesitar. E, quando uma pessoa terminava, outra era chamada logo em seguida — McRaven conduziu esse processo com todos os membros da equipe, sem exceção.

Foi uma longa reunião. Quando terminou, o almirante percebeu que precisava encorajar seus homens. De certa forma, ele não era apenas seu comandante, mas também seu treinador. Aqueles homens compunham a equipe e efetuariam a missão "mais arriscada" de suas vidas. Ele podia notar seus olhares, como se afirmassem: "OK, chefe, agora é o momento de dizer algumas palavras inspiradoras."

Era seu papel, seu dever. McRaven se levantou e se aproximou do grupo, explicando que uma das razões para o fracasso da Operação Eagle Claw foi "a importância excessiva" da equipe na segurança operacional. Quando os C-130 enfrentaram uma tempestade de areia, eles não notificaram os helicópteros de ataque, pois estavam preocupados com a possibilidade de os iranianos interceptarem a comunicação.

"O negócio é o seguinte", declarou McRaven, "vocês precisam falar comigo se tiverem alguma preocupação. Eu exijo que vocês conversem comigo. Discutiremos o problema juntos".

Ele se dirigiu às tripulações das aeronaves. Cada Black Hawk tinha dois pilotos e um tripulante do 160º Regimento de Aviação de Operações Especiais, o Night Stalkers. Os helicópteros haviam sido modificados para mascarar o calor, o ruído e o movimento. Mesmo com a tecnologia furtiva, McRaven pediu aos pilotos que voassem com cautela.

"Não fiquem tão próximos a ponto de criarem um perfil de voo arriscado. Seu trabalho é levar os SEALs até o complexo em segurança. Se tiverem problemas com o helicóptero, pousem em uma área remota e resolvam. Devagar. Metodicamente. Com cuidado."

Então, o almirante se concentrou nos SEALs: "Não atirem em nenhum paquistanês a menos que seja absolutamente necessário, para salvar suas vidas. Fui claro?"

Eles assentiram. McRaven lembrou que o objetivo da operação era capturar ou executar bin Laden. "Se possível, capturem o terrorista, mas, se ele representar qualquer ameaça, não hesitem em executá-lo."

O almirante já tinha reiterado as regras de ataque, mas queria se certificar de que não havia nenhum mal-entendido. Ninguém sabia o que encontraria. No meio da noite, em uma situação de combate confusa, qualquer coisa poderia acontecer. Qualquer pessoa no local que representasse uma ameaça — homem ou mulher — morreria. Foi o que McRaven disse a Obama e à equipe de Segurança Nacional. Ele repetiu a orientação para os homens à sua frente.

Ele só tinha mais uma coisa a acrescentar, um toque hollywoodiano. McRaven lembrou aos homens que era um grande fã de basquete. Alguns deles sorriram, pois já haviam jogado com o almirante ao longo dos anos. Ele disse que adorava o filme *Momentos Decisivos* — a história de um time de basquete de uma pequena cidade de Indiana que, em 1954, desafiou todas as probabilidades ao chegar ao campeonato estadual.

McRaven descreveu uma de suas cenas favoritas. A equipe tinha acabado de chegar em Indianápolis para jogar contra um time da cidade grande. A maioria dos garotos nunca tinha visitado uma cidade daquele tamanho. A arena de basquete era imensa.

"A certa altura, o treinador, interpretado por Gene Hackman, percebe que os garotos da equipe estão intimidados com o tamanho da arena, na qual jogariam em frente a milhares de pessoas. Então, quando não há mais ninguém ali, exceto sua equipe, Hackman entrega uma fita métrica a um dos jogadores. Ele pede que o garoto suba nos ombros de um colega mais alto e meça a altura da cesta. O jogador conclui: 'Três metros.' Então, o treinador pede que outro jogador confira o comprimento da quadra — 30m", relatou McRaven.

O almirante estava entusiasmado. Sua paixão era contagiante. Os homens o fitavam, balançando a cabeça. Eles sabiam onde McRaven pretendia chegar.

"A quadra da arena era do mesmo tamanho da quadra em Indiana. A cesta da arena era da mesma altura da cesta em Indiana", declarou

McRaven. Ele fez uma pausa, depois encarou seus homens. "Senhores, cada um de vocês fez centenas de missões como esta. Esta missão não é diferente. A única diferença é que, desta vez, o mundo todo saberá. A arena é grande, mas a quadra é do mesmo tamanho que todas as outras. Joguem como sempre fizeram, e seremos bem-sucedidos."

McRaven havia terminado seu discurso. Os homens se levantaram. Alguns apertaram sua mão enquanto ele saía do hangar, em direção à noite quente.

O'Neill achou a mensagem perfeita. Ele adorava McRaven. "O cara nasceu para fazer esse discurso", pensou. Os homens retornaram ao quartel e começaram a se equipar. Eles não decepcionariam o almirante.

CONTAGEM REGRESSIVA:
2 HORAS, 30 MINUTOS

Langley, Virgínia

Panetta havia transformado a grande sala de conferências no corredor de seu escritório em um centro de operações improvisado. Um RQ-170 Sentinel, um drone com lentes de alta potência, pairaria sobre o complexo de Abbottabad e forneceria uma transmissão ao vivo do ataque. Por meio de videoconferências seguras, Panetta também estaria conectado a McRaven, em Jalalabad, e ao presidente, na Sala de Crise.

Vários notebooks foram colocados ao longo da mesa. Da sala de conferências, Gary também monitoraria a operação.

Morell estava no escritório de Panetta. A caminho da sala de conferências, o diretor perguntou: "Michael, o que você acha?"

"Não ficarei surpreso se bin Laden estiver lá. Também não ficarei surpreso se não estiver", respondeu Morell.

Panetta assentiu. "Penso o mesmo."

A sala começou a lotar. O almirante Eric Olson, comandante das Operações Especiais dos EUA, havia acabado de chegar. Outros estavam testando as imagens do drone e o áudio das videoconferências para assegurar comunicações claras e imediatas com Jalalabad e a Casa Branca.

Panetta enfiou a mão no bolso e sentiu seu rosário. Ele o deixaria ali por enquanto. Quando a missão começasse, o seguraria na mão.

A equipe de Segurança Nacional convocou outra reunião. Obama ainda não estava na Sala de Crise, mas Donilon queria uma atualização rápida. Quando Panetta apareceu na tela, Donilon perguntou se havia novas informações. Silêncio. O diretor não sabia de mais nada. Ninguém sabia.

A reunião foi finalizada. Era isso. A missão estava próxima. Só lhes restava esperar. Todos na sala se sentiam um pouco apreensivos. Tantas pessoas haviam se esforçado para chegar àquele ponto. Analistas e operadores abdicaram de fins de semana, jantares em família, eventos escolares, peças de teatro, encontros, formaturas.

Morell sentia a tensão em sua casa. Durante anos, ele perdeu eventos familiares e, nos últimos meses, estava trabalhando ainda mais. Mary Beth precisou assumir todas as responsabilidades.

Alguns dias antes, um amigo presenteou Morell com ingressos para o jogo do Washington Capitals contra o Tampa Bay Lightning, marcado para 1º de maio. Como não poderia comparecer, ele pediu à esposa que buscasse os ingressos no escritório e os desse para alguém, pois não queria desperdiçá-los.

Quando chegou à sede da CIA, Mary Beth esperava ir ao escritório do marido, como de costume, mas Morell pediu aos seguranças que a encontrassem no saguão para entregar os ingressos. Com toda a agitação no escritório, ele não queria que ela suspeitasse. Porém os seguranças esperaram Mary Beth no portão da frente, impedindo sua entrada no estacionamento. "Você não pode passar desse ponto", disseram.

Ela ficou chateada, mas só explodiu quando Morell revelou que não participaria da última apresentação musical da filha no ensino médio.

"Só vai levar uma hora", afirmou Mary Beth. "Nenhum trabalho pode ser tão importante assim."

"Sinto muito. Não posso ir", afirmou ele.

Ela ficou furiosa. Mas o que Morell poderia fazer? Talvez se capturassem bin Laden, a esposa entenderia.

CONTAGEM REGRESSIVA:
2 HORAS, 15 MINUTOS

Jalalabad, Afeganistão

O'Neill vestiu seu uniforme, o colete à prova de balas, pegou sua garrafa de água, duas barras de proteína e seu rifle automático Heckler & Koch 416, com três carregadores de munição extras. Ele ajeitou os óculos de visão noturna PVS-15 no capacete. Tudo pronto.

O sol estava se pondo. Ele caminhou até a fogueira, em volta da qual os atiradores de ambos os esquadrões se reuniram. As batidas estrondosas de música heavy metal ecoavam dos alto-falantes. Geralmente, os caras se divertiam, zoando uns aos outros, falando besteiras antes de entrarem em ação. Não dessa vez. A situação era séria.

Nesse meio-tempo, o sargento-mor Chris Faris entrou no escritório de McRaven. "Já está na hora, senhor", disse ele.

O almirante assentiu. Faris se tornou seu braço direito nos últimos anos. Ele era um Ranger do Exército que atuou em alguns dos lugares mais perigosos do mundo. McRaven sempre pedia sua opinião, e Faris não hesitava em ser sincero. Ele era respeitoso e fazia questão de defender seu comandante.

Juntos, McRaven e Faris caminharam até a fogueira. Os SEALs desligaram a música quando eles se aproximaram. O almirante podia sentir a tensão. Ele entendia. Sempre havia ansiedade antes de uma missão. Impressionante seria se os homens não estivessem agitados.

Os SEALs formaram um círculo em volta dos comandantes. Faris foi o primeiro a falar. Ele lembrou que o lema de seus homólogos britânicos, os SAS, era: "Quem ousa vence."

"Hoje à noite, ousaremos, e estou confiante de que venceremos", disse. McRaven observou os homens. Eles estavam sérios. Sabia que todos ali eram como irmãos. Os SEALs não faziam ideia do que aconteceria com eles naquela noite, mas apreciavam a sorte de terem sido escolhidos para a missão. Ao longo de toda a sua carreira, eles se esforçavam por uma chance como aquela. McRaven transmitiu uma mensagem curta e simples: "Senhores, desde o 11 de Setembro, cada um de vocês sonha em participar da missão para capturar bin Laden. Bem, aqui estamos, e vocês foram os escolhidos. Vamos pegá-lo."

Ninguém sorriu. Ninguém comemorou. Os ônibus chegaram para levar os homens ao hangar, onde os Black Hawks furtivos estavam esperando. O'Neill tinha uma última pendência para resolver antes de embarcar.

Ele havia escrito cartas para a esposa, as filhas e os familiares, mas queria falar com o pai uma última vez. O'Neill sempre telefonava antes de partir em uma missão, pois era algo que lhe dava paz de espírito. Ele buscou privacidade para fazer a ligação.

Seu pai, Tom, atendeu imediatamente. Ele tinha acabado de estacionar no Walmart para comprar algumas coisas, então permaneceu dentro do carro para conversar com o filho.

Eles costumavam seguir um roteiro. O'Neill diria que estava "se preparando para embarcar". Tom afirmaria: "Gostaria de estar aí para ir com você." O filho declararia: "Eu também gostaria, pai."

O SEAL manteve o esquema. Mas, depois que Tom disse sua frase habitual, O'Neill respondeu de forma inusitada. "Não se preocupe, pai. Estou com uns caras ótimos."

Tom estranhou. Havia algo errado. "Está tudo bem, filho?"

"Sim, está tudo bem", garantiu O'Neill. O filho respirou fundo. Se morresse no ataque, queria que o pai soubesse o que sentia por ele. O quanto o amava.

"Ei, pai. Só queria agradecer por tudo. Obrigado por me ensinar a jogar basquete. Obrigado por me ensinar a ser homem. Fico feliz por termos nos conhecido como adultos", afirmou O'Neill.

O pai sabia que o SEAL não podia falar sobre a missão, mas percebeu a entonação em sua voz. Sua vida estava em perigo. Caso contrário, por que estaria falando aquelas coisas? Tom ficou assustado, mas não sabia o que dizer. O'Neill encerrou a conversa: "Tenho que ir."

"Te amo", declarou o pai.

"Eu também te amo", respondeu O'Neill. "Adeus."

O SEAL ficou ali por uns instantes, em silêncio. Ele sabia que o pai estava preocupado, mas precisou telefonar. Não teve escolha. Finalmente, guardou o celular e correu para o ônibus.

Quando o veículo parou no aeródromo, a menos de 2km, O'Neill olhou pela janela. Os Black Hawks estavam na pista. Enormes luzes ofuscantes foram posicionadas ao redor. Elas estavam viradas para fora, a fim de que ninguém pudesse enxergar os helicópteros no local.

Após descer do ônibus, O'Neill foi ao banheiro. Não seria uma boa ideia ficar apertado durante as horas seguintes. Os homens embarcaram em equipes. O'Neill e Chesney estavam no Chalk 2, o helicóptero que acompanharia o Chalk 1 até o complexo.

CONTAGEM REGRESSIVA:
1 HORA, 39 MINUTOS

Jalalabad, Afeganistão

McRaven estava pronto. Ele contou os segundos e emitiu o comando: "Iniciar a força de ataque. Repito, iniciar a força de ataque."

Van Hooser transmitiu a mensagem de McRaven ao comandante do esquadrão SEAL em um dos dois Black Hawks. Momentos depois, o almirante olhou para as telas no centro de comando e observou enquanto os Black Hawks decolavam.

Tudo estava sendo transmitido ao vivo, incluindo os Chinooks com a força de reação rápida, o helicóptero carregando o combustível e a aeronave que o acompanhava. O pacote de guerrilha, com os aviões de combate e os AC-130, já estava no ar — dentro da fronteira afegã, mas pronto para cruzá-la, se necessário. Tudo em ordem. McRaven sabia que havia feito o melhor que podia — o planejamento certo, os ensaios certos, os grandes líderes no local e nos helicópteros.

Não restava muito a se fazer, apenas ficar de prontidão para tomar decisões caso algo desse errado. Ele tinha acesso à visão dos helicópteros e às vozes dos pilotos no rádio.

CONTAGEM REGRESSIVA:
1 HORA, 30 MINUTOS

Algum lugar sobre o Afeganistão

O helicóptero estava lotado. Alguns dos homens se sentaram em cadeiras dobráveis. O'Neill olhou ao redor.

Chesney posicionou-se no chão e colocou Cairo em seu colo. O cão estava tranquilo. Parecia estar a caminho de um piquenique em família, e não de uma missão perigosa. Nos fones de ouvido, Chesney curtia uma música. Alguns dos caras estavam dormindo. O'Neill não entendia como era possível relaxar em uma situação daquela. Ele estava ansioso demais para conseguir fechar os olhos.

CONTAGEM REGRESSIVA: 1 HORA, 25 MINUTOS

Casa Branca

Obama não queria atrapalhar. Sabia que, se estivesse na Sala de Crise, poderia distrair todo mundo. Ele pediu que Donilon o avisasse quando os helicópteros decolassem.

O presidente sentou-se no Salão Oval e tentou ler alguns jornais. Não conseguia se concentrar. Ficava voltando à mesma frase repetidas vezes. Ele estava vestindo uma jaqueta azul-marinho, calças cáqui e uma camisa polo branca — a mesma roupa que usava para jogar golfe. Ele convocou Nicholson; Reggie Love, seu assessor pessoal; e Pete Rouse, vice-chefe de gabinete da Casa Branca. Todos sabiam sobre o ataque. Então, para matar o tempo, os quatro jogaram baralho na sala de jantar perto do Salão Oval.

Chegou a notícia: os Black Hawks estavam no ar. Obama desceu para a Sala de Crise. O clima estava tenso. Todas as principais autoridades estavam sentadas ao redor da mesa de conferência: Biden, Clinton, Donilon, Gates, Mullen. As salas adjacentes estavam cheias de assistentes e técnicos.

O presidente foi atualizado sobre os planos de notificar o Paquistão e outras nações após o ataque. Se o Pacer fosse de fato bin Laden e acabasse sendo executado durante a operação, eles fariam um tradicional sepultamento islâmico no mar. Não queriam enterrar o terrorista, pois o túmulo poderia se tornar um santuário para seus seguidores.

Obama notou que, para favorecê-lo, a equipe de Segurança Nacional estava revisando aspectos já discutidos. Preocupado em distraí-los, o presidente voltou para cima. De Jalalabad, McRaven supervisionava a missão. Oficialmente, da sede da CIA, Panetta comandava a operação. Obama era apenas um espectador. Sua equipe prometeu avisá-lo quando os helicópteros se aproximassem do complexo.

CONTAGEM REGRESSIVA:
1 HORA, 20 MINUTOS

Algum lugar sobre o Paquistão

Com fones no ouvido e iPod no ombro, Chesney fechou os olhos e sentiu o Black Hawk atravessar a escuridão da noite. Ele estava ouvindo "Moneytalks", do AC/DC.

Nas missões, cada um tinha sua rotina. Alguns homens conversavam. Outros repassavam a operação. E alguns, como Chesney, ouviam música para relaxar ou para se animar.

Chesney gostava de todos os tipos de música, mas, naquela noite, ouviria hard rock por todo o trajeto, bandas no estilo do AC/DC. Com o som no último volume, ele se inclinou e acariciou a cabeça de Cairo.

Não havia muito espaço no Black Hawk. Uns doze SEALs estavam amontoados na parte de trás do helicóptero. Cairo arqueou a cabeça e olhou para Chesney. O cão também estava pronto.

Era uma noite sem luar. Sem qualquer iluminação, os pilotos voavam sobre as montanhas que se estendiam ao longo da fronteira com o Paquistão. A comunicação via rádio foi reduzida ao mínimo. Chesney confiava nos pilotos, dois Night Stalkers experientes. Uma voz crepitou no alto-falante do helicóptero: eles adentraram o espaço aéreo paquistanês sem serem detectados.

Por mais de sessenta anos, os militares paquistaneses mantinham um estado de alerta máximo contra a Índia, seu país vizinho. Por causa dessa obsessão, as principais defesas aéreas do Paquistão apontavam para o leste. "Talvez devessem prestar mais atenção à fronteira ocidental", pensou Chesney.

Ele sorriu. Chegariam em breve. Até lá, continuaria cantando.

Agora que estavam sobre o Paquistão, O'Neill começou a divagar. Poderiam ser abatidos a qualquer minuto. Como seria a explosão de um helicóptero? Ele se perguntava. Morreríamos instantaneamente? Quanto tempo demoraria?

Para se distrair, O'Neill decidiu contar de um até mil e, depois, ao contrário. Então, ele começou a sussurrar: "Um, dois, três..." e, após um tempo: "999, 998, 997...".

CONTAGEM REGRESSIVA:
50 MINUTOS

Jalalabad, Afeganistão

McRaven revisou sua lista de verificação. Ele acompanhava cada movimento dos helicópteros. Tudo estava correndo como planejado. Eles estavam monitorando os sistemas de radar paquistaneses. Os Black Hawks não foram detectados. E ele esperava que sua sorte permanecesse assim.

Mas o almirante sabia que a parte difícil ainda estava por vir. Poucos minutos antes, o comandante do esquadrão SEAL contatou o Centro de Operações Conjuntas, informando que uma luz de holofote "emanava de uma cidade próxima, perscrutando a encosta da montanha". Aparentemente, os paquistaneses estavam em busca de algo.

Até o momento, a inteligência não havia detectado nenhuma comunicação paquistanesa. Eles não sabiam por que os paquistaneses estavam usando o holofote. McRaven ordenou que a força de ataque prosseguisse. Mas seria preciso monitorar o problema.

CONTAGEM REGRESSIVA:
35 MINUTOS

Langley, Virgínia

Gary estava na sala de conferências, junto com todo o alto escalão, acompanhando o progresso dos helicópteros. Pastas repletas de contingências e cronogramas foram espalhadas pela mesa. Eles sabiam exatamente quando as aeronaves chegariam ao complexo. Mas todos estavam com os nervos à flor da pele. Os helicópteros estavam no ar há pouco tempo, mas já parecia uma eternidade.

Panetta sentou-se em seu lugar habitual, no centro da mesa da sala de conferências. Morell estava ao lado dele, observando o ambiente. Os equipamentos de comunicação transmitiam uma sensação de importância para tudo aquilo. Mas, na verdade, eles eram "espectadores, não participantes".

Isso só aumentava a tensão. Eles sabiam que, a qualquer momento, poderia surgir um contratempo. E não haveria nada que pudessem fazer. Se fosse um filme, eles já teriam avançado para o final.

CONTAGEM REGRESSIVA:
20 MINUTOS

Jalalabad, Afeganistão

Os olhos de McRaven corriam das telas para a lista de verificação, quando ele foi interrompido por um assistente.

"O general Petraeus está no MIRChat", disse, referindo-se ao chat das Forças Armadas.

"O que ele quer?", questionou o almirante.

"Ele quer saber se efetuaremos a missão hoje à noite."

Petraeus não sabia da situação. Quando o general perguntou ao oficial de ligação em Cabul, ele não sabia do que Petraeus estava falando. Ninguém o havia informado sobre a missão.

McRaven riu. "Diga que estamos a cerca de dez minutos do alvo."

"Boa sorte", respondeu o general.

CONTAGEM REGRESSIVA: 19 MINUTOS

Algum lugar sobre o Paquistão

O helicóptero se dirigiu ao sul. O'Neill respirou fundo. Eles estavam prestes a dar início ao ataque. Por alguma razão desconhecida, o SEAL parou de contar e começou a repetir palavras que o presidente George W. Bush havia proferido apenas algumas horas após os ataques terroristas de 11 de setembro.

"A própria liberdade foi atacada esta manhã por um covarde sem rosto. E a liberdade será defendida."

O'Neill não sabia por que se lembrara dessa fala. Só sabia que, naquele momento e naquele helicóptero, em algum lugar sobre o Paquistão, ele sentia uma incrível onda de patriotismo. Estava orgulhoso dos homens sentados à sua direita e à sua esquerda, e até mesmo do nobre cão ali deitado. O'Neill lutaria e morreria por eles. E, independentemente do que acontecesse, eram todos heróis.

Enquanto repetia as palavras em sua mente, podia ouvir a voz do presidente Bush. Conseguia ver o rosto dele, dizendo aos norte-americanos que os EUA não descansariam até que levassem os responsáveis à justiça. Em alguns minutos, a equipe poderia estar frente a frente com o homem por trás dos ataques terroristas. O'Neill estava pronto.

CONTAGEM REGRESSIVA: 12 MINUTOS

Casa Branca

A equipe de Segurança Nacional não queria dar a entender que Obama estava controlando a operação. Isso poderia causar um problema político se a missão falhasse.

Eles tentavam ao máximo manter o presidente fora da Sala de Crise. Consideravam que seria melhor se ele acompanhasse "indiretamente" os desdobramentos. Obama era da mesma opinião, mas não conseguia pensar em mais nada. Quando os helicópteros se aproximaram do complexo, ele desceu de novo. Pouco antes de chegar à Sala de Crise, ouviu a voz de McRaven vindo de uma pequena sala do outro lado do corredor.

Ao espiar, Obama notou uma tela com uma visão aérea ao vivo do complexo. Ele entrou e observou, por cima do ombro de Brad Webb, general de brigada da Força Aérea, que estava acompanhando os eventos pelo notebook. Quando Webb olhou para cima, viu o presidente ali. O general ofereceu sua cadeira, mas Obama colocou a mão em seu ombro: "Pode ficar."

Webb imediatamente informou McRaven e Panetta que o presidente estava assistindo à transmissão ao vivo. Quando as pessoas na Sala de Crise descobriram que Obama estava na sala ao lado, elas lentamente se juntaram a ele, uma por uma: Biden, Clinton, Mullen, Donilon.

Leiter estava comendo pizza na Sala de Crise quando constatou que quase todo mundo tinha saído. Ao olhar para o outro lado do corredor, viu "tantas pessoas juntas que parecia um carro de palhaço". Pete Souza, o fotógrafo da Casa Branca, entrou e começou a registrar o momento.

CONTAGEM REGRESSIVA:
11 MINUTOS

Abbottabad, Paquistão

O helicóptero deu uma leve guinada à direita e as portas se abriram. O'Neill olhou para fora e lá estava Abbottabad, exatamente como nas fotos. Ao se aproximar do alvo, o helicóptero começou a descer. O SEAL notou que eles estavam sobrevoando um campo de golfe!

Um campo de golfe. Não havia campos de golfe no Afeganistão. E luzes! A cidade tinha luzes. Eletricidade. "É uma cidade turística", pensou O'Neill.

Por um momento, ele sorriu. "Ninguém sabe que estamos chegando. Logo, o caos vai se instaurar. Estamos prestes a efetuar uma missão digna dos SEALs", disse para si mesmo.

CONTAGEM REGRESSIVA:
10 MINUTOS

Abbottabad, Paquistão

Chesney desligou a música. Verificou seu rádio, sua arma e seus óculos de visão noturna. Ele olhou para um cartão plastificado que cada SEAL carregava, com a disposição do complexo. Até aquele ponto, os dois helicópteros haviam voado juntos. Então, o Chalk 1 se desviou para a direita. O SEAL perdeu-o de vista.

CONTAGEM REGRESSIVA: 9 MINUTOS

Jalalabad, Afeganistão

Os olhos de McRaven estavam colados na tela. A imagem não lhe agradava. O Chalk 1 enfrentava problemas. O helicóptero deveria pairar sobre um local designado, próximo à casa principal, enquanto os homens saltavam no complexo. Mas o piloto estava com dificuldades para estabilizar a aeronave.

O Black Hawk oscilava, balançando para frente e para trás, a cerca de 6m acima do pátio. Os rotores rugiam enquanto o piloto tentava estabilizá-lo em vão. Então, subitamente, o nariz da aeronave se inclinou em direção ao solo. A cauda girou e atingiu o muro do complexo. O helicóptero caiu.

Casa Branca

As imagens da transmissão eram granuladas. Ainda assim, Obama percebeu que algo havia acontecido com o helicóptero. O presidente sentiu "um arrepio de medo". Cenas desastrosas passaram por sua mente — o Black Hawk colidindo, os SEALs se debatendo para sair antes que o helicóptero explodisse. Vizinhos com armas em punho, correndo para o local antes de os militares paquistaneses chegarem.

Mullen olhou para Gates. Parecia que aquele senhor estava prestes a ter um infarto. Era o retorno da Operação Eagle Claw. A ansiedade invadiu o ambiente. Havia feridos? A missão estava comprometida?

"Ah, meu Deus, Murphy apareceu", disse Biden.

"Do que você está falando?", perguntou McDonough.

"Meu Deus, Denis. Lei de Murphy." Se algo pode dar errado, dará.

Presidente Barack Obama e membros da equipe de Segurança Nacional assistindo ao ataque, em 1º de maio de 2011.

Clinton conhecia os perigos. Ela havia estudado o plano. Sabia que havia muitas casas por perto. Pensou no que os SEALs poderiam enfrentar naquelas ruas, com os moradores, a polícia e os militares. Ela prendeu a respiração e observou as imagens granuladas na tela.

Abbottabad, Paquistão

Como planejado, o Chalk 2 pousou do lado de fora do complexo. Chesney, Cairo, o intérprete e os atiradores de elite desceram do Black Hawk e começaram a se movimentar em sentido horário ao redor do perímetro. Eles precisavam investigar a área, removendo possíveis minas e armadilhas, bem como quaisquer insurgentes que pudessem estar ali para proteger o Pacer.

Quando Chesney olhou para trás, notou que seu helicóptero ainda estava lá. O piloto deveria decolar e pairar sobre a casa principal, onde O'Neill e outros saltariam no telhado ou no pátio.

Mas, então, Chesney viu O'Neill e os outros saírem do helicóptero. Eles estavam fora do complexo, e não dentro. O que aconteceu? Chesney balançou a cabeça. Sabia que, às vezes, a situação mudava rapidamente em missões. Ainda assim, que diabos? Mas tinha suas ordens. A menos que lhe dissessem o contrário, ele e Cairo cumpririam seu papel.

Langley, Virgínia

Perplexo, Bash observou em silêncio enquanto os rotores do helicóptero principal diminuíram a velocidade, depois pararam. O coração dele estava na garganta. Era a aeronave dos SEALs que deveriam saltar no pátio. Tudo estava dando errado. Ele não tinha ideia do que aconteceria a seguir.

Morell ficou atordoado. Ouvir a voz de McRaven não melhorou a situação. "Caiu. Está inutilizável", disse o almirante.

"Minha nossa", pensou Morell. Gates estava certo. Algo sempre dá errado.

Seria o fim da missão?

Panetta se sentia ansioso. Parecia que toda a invasão estava arruinada. "Bill, que diabos está acontecendo?", questionou o diretor.

"Um dos helicópteros caiu", respondeu o almirante.

Panetta perdeu as esperanças.

CONTAGEM REGRESSIVA: 8 MINUTOS

Jalalabad, Afeganistão

Ao longo de sua carreira, McRaven havia perdido alguns helicópteros. Ele sabia a diferença entre um acidente e um "pouso forçado". Este era um pouso forçado, do qual se podia sobreviver. Mas um que veio na pior hora possível.

O almirante sabia que a parte mais perigosa da missão seria quando o helicóptero pairasse sobre o quarto de bin Laden, no terceiro andar da casa principal. Se houvesse combatentes da Al-Qaeda, eles poderiam disparar uma granada-foguete no helicóptero. Foi por isso que McRaven posicionou atiradores de elite e atiradores de porta no Black Hawk.

Mas, mesmo com todo o planejamento, algo havia dado errado. O helicóptero caiu no curral, a oeste da casa principal, e não no pátio interno da casa de três andares. O barulho do rádio sugeriu que os SEALs estavam feridos, mas nada sério. Nenhum dos planos estava se desenrolando da maneira que eles haviam ensaiado. Mas McRaven permaneceu calmo, pois tinha sua matriz de decisão. Eles haviam praticado para enfrentar os piores cenários. Ainda bem que acrescentaram o Chinook à equação.

Assim que o helicóptero atingiu o chão, a equipe de ataque saiu e se dirigiu à casa principal. McRaven telefonou para Van Hooser. "Em quanto tempo o Chinook chega a Abbottabad?"

"Cerca de trinta minutos", disse Van Hooser.

"OK... Ele será o helicóptero de extração."

O coronel Thompson contatou o comandante do Chinook, explicando a mudança de planos. Ele teria que se dirigir ao complexo e, quando estivesse a cinco minutos do alvo, precisaria se esconder até que fosse o momento de pegar os SEALs.

Com o plano de contingência definido, McRaven contatou Panetta. "Os SEALs continuarão a missão. Vou mantê-lo informado."

O diretor respirou fundo. "Deus te abençoe. Estamos todos rezando pelo melhor."

Abbottabad, Paquistão

O'Neill se perguntou por que eles estavam em solo, do lado errado do complexo. Seu helicóptero já deveria estar pairando sobre a casa principal para que os SEALs saltassem no telhado. Alguma coisa tinha acontecido.

O piloto disse que houve uma mudança de planos. Eles teriam que começar de onde estavam. O'Neill e sua equipe saíram do helicóptero. Era hora do plano B.

Eles precisavam encontrar uma forma de passar pelos muros. O'Neill havia estudado a disposição do complexo e conhecia cada parte, cada portão, cada entrada.

Havia um portão no canto nordeste da fortaleza. Se as informações estivessem corretas, ele ficava a poucos metros de distância.

CONTAGEM REGRESSIVA: 7 MINUTOS

Abbottabad, Paquistão

Cairo mantinha o focinho no chão, farejando explosivos ou insurgentes. O cão estava calmo, mesmo ao ouvir o som de tiros e explosões atravessando a escuridão. Quando Chesney virou uma esquina do complexo, ele avistou algo estranho ao longe. "O que é isso?", disse em voz alta.

Ainda saliente, praticamente reclinada em cima de um muro de 4m de altura, estava a cauda de um helicóptero. "Ei, parece um dos nossos", afirmou Chesney.

Instantes depois, ele percebeu: era o Chalk 1. O SEAL não sabia o que havia acontecido, mas não tinha tempo para se preocupar agora. Ele e Cairo precisavam seguir o plano. Tinham sua função a cumprir.

Nesse meio-tempo, em outro trecho do muro, O'Neill avistou um portão de metal, exatamente onde deveria estar. Ele sabia que precisariam entrar por ali. Outro SEAL pegou um explosivo plástico C-6 de 2m, posicionou-o no topo da porta e desenrolou-o até cobri-la por completo. Segundos depois, o portão escancarou. Atrás dele, havia uma parede de tijolos. Outro SEAL balançou a cabeça: "Mau sinal", disse.

"Não", afirmou O'Neill. Era um bom sinal. Ter uma porta falsa significava que alguém importante morava ali. O'Neill enviou uma mensagem ao comandante de campo: eles explodiriam o portão principal. Mas uma voz avisou no rádio: "Afastem-se." Uma equipe já estava lá dentro e resolveria. Momentos depois, "abre-te, sésamo", o portão principal se abriu. Lá estava ele, um dos SEALs da tripulação do Chalk 1, dando a O'Neill um sinal de positivo.

O'Neill e sua equipe correram em direção à casa e aos sons de tiro. Se aquele fosse o lar de bin Laden, haveria combatentes da Al-Qaeda ali. Os SEALs provavelmente morreriam. O'Neill faria de tudo para levar alguns terroristas com ele.

CONTAGEM REGRESSIVA: 6 MINUTOS

Jalalabad, Afeganistão

Na transmissão de vídeo, McRaven podia ver os SEALs se dirigindo à casa principal. Ele podia ouvir explosões e balas sendo disparadas. Mas não conseguia ver nada dentro do prédio.

O almirante ouviu alguém dizer: "EKIA." Os SEALs haviam matado um inimigo. Então, ele viu várias explosões. Vultos se moviam pelo complexo, com os SEALs metodicamente limpando as dependências. McRaven podia ver os feixes de luz infravermelha das miras a laser passando pelo chão, pelas janelas, pelos espaços escuros onde as pessoas poderiam estar escondidas.

Então, ele notou outra coisa, algo preocupante. Alguns habitantes locais estavam se reunindo perto de uma das entradas. Até então, nada de policiais. Nada de militares. Mas o almirante sabia que isso poderia mudar em um piscar de olhos.

Casa Branca

Leiter era piloto da Marinha há seis anos. Quando viu a cauda do helicóptero atravessar o muro, sabia que era o fim. "Impossível colidir tão forte e voar de novo", pensou.

Agora que os SEALs estavam entrando na casa principal, Mullen se sentia frustrado. Claro, eles conseguiam ver a transmissão do exterior, mas só podiam tentar adivinhar o que estava acontecendo dentro do prédio.

A sala de conferências ficou em silêncio. Mullen já havia passado por isso. Havia muito tempo, ele aprendera que, em certos momentos, você simplesmente não está no controle. Ele acreditava na capacidade dos SEALs. E só lhe restava esperar.

Era angustiante. Clinton olhou para Obama, que estava curvado, com a mão no queixo. Ele parecia calmo. Ela não sabia como. A situação era caótica. O vídeo mostrava movimentos bruscos, luzes piscando, e então nada. Para Clinton, aquilo tinha se transformado em uma "experiência realmente intensa e estressante".

McDonough não conseguia ficar sentado. Ele se ajoelhou, depois se levantou e saiu da sala. Caminhou pelo corredor e voltou para dentro. "Agora que os SEALs estão na casa, vamos conseguir ouvir o silêncio", pensou.

Langley, Virgínia

Bash olhava para o monitor. Seu coração disparava enquanto ele observava os SEALs, que se moviam como formigas na tela. Ele ficava conferindo o relógio. Tinham trinta minutos para entrar e sair. Bash ouviu tiros. Ansiava por saber o que estava acontecendo.

Panetta sentou-se em silêncio, o rosto pálido. Se as pessoas dentro da casa estavam atirando, é porque queriam proteger alguém importante.

CONTAGEM REGRESSIVA:
5 MINUTOS

Abbottabad, Paquistão

O'Neill viu dois corpos no chão, logo na entrada da casa: um homem e uma mulher. Havia muito sangue. Alguém, mais de uma pessoa, estava chorando. Crianças. Um SEAL se aproximou dele, com os olhos arregalados. Disse que atirou no homem, mas que a mulher o atacou enquanto disparava. "Eu não queria matá-la", afirmou. "Estou encrencado?"

"Vamos terminar a missão", declarou O'Neill.

Mulheres se sacrificando eram um indício de que eles estavam no lugar certo. O'Neill verificou o homem morto. Não parecia bin Laden. Provavelmente era o mensageiro ou seu irmão. Ele prosseguiu.

Alguns dos SEALs estavam à frente, abrindo caminho por um longo corredor com quatro portas. Eles conferiram metodicamente cada cômodo, retirando meninas, meninos, algumas mulheres. Todos assustados, porém ilesos. Os SEALs, então, colocaram todos em um dos primeiros cômodos, a fim de mantê-los seguros.

O'Neill ouviu um choro alto vindo do último cômodo, no final do corredor — um som familiar e arrepiante. Ele entrou. Era uma menina pequena, talvez de quatro anos, terrivelmente assustada. O caos se instaurava, o criminoso mais notório do mundo podia estar escondido lá em cima, mas O'Neill não deixaria aquela garotinha sozinha ali. Um dos SEALs pegou-a no colo, carregando-a pelo corredor até o cômodo seguro.

Com o último cômodo verificado, O'Neill avistou dois SEALs no final do corredor batendo uma marreta em um portão de metal que bloqueava a escada para o segundo andar. Os olhos de O'Neill perscrutaram o teto e o chão, procurando por qualquer sinal de explosivos. Ele não conseguia parar de pensar que a casa tinha armadilhas, que tudo explodiria a qualquer instante. Eles precisavam passar logo por aquela barricada. Quanto mais demorassem, maiores seriam os riscos.

Ficar parado ali estava deixando O'Neill louco. Mas não havia nada a se fazer. Ele ouviu um dos colegas da equipe mencionar um acidente de helicóptero. No início, O'Neill pensou que se tratava do Chinook com a força de reação rápida. Então, descobriu que era o Chalk 1.

O piloto enfrentou um problema mecânico enquanto pairava sobre o complexo, e o helicóptero caiu com força. Os rotores explodiram o pátio enlameado, espalhando poeira e detritos por toda parte. A aeronave ficou destruída.

"Droga", pensou O'Neill. Como eles iriam embora? A essa altura, seu treinamento falou mais alto. Esqueça o helicóptero. Era hora de subir e pegar o maldito terrorista antes que ele explodisse a casa. A missão se tornou uma corrida contra o tempo.

CONTAGEM REGRESSIVA:
4 MINUTOS

Abbottabad, Paquistão

Chesney completou duas voltas ao redor da fortaleza. O perímetro estava seguro. Se aquela era a casa de bin Laden, por que não havia AEIs?

Onde estavam as bombas e os atiradores? Como era possível o local estar tão desprotegido?

Com outros SEALs garantindo a segurança no perímetro, Chesney pegou seu cão e entrou no complexo, como planejado. O trabalho de Cairo era detectar explosivos e encontrar qualquer pessoa que pudesse estar escondida. Até aquele momento, ele não havia achado nada.

Chesney e Cairo entraram cuidadosamente na casa. Estava escuro e a eletricidade não funcionava. Havia destroços por toda parte. Eles passaram pelos corpos no primeiro andar.

Chesney estava calmo. Ele ouviu tiros no andar de cima. Havia cerca de vinte SEALs na casa, e ele e Cairo precisavam vasculhar o primeiro, o segundo e o terceiro andar.

O SEAL não sabia o que Cairo poderia encontrar. Talvez um grupo de criminosos escondido no porão ou atrás das paredes. Ele não podia baixar a guarda nem sequer por um segundo.

Pelo aspecto do primeiro andar, os SEALs haviam atacado o inimigo. De forma constante e metódica, Chesney e Cairo abriram caminho pelos cômodos. Quando havia estilhaços de vidro, ele carregava o cão no colo para evitar ferimentos.

Enquanto isso, no final do corredor do primeiro andar, os SEALs desistiram da marreta e resolveram usar uma carga explosiva. Segundos depois, a barricada cedeu. Agora, eles poderiam verificar o segundo andar.

O'Neill lembrou-se de algo que Maya havia dito durante as reuniões: Khalid bin Laden, filho de 23 anos de Osama, morava no segundo andar. Se os SEALs chegassem lá, ele estaria armado e esperando para proteger o pai.

"Se vocês encontrarem Khalid, Osama estará no andar de cima" — estas foram suas palavras.

A escuridão era total na escadaria. Na verdade, a casa inteira estava escura, mas, com os óculos de visão noturna, os SEALs tinham uma vantagem. Quem estava no segundo andar podia ouvi-los chegando, mas não podia vê-los.

Os SEALs começaram a inspecionar a escada. De repente, uma figura com uma AK-47 em punho apareceu em um patamar entre o primeiro e o segundo andar. Sua cabeça surgiu rapidamente e desapareceu atrás de um corrimão.

Mau sinal. O homem poderia arremessar uma granada escada abaixo e os estilhaços derrubariam vários SEALs. Eles não sabiam quantas pessoas havia lá em cima. Mas não podiam ficar parados. Precisavam seguir em frente.

CONTAGEM REGRESSIVA:
2 MINUTOS

Chesney se aproximou das escadas. Cairo mantinha o nariz no chão, farejando bombas. O SEAL estava preocupado que o prédio explodisse. Algo estava acontecendo lá em cima. Tiros. Gritos. Eles estavam quase terminando aquele trecho...

Enquanto isso, na escadaria, O'Neill estava atrás de seis SEALs. Ele se perguntava se deveria chamá-los de volta, mas o líder da fila acabara de ter uma ideia brilhante. Antes da missão, ele havia aprendido a dizer algumas frases em árabe e urdu.

"Khalid, venha aqui", sussurrou.

Confuso ao ouvir seu nome, Khalid enfiou a cabeça por cima do corrimão e disse: "O quê?"

O líder atirou no rosto dele, que caiu pelas escadas, espalhando miolos e sangue pelo chão e pelas paredes. Os SEALs rapidamente subiram até o segundo andar, passando por cima do corpo de Khalid no caminho.

Os SEALs, então, se dispersaram, verificando os cômodos à direita e à esquerda. Nesse meio-tempo, o líder permaneceu nas escadas, apontando sua arma para uma cortina que cobria uma porta no terceiro andar. O'Neill subiu logo atrás dele.

Pouco antes de O'Neill alcançá-lo, ele disparou um tiro em algo se movendo atrás da cortina. Não sabia se havia atingido alguém. Quantas pessoas estavam lá em cima? Seriam homens-bomba? Não havia muito tempo para analisar a situação. O'Neill colocou a mão no ombro do líder. Com um toque, ele poderia dar o sinal para que parasse ou avançasse.

CONTAGEM REGRESSIVA:
1 MINUTO

O'Neill ouviu os homens se dispersando pela casa. Alguns ainda estavam no primeiro andar; outros verificavam o segundo. Ele e o líder ficaram parados, encarando a cortina no terceiro andar.

O'Neill estava farto. Talvez devesse esperar por mais alguns homens ou mandar Cairo na frente. Não havia muito tempo. Eles já estavam no complexo há muitos minutos. O homem no andar de cima poderia estar colocando um colete explosivo ou se preparando para detonar uma bomba. Ele poderia arremessar uma granada escada abaixo.

O'Neill apertou o ombro do líder, e eles subiram os degraus. Este puxou a cortina para o lado e mergulhou na escuridão, enquanto O'Neill corria para um cômodo à sua direita.

O líder se deparou com duas mulheres gritando. Não sabia o que elas estavam falando, mas não importava. Pensando que uma delas poderia estar usando um colete explosivo, ele derrubou-as no chão. Assim, se detonassem uma bomba, ele absorveria a maior parte da explosão. O líder morreria, mas O'Neill poderia sobreviver.

O'Neill avançou para a escuridão do outro cômodo. Após dar alguns passos, ele viu um homem na meia-luz, parado ao pé de uma cama. Era mais alto e magro do que o SEAL esperava. Sua barba era mais curta e seu cabelo, mais branco. Os olhos profundos, o rosto encovado... não havia como confundi-lo. Era o rosto que O'Neill já tinha visto inúmeras vezes. Osama bin Laden.

O homem se apressou e agarrou uma pequena mulher que O'Neill não tinha visto, colocando-a à sua frente como um escudo humano. A mulher gritou. O'Neill não sabia se bin Laden usava um colete explosivo ou se outros combatentes chegariam para protegê-lo.

Seria difícil disparar um tiro certeiro. O'Neill não queria matar a mulher, mas aquele era o momento da verdade. Após todos aqueles anos, o SEAL não iria embora sem bin Laden, vivo ou morto. Então, O'Neill desligou-se do caos — dos gritos, dos tiros, de tudo — conseguindo desanuviar a própria mente. Concentrou-se completamente no homem que segurava a mulher, apontou a arma por cima do ombro direito dela e apertou o gatilho. Uma, duas vezes. E, naquele momento, tudo mudou.

CONTAGEM REGRESSIVA:
GERONIMO

1º de maio de 2011
Abbottabad, Paquistão

Os tiros de O'Neill atingiram o homem acima da sobrancelha, abrindo o rosto. Sangue e pedaços de crânio se espalharam pelo chão e pelas paredes. O SEAL disparou mais uma vez na cabeça, só para garantir.

A mulher caiu em direção a O'Neill. Ele a pegou, colocando-a sentada na cama. Seu rosto estava pálido, atordoado.

Com razão. Se o homem fosse bin Laden, provavelmente ela era uma de suas esposas. Nove minutos antes, a mulher estava ali com ele, naquele cômodo, dormindo profundamente. Sem dúvida, ouviu os helicópteros, os tiros e as explosões, todos os gritos no andar de baixo e os homens subindo as escadas, chegando cada vez mais perto. O que o marido disse a ela? Então, um soldado invadiu seu quarto, o marido a segurou com força contra ele, e o clarão de tiros iluminou o ambiente. O'Neill atirou no rosto do marido, a poucos centímetros do dela. Ela o sentiu desabar no chão. Claro que estava em choque. Se Maya estivesse certa, aquela mulher se chamava Amal, a mais nova das quatro esposas de bin Laden.

Alguém estava chorando — uma criança. O'Neill avistou um menino, talvez de dois anos, no canto. Devia ser o filho mais novo de bin Laden.

O SEAL respirou fundo. O cômodo estava escuro. Talvez o menino não tivesse visto nada. Pensou na criança, um bebê, inocente dos pecados do pai. Ainda assim, ali estava ele, cercado por estranhos e mulheres gritando, com o pai estatelado no chão e a mãe na cama, impassível.

O'Neill se aproximou do canto, pegou gentilmente o menino e colocou-o na cama ao lado da mãe. Outros SEALs adentraram o cômodo. Eles viram O'Neill ali parado, sem fôlego, tentando processar o que acabara de acontecer.

"Você está bem?", perguntou um deles. Ele assentiu, depois questionou: "O que faremos agora?"

O SEAL sorriu ao olhar o corpo no chão. O morto usava uma regata branca, calças largas e uma túnica bege. Metade da cabeça tinha desaparecido, mas o SEAL não precisava de DNA para saber que se tratava de Osama bin Laden. Antes que fizessem qualquer outra coisa, eles precisavam contar ao comandante do esquadrão que haviam executado o alvo.

Jalalabad, Afeganistão

De sua pequena alcova, McRaven continuava a monitorar a missão. Van Hooser o atualizava regularmente. O almirante observava o relógio. Eles estavam no complexo há quinze minutos. Quanto mais tempo ficassem, mais provável seria que a polícia ou os militares paquistaneses aparecessem no local. Já havia civis do lado de fora.

Van Hooser disse a McRaven que o comandante do esquadrão SEAL estava no rádio com uma mensagem urgente. "OK, coloque-o na linha", afirmou o almirante.

Uma voz grave e nítida expressou as palavras que McRaven esperava ouvir: "Por Deus e pela nação, Geronimo, Geronimo, Geronimo."

"Geronimo" era o codinome que eles haviam dado a bin Laden antes da missão. A mensagem significava que os SEALs haviam encontrado o terrorista. McRaven avisou Panetta.

Momentos depois, Van Hooser confirmou que "Geronimo era um EKIA" — um inimigo morto em combate.

Ele passou a informação para Panetta. O Centro de Operações Conjuntas explodiu em aplausos. McRaven ainda não estava pronto para comemorar. Nem Van Hooser. "Fiquem quietos!", gritou. "Ainda temos que trazer nossos homens para casa."

Langley, Virgínia

Panetta respirou fundo. Todo o esforço tinha valido a pena. Osama bin Laden estava no complexo, e eles o executaram. Ainda precisavam identificar os restos mortais. Os SEALs tinham que voltar em segurança para o Afeganistão. Mas Panetta se sentia aliviado. Havia assumido muitos riscos ao insistir naquela missão. Então, levantou-se e abraçou Morell. Exceto por aquele breve momento, eram apenas negócios.

Gary, que havia passado anos perseguindo um fantasma quando todos os outros haviam desistido, sentiu-se muito orgulhoso. O Pacer era bin Laden — assim como ele, Sam, Maya e o resto da equipe haviam previsto. Mas o trabalho não estava finalizado. A missão não tinha acabado. Eles precisavam garantir que a Al-Qaeda não efetuaria um outro 11 de Setembro em retaliação à morte de bin Laden.

Contudo, Gary, sentado à mesa de conferência, não conseguia conter a felicidade. Ele tinha se redimido. Anos antes, havia sido punido por dizer a verdade sobre uma insurgência que ameaçava destruir o Iraque. Nesse ponto, Gary poderia ter desistido, pegado outros casos. Talvez até saído da CIA. Mas isso contrariaria seus princípios. Ele era persistente. Quando se dedicava a um trabalho, fazia questão de terminá-lo.

Foi a perseverança que o levou àquela fortaleza no final da rua de uma cidade turística à sombra dos Himalaias. Ele não sabia se a missão salvaria seu casamento ou acalentaria os familiares das vítimas de bin Laden. Sabia apenas que o terrorista estava morto, e que o mundo era um lugar melhor por isso.

Talvez, em algum momento, eles pudessem comemorar. Talvez tomassem as bebidas devidamente guardadas para a ocasião. No passado, quando pensavam estar prestes a capturar bin Laden, eles compravam uma garrafa de uísque, gin ou champanhe. Então, quando não dava certo, as bebidas permaneciam no escritório, aguardando a ocasião ideal. Bem, ela havia chegado. Agora, só precisavam escolher a hora certa para brindar.

Casa Branca

O presidente Obama fitava a tela de transmissão ao vivo, mas não estava prestando atenção nas imagens. Então, a ficha caiu. "Nós o pegamos", declarou.

Ninguém saiu de seus lugares. Eles ainda precisavam retirar o corpo de bin Laden da casa, proteger as mulheres e as crianças, procurar computadores e documentos da Al-Qaeda que pudessem estar armazenados no complexo. Teriam que destruir o Black Hawk caído. Com toda a nova tecnologia do helicóptero, eles não queriam deixá-lo para trás.

Ainda havia muito trabalho a ser feito.

Biden estava prestes a guardar seu anel de rosário na carteira, quando Mullen, tocando no próprio anel, disse: "Sr. Vice-presidente, tenho cinquenta homens ilegais em um país estrangeiro. Ainda preciso garantir o voo de uma hora e meia pelo espaço aéreo inimigo, confirmar a identidade do morto, levá-lo até o Golfo em um Osprey e sepultá-lo adequadamente. Por favor, coloque o anel de volta."

Biden obedeceu.

Abbottabad, Paquistão

O complexo estava seguro. As mulheres e as crianças foram colocadas em um cômodo. Ninguém mais havia sido encontrado na casa. Eles revistaram o complexo em busca de documentos, computadores, cadernos, mapas — qualquer coisa que os ajudasse a combater a Al-Qaeda no futuro. O'Neill se juntou a outros SEALs enquanto eles enchiam sacos de lixo com tudo o que achavam pelo caminho.

Nesse meio-tempo, Chesney e Cairo subiam as escadas para o terceiro andar quando foram impedidos por outro SEAL. Ele disse que estava uma "loucura" lá em cima. Não precisavam de Cairo. "Já era. Bin Laden está morto", afirmou.

Chesney sorriu. A inteligência estava certa. Ele queria subir e ver com os próprios olhos, mas sabia que não deveria atrapalhar. Precisava ajudar com as evidências ali mesmo.

Ao sair de um cômodo, avistou O'Neill no corredor. Chesney e O'Neill se conheciam havia anos, já tendo participado de várias missões juntos. Durante uma operação, O'Neill era extremamente profissional, um dos SEALs mais resilientes e disciplinados, que nunca demonstrava emoções. Ali, no entanto, ao se aproximar de Chesney, ele sorriu. "Cara, acho que acabei de matar aquele maldito", declarou.

"Sério?"

O'Neill assentiu. Ele não disse "bin Laden", mas Chesney sabia de quem estava falando. Por um momento, ambos ficaram ali parados. Ao longo dos anos, eles testemunharam os piores confrontos imagináveis, algumas das missões mais mortais no Iraque e no Afeganistão. Viram amigos morrerem em tiroteios sangrentos e se esquivaram de muitas balas. Nunca celebravam em campo. Era inadequado, antiético. Mas, naquele dia, no segundo andar do esconderijo de bin Laden, Chesney ergueu a mão direita, dando a deixa para o colega. Quando o sorridente O'Neill bateu em sua mão, Chesney gritou: "É isso aí!"

Jalalabad, Afeganistão

Não havia muito tempo. Os SEALs estavam no complexo havia vinte minutos, e tinham dez para sair antes de atingirem a zona de perigo.

Alguns deles colocaram explosivos no Black Hawk caído. Os civis estavam começando a se amontoar do lado de fora da fortaleza.

Van Hooser disse a McRaven que os homens haviam pedido mais tempo. "Eles encontraram vários computadores e eletrônicos no segundo andar", explicou.

O almirante estava dividido. Até onde sabia, a polícia ou os militares paquistaneses estavam a caminho do local. Mas a oportunidade de apreender documentos importantes da Al-Qaeda não aparecia todos os dias. McRaven decidiu dar-lhes um pouco mais de tempo. O Chinook estava a caminho.

Assim que aprovou o pedido, o almirante constatou que os paquistaneses sabiam da movimentação no complexo. Os canais de comunicação, tanto civis quanto militares, fervilhavam. Um helicóptero havia caído em Abbottabad? Seriam os norte-americanos? McRaven só podia assistir e ouvir, desejando que os SEALs saíssem logo de lá.

Abbottabad, Paquistão

O intérprete da CIA adentrou a multidão. Várias pessoas estavam reunidas fora do complexo. Calmamente, ele disse a elas que era um exercício militar paquistanês e que precisavam se afastar. Por ora, elas acreditaram e começaram a se distanciar dos muros. Os SEALs ganharam algum tempo. Mas era impossível saber quanto.

Dentro da casa principal, eles se apressavam, colocando tudo o que podiam encontrar em sacos de lixo. O'Neill pegou uma mochila debaixo de uma cama. Dentro, havia algo que parecia "bifes de costela congelados a vácuo". Mas, quando outro SEAL examinou o conteúdo, ele percebeu que não se tratava de carne, e sim de muitos quilos de ópio.

Eles continuaram revistando a casa, mas O'Neill sabia que não havia muito tempo. Precisavam partir. Então, ele subiu ao terceiro andar para ajudar a mover o corpo do terrorista. Quando ele entrou no cômodo, um SEAL que falava árabe interrogava duas das filhas de bin Laden, exigindo saber quem era o morto no chão. De início, elas mentiram. Depois, confirmaram que era o "Sheikh Osama" — seu apelido.

Os SEALs colocaram o corpo de bin Laden em um saco para cadáveres e tiraram fotos a fim de confirmar oficialmente sua identidade e seu local de morte. O'Neill fitou o rosto do terrorista. Estava horrível, todo aberto acima da sobrancelha. O SEAL se abaixou e pressionou algumas partes do crânio a fim de tentar restaurar os traços faciais para as fotos. As imagens foram enviadas ao comandante da força terrestre, que as passou para o pessoal da inteligência em Jalalabad.

Eles fecharam o zíper do saco. O'Neill e três SEALs levaram o corpo até a entrada. Jonny estava lá, esperando o helicóptero de extração. "Aqui está o seu cara", disse O'Neill.

"Você só pode estar de brincadeira", afirmou Jonny.

O'Neill disse que era verdade. Osama bin Laden estava lá dentro, coberto de plástico.

Enquanto isso, Chesney notou que a multidão estava voltando, aproximando-se por uma rua diferente. Não havia pessoas o bastante para ser um problema, mas ele sabia que aquela era uma cidade muito populosa e que, logo, elas superariam os SEALs em número. E havia outra preocupação. Em algum momento, a polícia ou os militares apareceriam.

O caos poderia se instaurar. Ter Cairo, um cão de ataque, era ótimo. Ninguém se atreveria a chegar muito perto dos SEALs — não com Cairo lá, pronto para protegê-los.

Enquanto esperava, Chesney avistou vários SEALs escoltando mulheres e crianças para fora da casa. Elas foram levadas para perto de um muro na extremidade do complexo e teriam que ficar ali até que os helicópteros pegassem os SEALs.

Ao mesmo tempo, os especialistas ajustaram o temporizador dos explosivos. O fim do Black Hawk caído estava próximo.

Chesney sabia que quatro Chinooks MH-47 haviam sido designados para a missão. Dois deles carregavam a força de reação rápida e esperavam na fronteira Afeganistão-Paquistão, prontos para decolar, se necessário. Outros dois adentraram o espaço aéreo paquistanês e pousaram em uma área remota. Sua função era reabastecer ou ajudar durante a extração. Chesney sabia que um deles estava a caminho.

Ele ouviu rotores e rapidamente reconheceu o Chalk 2, o Black Hawk em que havia chegado ao complexo. O helicóptero pousou, e os SEALs designados subiram a bordo com o corpo de bin Laden e os sacos repletos de computadores e materiais encontrados na casa principal. A aeronave decolou e dirigiu-se a oeste para o Afeganistão, enquanto os outros SEALs aguardavam sua carona em um gramado do lado de fora da fortaleza.

Então, Chesney avistou o Chinook se aproximando do complexo bem na hora em que o Black Hawk caído estava prestes a explodir. "Droga", murmurou.

O líder da equipe permaneceu calmo. Pelo rádio, ele avisou o piloto do Chinook: "Abortar. Contornar a pista." Aquilo significava que havia um problema em campo e que ele precisaria dar uma volta antes de pousar.

O piloto respondeu prontamente: "Entendido."

O Black Hawk explodiu, espalhando fumaça e destroços por todo o complexo. Se antes a polícia e os militares paquistaneses desconheciam a presença dos SEALs, com certeza agora estavam cientes.

O enorme Chinook atravessou a fumaça e pousou com segurança. Chesney, Cairo e os outros correram para embarcar no helicóptero. Quando ele decolou, Chesney pegou Cairo no colo e observou a cena abaixo. Chamas e fumaça emergiam da fortaleza.

Era difícil ouvir qualquer coisa com o barulho dos rotores. Era difícil até mesmo pensar. Mas, naquele momento, Chesney percebeu que ainda estava vivo. Eles deixaram um rastro de morte e destruição, mas alcançaram o objetivo. Osama bin Laden estava morto.

O SEAL pegou seu iPod e percorreu a lista de músicas. Parou ao encontrar uma de suas favoritas: "It's a Great Day to Be Alive", do cantor country Travis Tritt. Ele sentou no chão e, com o cão exausto deitado em seu colo, reclinou-se, fechou os olhos e cantarolou a música.

Os homens haviam matado al-Kuwaiti, seu irmão, a esposa de seu irmão, o filho de bin Laden e o próprio líder terrorista. Além de alguns hematomas, nenhum dos SEALs estava ferido. Era realmente um ótimo dia para estar vivo. Como cantava Tritt: "Por que todos os dias não podem ser tão bons assim?" O'Neill apertou os cintos e refletiu sobre a missão. Ele era o homem que havia matado Osama bin Laden. O que diria às pessoas? Poderia manter segredo a respeito disso? Apalpou os bolsos, procurando seu fumo de mascar.

Dois anos antes, ele tentou confortar Jonny, responsável pela morte do pirata que aprisionava o capitão Phillips. Na época, o amigo tinha dificuldades em lidar com os holofotes. Não queria fama. Só queria seu anonimato de volta.

Agora, Jonny poderia retribuir o favor. Ele sabia como O'Neill estava se sentindo. Quando percebeu que O'Neill havia perdido seu fumo de mascar, ele arremessou-lhe uma lata. "Pegue o meu. Agora você sabe como é ser um herói."

Casa Branca

Quando os helicópteros deixaram o complexo, Biden colocou a mão no ombro de Obama. "Parabéns, chefe", afirmou o vice-presidente.

Langley, Virgínia

Para Bash, a cena dos helicópteros se afastando do complexo em chamas parecia o fim de um filme de ação de Jerry Bruckheimer.

Mas Panetta sabia que ainda não era a hora dos créditos. Ele ainda segurava seu rosário. Estava aguardando os próximos acontecimentos, torcendo para que os helicópteros saíssem do Paquistão.

Com todos os tiros e as explosões, o diretor tinha certeza de que o Paquistão acionaria seus militares. A única questão era quando e se conseguiriam alcançar os helicópteros dos EUA antes de eles cruzarem a fronteira para o Afeganistão.

Jalalabad, Afeganistão

McRaven concordou com Panetta. "Ainda temos um longo caminho a percorrer. Vou mantê-lo a par da situação", disse o almirante.

Um escritório da inteligência notificou Van Hooser: os paquistaneses estavam prestes a mobilizar seus caças Viper F-16. Os pilotos procurariam pelos helicópteros norte-americanos. Os analistas de McRaven não achavam que o radar paquistanês fosse capaz de encontrar os helicópteros dos EUA e enviar os F-16 em sua direção, mas tudo era possível.

Obama havia instruído McRaven a "não medir esforços para sair". O almirante tinha seu pacote de guerrilha, que incluía os aviões de combate, os AC-130, as aeronaves de interferência eletrônica e os helicópteros de ataque esperando no lado afegão da fronteira. Se um caça chegasse perto, eles fariam o possível para proteger as tripulações norte-americanas, mesmo que isso causasse um incidente internacional.

Trinta minutos depois que deixaram o complexo, os helicópteros se aproximaram de uma área remota do Paquistão para reabastecimento. McRaven estava preocupado. Com os aviões paquistaneses em movimento, os helicópteros precisavam decolar e atravessar a fronteira quanto antes. Assim que pousaram no local, o almirante vociferou: "Ainda não terminaram?"

Thompson percebeu a impaciência de McRaven. "Senhor, estamos quase no fim. Tudo em ordem."

"Talvez", afirmou o almirante.

Finalmente, após dezenove minutos agonizantes, os helicópteros foram reabastecidos. Eles decolaram, retomando sua jornada.

Quase uma hora depois, McRaven saiu de sua alcova. Os helicópteros adentraram o espaço aéreo afegão e estavam se aproximando de Jalalabad. O almirante fazia questão de receber seus homens.

Casa Branca

Com os helicópteros fora de perigo, as pessoas na Ala Oeste da Casa Branca deram um suspiro coletivo. Obama se levantou e Denis McDonough o cumprimentou. Mas os humores seguiam contidos.

Jalalabad, Afeganistão

McRaven tinha mais uma pendência a resolver. Ele precisava ver o corpo para confirmar a identidade de bin Laden e, depois, informar o presidente e Panetta.

O almirante e o chefe de divisão da CIA entraram em uma pequena caminhonete Toyota e dirigiram até o hangar. Eram 3h30, mas McRaven se sentia renovado. Não estava nem um pouco cansado.

Ele deu as boas-vindas aos homens, que se abraçavam e comemoravam. Apenas algumas semanas antes, eles haviam sido convocados para uma missão suicida, mas agora eram os responsáveis pela operação especial mais bem-sucedida dos EUA desde a Segunda Guerra Mundial. Eram heróis. Tinham todo o direito de festejar.

Dentro do hangar, O'Neill e seu parceiro de equipe aguardavam enquanto o cadáver era retirado do helicóptero. Eles avistaram Maya. "Você tem que presenteá-la com algo da missão", disse o parceiro.

O'Neill assentiu. Ao alcançarem Maya, ele tirou o carregador de sua arma e entregou-o a ela. "Ei, você tem espaço para isso?"

Quando partiu para a missão, havia trinta balas em seu carregador e, agora, 27. Maya sorriu. "Acho que consigo encontrar um lugar na minha mochila", respondeu ela.

Os três caminharam até o saco para cadáveres no chão do hangar. O zíper já estava aberto, esperando por McRaven. Maya observou o rosto de bin Laden por alguns segundos, sem demonstrar qualquer emoção. "Bem, acho que estou desempregada", declarou. Então, deu meia-volta e se retirou.

Quando se aproximou do corpo, McRaven se ajoelhou e examinou o rosto. Mesmo com as deformações, ele e o oficial da CIA acharam que parecia bin Laden. O almirante precisava ter certeza antes de se reportar a Obama. Ele tirou o corpo do saco para cadáver. As pernas haviam sido dobradas em posição fetal. McRaven as endireitou, deixando o corpo em seu comprimento total.

Ele sabia que bin Laden tinha cerca de 1,93m. Ninguém conseguiu achar uma fita métrica. Então, McRaven olhou ao redor do hangar até avistar um SEAL mais alto.

"Qual é a sua altura?", perguntou o almirante.

"1,88m."

"Ótimo. Deite-se ao lado do corpo."

Confuso, o SEAL fitou McRaven, que repetiu a ordem.

Então, o homem respirou fundo e deitou-se ao lado do cadáver. O almirante percebeu que o SEAL era uns cinco centímetros menor do que o corpo. Tinha que ser bin Laden. McRaven saiu do hangar. Era hora de telefonar para o presidente.

Casa Branca

Obama olhou para McRaven na tela de videoconferência. O almirante disse que havia examinado o corpo. Eles ainda não tinham os resultados dos testes de DNA ou do software de reconhecimento facial da CIA, mas, na opinião dele, era bin Laden.

O almirante explicou a Obama que colocou um SEAL de 1,88m ao lado do corpo para comparar sua altura com a de bin Laden.

"OK, Bill, deixe-me ver se entendi. Temos US$60 milhões para um helicóptero e você não tem US$10 para uma fita métrica?", brincou o presidente.

Eles riram, em um momento raro de descontração.

Obama reconheceu que McRaven ainda tinha coisas a fazer, mas ele queria que o almirante transmitisse uma mensagem aos seus homens. "Esta foi uma noite histórica e toda a nação terá orgulho deles."

McRaven era impassível. Ele prosperava sob tensão, e tinha a admiração de seus homens. Naquela noite, entretanto, as palavras do presidente o comoveram. Ele segurou as lágrimas. "Obrigado, senhor. Transmitirei a mensagem."

Logo, Obama e sua equipe de Segurança Nacional estavam passando fotografias do cadáver de bin Laden ao redor da mesa de conferência. O presidente sabia que era o terrorista.

Ainda assim, eles só teriam certeza absoluta quando os testes de DNA chegassem. Durante a missão, um SEAL usou uma agulha longa para extrair amostras da coxa do cadáver. Essa amostra seria analisada nos testes. Não só isso, eles cortaram os dedos mindinhos do homem para o mesmo propósito. Na verdade, Maya carregaria um deles de volta com ela para Washington, em uma pequena caixa. Mas eles só receberiam os resultados dos testes de DNA em um dia ou dois.

Langley, Virgínia

Após o telefonema de McRaven, Panetta encerrou a videoconferência com o Afeganistão. Ele, Morell, Bash, Gary e Sam entraram em um Chevrolet Suburban blindado e foram para a Casa Branca.

Eram 18h30. O sol estava se pondo sobre Washington. A capital da nação estava silenciosa.

Ao chegarem à Casa Branca, eles foram para a Sala de Crise, onde uma reunião do Conselho de Segurança Nacional já estava em andamento. Os presentes observaram enquanto eles entravam.

"Excelente trabalho", declarou Obama. "Toda a equipe da CIA merece os agradecimentos da nação."

Foi um momento comovente. Panetta sabia que os agentes nem sempre eram reconhecidos por seus esforços. Mas lá estava o presidente, demonstrando gratidão.

Agora, Obama precisava decidir o próximo passo. Eles deveriam anunciar o ataque? A morte de Osama bin Laden? O presidente queria esperar a análise de DNA, mas Panetta argumentou que demoraria muito. "A notícia vai se espalhar", disse o diretor. Eles haviam transformado o complexo em uma zona de guerra. Um Black Hawk tinha acabado de explodir no pátio da casa de bin Laden.

Presidente Barack Obama e conselheiros na Sala de Crise.

Obama assentiu. Então, ele brincou, declarando que só acataria o argumento de Panetta porque, naquele momento, a reputação do diretor estava em alta. "Hoje, estou propenso a concordar com tudo que você disser."

Mas o presidente afirmou que eles precisavam agir da maneira certa. Isso incluía informar o Paquistão a respeito de bin Laden antes de o fato ser noticiado. Panetta sabia que aquela era uma atitude típica de Obama. Ele analisava tudo minuciosamente antes de tomar uma decisão.

A reunião estava prestes a ser encerrada quando Morell entrou na sala, carregando o relatório de reconhecimento facial. A análise considerou detalhes como a curvatura das orelhas, o espaço entre os olhos e o formato dos lóbulos auriculares. Os resultados confirmavam a identidade de bin Laden.

"Nós o pegamos", disse Obama. Agora não havia dúvidas. O presidente decidiu que contaria à nação mais tarde, naquela mesma noite de domingo. Quantas pessoas assistiriam? Que importava? Eles precisavam divulgar a notícia.

"Precisamos de um rascunho do discurso dentro de uma hora", afirmou Obama.

A Ala Oeste estava a todo vapor. Antes de fazer qualquer outra coisa, eles teriam que notificar a morte de bin Laden aos principais líderes norte-americanos e internacionais. Obama precisaria trabalhar em seu discurso. O redator Ben Rhodes o ajudaria a escolher as palavras certas.

Os oficiais dos EUA teriam que abordar cada líder paquistanês de uma forma um pouco diferente. Mullen contatou o general Ashfaq Parvez Kayani, seu homólogo no Paquistão. Os dois tinham um bom relacionamento, mas ele não sabia como Kayani reagiria a um ataque dos EUA em solo paquistanês — sem seu conhecimento ou permissão. Ao conversar com Kayani, Mullen se desculpou por ligar tão cedo, mas disse que queria informá-lo de que eles haviam capturado bin Laden.

"Que bom que vocês o prenderam", disse Kayani.

"Ele está morto", declarou Mullen.

Silêncio.

Osama bin Laden, morto? O general ficou surpreso, bem como com as notícias de que o terrorista estava vivendo em Abbottabad. Então, Kayani fez um pedido. Ele perguntou se, ao anunciarem a morte de bin Laden, os EUA poderiam dar a entender que o Paquistão havia participado da ação militar. Era uma forma de preservar a reputação do país. Mullen disse que Obama planejava contar ao povo norte-americano dentro de algumas horas.

Obama telefonou para Zardari, o presidente paquistanês, e Karzai, o presidente afegão. Surpreendentemente, Zardari foi compreensivo. Ele lembrou que sua esposa, Benazir Bhutto, havia sido morta por extremistas vinculados à Al-Qaeda.

Panetta telefonou para o general Ahmad Shuja Pasha, chefe da agência de inteligência do Paquistão. Pasha disse que já tinha ouvido falar sobre o ataque. A notícia se espalhou rapidamente pelo país.

Panetta foi franco, dizendo que os EUA tomaram uma decisão deliberada de excluir Pasha e sua agência da operação. Dessa forma, seu homólogo estaria protegido de qualquer retaliação do povo paquistanês, que poderia pensar que a ISI havia cooperado com os EUA. O ataque só exacerbaria as relações cada vez mais instáveis entre os dois países. Ainda assim, com todos os problemas potenciais, Pasha disse que estava satisfeito com o fato de que os EUA haviam pegado bin Laden.

Pasha desligou, e Panetta fez mais uma ligação. Quando a esposa, Sylvia, atendeu o telefone, ele compartilhou todos os detalhes. Ela ficou impressionada. O diretor não tinha muito tempo, mas eles conversaram sobre todo o empenho dele para chegar até aquele ponto.

Então, Panetta fez um pedido. Ele queria que a esposa ligasse para Ted Balestreri, o dono do The Sardine Factory, e lhe dissesse para assistir ao noticiário mais tarde. Panetta sorriu. Balestreri ainda não sabia, mas havia perdido a aposta que eles fizeram na véspera de Ano-novo. O amigo teria que abrir aquela garrafa de vinho caríssima.

Obama tinha uma última coisa a fazer antes de subir e preparar seu discurso — telefonar para os ex-presidentes George W. Bush e Bill Clinton. Ele fez questão de dizer a Bush que a missão era o culminar de todo o trabalho árduo do ex-presidente para encontrar bin Laden e destruir a Al-Qaeda.

Ao ligar para Bill Clinton, Obama afirmou: "Imagino que Hillary já tenha te contado." Mas ele disse que não sabia de nada. Quando Obama pediu sigilo, ela realmente obedeceu. Por todas aquelas semanas, Hillary não havia contado o segredo para ninguém — nem mesmo ao marido.

Com os telefonemas finalizados, Obama voltou ao Salão Oval e sentou-se com Rhodes. Eles trabalharam no discurso. Já estava ficando tarde, então precisariam terminar logo.

Casa Branca

A equipe de Segurança Nacional se preparava para o discurso do presidente à nação. Mas alguns também queriam avisar seus entes queridos.

McDonough ligou para a esposa e pediu que ela assistisse às notícias mais tarde. "Por volta das 22h45", disse ele.

A esposa teve um longo dia e estava pronta para dormir, mas resolveu esperar; no entanto, às 22h45, nada aconteceu. Como ninguém interrompeu a programação para um pronunciamento oficial, ela foi para a cama.

Morell não sabia se sua esposa atenderia o telefone. Ela ainda estava furiosa por ele ter perdido a apresentação da filha. Às 20h, ela ainda não havia recebido notícias dele.

Ao telefonar, Morell disse que o presidente se dirigiria à nação em breve e que ela entenderia por que ele estava trabalhando por tantas horas e perdendo tantos eventos familiares importantes.

Mary Beth ficou preocupada. "Aconteceu alguma coisa terrível?"

"Não, as notícias são boas", garantiu Morell.

Ela fez uma pausa, depois deixou escapar: "Você o pegou?" Mary Beth sabia que o marido trabalhava há tanto tempo em casos da Al-Qaeda que talvez aquilo tivesse algo a ver com bin Laden.

Presidente Barack Obama com o redator
Ben Rhodes e Bill Daley, chefe de Gabinete da Casa Branca.

Morell não podia contar a ela. Nem mesmo agora. Ele apenas sorriu e disse: “Preciso ir. Te amo.”

Enquanto isso, na Ala Oeste, Obama, Brennan, Rhodes e outros revisavam cada linha do discurso. O presidente queria um tom otimista e inspirador. Osama bin Laden estava morto. Claro, a Al-Qaeda ainda era uma ameaça. Mas a situação se mostrava favorável. O grupo terrorista estava em desvantagem.

Algum lugar no Mar Arábico

O capitão do USS *Carl Vinson,* um porta-aviões de propulsão nuclear, estava pronto. Um Boeing V-22 Osprey entregou o cadáver de bin Laden ao navio. Agora, o corpo estava prestes a submergir em sua morada final, no Mar Arábico.

Ninguém saberia a localização exata do túmulo aquático. No islã, o sepultamento ocorre o mais rápido possível após a morte. Os oficiais dos EUA seguiram a tradição muçulmana, lavando o corpo de bin Laden antes de embrulhá-lo em um pano branco. Depois, o colocaram em um saco com pesos para afundá-lo. O corpo aguardava no convés enquanto um marinheiro muçulmano pronunciava as orações árabes prescritas.

Apenas um pequeno grupo da liderança do navio foi informado do sepultamento. A maioria dos marinheiros não fazia ideia do que estava acontecendo. E apenas alguns testemunharam o funeral, incluindo um fotógrafo da Marinha.

Ao terminar as orações, o marinheiro recuou. Menos de um dia após a morte, o corpo de bin Laden foi colocado em uma tábua plana, com os pés voltados para a água. Os homens inclinaram a tábua, e o corpo deslizou por 8m até atingir o mar, desaparecendo sob a superfície.

Casa Branca

Obama calmamente se aproximou do púlpito no Salão Leste. Luzes de estúdio iluminavam o ambiente. Eram 23h35 — muito além do horário nobre para se dirigir à nação. Mas ele queria que os norte-americanos soubessem o que havia acontecido naquele dia, em uma cidade do outro lado do mundo.

As notícias já estavam vazando, então Obama queria ter certeza de que todos ouvissem a versão oficial, sem rumores — apenas fatos sobre uma ousada operação que levou o terrorista mais famoso do mundo à justiça. E ele também queria lembrar aos norte-americanos por que a missão havia sido conduzida.

As roupas do presidente — terno azul-escuro, camisa branca impecável e gravata de seda vermelha — refletiam a natureza solene e dramática do discurso. Apenas alguns oficiais estavam lá: Biden, Clinton, Panetta, Donilon, Mullen, Morell, Bash e James Clapper, diretor de Inteligência Nacional.

Obama respirou fundo e olhou para frente. Ele anunciou que agentes das Forças Armadas dos EUA e da CIA haviam conduzido uma operação na qual executaram Osama bin Laden, o líder da Al-Qaeda, "um terrorista responsável pelo assassinato de milhares de homens, mulheres e crianças inocentes".

"Há quase dez anos, um dia claro de setembro foi obscurecido pelo pior ataque já realizado contra o povo norte-americano. As imagens do 11 de Setembro estão gravadas em nossa memória nacional — os aviões sequestrados atravessando o céu limpo; as Torres Gêmeas desmoronando; a fumaça escura emergindo do Pentágono; os destroços do voo 93 em Shanksville, Pensilvânia, onde as ações de cidadãos heroicos nos pouparam de ainda mais desgosto e destruição."

"No entanto, sabemos que as piores imagens são aquelas que não foram vistas pelo mundo. O lugar vazio na mesa de jantar. As crianças obrigadas a crescer sem a mãe ou o pai. Os pais que nunca mais sentirão o abraço de seus filhos. Quase 3 mil cidadãos foram tirados de nós, deixando um vão em nossos corações."

Ele lembrou como a nação se uniu após a tragédia.

"Oferecemos ao próximo nossa ajuda e oferecemos aos feridos nosso sangue. Reafirmamos nossos laços uns com os outros, bem como nosso amor pela comunidade e pela nação. Naquele dia, independentemente da origem, da religião ou da etnia, estávamos unidos como uma família norte-americana."

E era só o começo. Obama afirmou que o país também estava unido pela determinação de levar à justiça os responsáveis por aquele ato perverso. Ele lembrou a todos que bin Laden e a Al-Qaeda haviam declarado guerra aos EUA.

E assim, na última década, os EUA entraram em guerra com a Al-Qaeda para "proteger nossos cidadãos, nossos amigos e nossos aliados". O presidente disse que o país havia "enfraquecido a rede terrorista e fortalecido sua segurança interna".

"No entanto, Osama bin Laden conseguiu escapar através da fronteira Afeganistão-Paquistão. Nesse meio-tempo, a Al-Qaeda continuou a operar ao longo dessa fronteira e por meio de suas ramificações em todo o mundo."

O presidente disse à nação que, logo após assumir o cargo, havia solicitado a Panetta que a maior prioridade na guerra dos EUA contra a Al-Qaeda fosse a execução ou a captura de bin Laden.

Conselheiros da Casa Branca assistindo ao
discurso do presidente Barack Obama à nação, em 1º de maio de 2011.

Obama revelou que, em agosto de 2010, após anos de trabalho árduo, ele foi informado sobre uma pista que poderia levar a bin Laden.

"Estava longe de ser uma certeza, e demorou muitos meses até que chegássemos a uma conclusão. Encontrei-me repetidamente com minha equipe de Segurança Nacional enquanto buscávamos mais informações sobre a possibilidade de bin Laden estar escondido em um complexo no interior do Paquistão. E, finalmente, na semana passada, decidi que tínhamos informações suficientes para agir e autorizei uma operação para levar Osama bin Laden à justiça."

Em seguida, o presidente declarou que os EUA haviam efetuado uma operação no complexo em Abbottabad.

"Uma pequena equipe de norte-americanos conduziu a operação com extraordinária coragem e capacidade. Nenhum deles ficou ferido. Eles tiveram o cuidado de evitar baixas civis. Após um tiroteio, eles executaram Osama bin Laden e assumiram a custódia de seu corpo."

Prestes a encerrar o discurso, Obama fez questão de esclarecer que a Guerra ao Terror não havia terminado.

"Não há dúvidas de que a Al-Qaeda continuará a promover ataques contra os EUA. Devemos — e iremos — permanecer vigilantes dentro e fora de nosso país", disse. O presidente lembrou aos norte-americanos que os EUA "não escolheram esta batalha. Ela chegou ao nosso território com o massacre sem sentido dos nossos cidadãos. Após quase dez anos de serviços, confrontos e sacrifícios, conhecemos bem os custos da guerra. Esses esforços pesam sobre mim toda vez que, como comandante-chefe, preciso assinar uma carta para uma família que perdeu um ente querido ou olhar nos olhos de um militar gravemente ferido".

"Os norte-americanos conhecem os custos da guerra. No entanto, enquanto nação, jamais permitiremos que a nossa segurança seja ameaçada, e não ficaremos de braços cruzados enquanto o nosso povo é assassinado. Seremos implacáveis na defesa de nossos cidadãos, amigos e aliados. Seremos fiéis aos valores que nos tornam quem somos. E, em noites como esta, podemos dizer às famílias afetadas pelo terror da Al-Qaeda: a justiça foi feita."

As luzes se apagaram, o discurso acabou. O presidente caminhou em direção ao seu grupo de conselheiros. Ao se aproximar, viu que Biden segurava seu rosário. Assim como Mullen e Panetta. Obama sorriu, depois enfiou a mão no bolso e tirou um crucifixo. Todos haviam rezado por um bom resultado. Todos haviam recorrido à intervenção divina para o sucesso da missão e o retorno seguro dos SEALs.

Panetta notou o cansaço do presidente. Mas também percebeu a alegria em seu rosto. Era um semblante de grande satisfação.

Era meia-noite, e Panetta queria ir para casa. Ele esperou por Morell, que estava participando de um "informe à imprensa", no qual altos funcionários respondiam a perguntas sobre questões delicadas. Os repórteres não podiam citar aquelas fontes pelo nome, mas apenas como "altos funcionários da administração". Em meio a informações tão valiosas, contudo, ninguém estava muito preocupado com isso. Morell detalhou as informações que levaram ao complexo. Depois de concluir sua fala, Michael Vickers e um oficial do Departamento de Estado assumiram para responder a perguntas sobre a operação militar.

A coletiva de imprensa terminou por volta de 1h. Enquanto Morell e Panetta estavam saindo, eles ouviram um barulho estranho vindo de fora. Vozes. Quando chegaram ao frescor da noite, uma multidão entoava em alto e bom som: "EUA! EUA! EUA!"

Milhares de pessoas haviam se reunido para comemorar do outro lado da rua, no Lafayette Park. Elas estavam lá há algum tempo. Cada um dos oficiais escutou as vozes enquanto se dirigia para casa.

Mullen ficou sozinho no Jardim das Rosas da Casa Branca, contemplando as estrelas. Com o canto patriótico ecoando pela noite e aquele céu pacífico, ele finalmente começou a relaxar.

Clinton também ficou impressionada com a resposta da população. A maioria eram jovens, estudantes de universidades próximas. Eles gritavam e balançavam bandeiras norte-americanas. Como senadora por Nova York, ela visitou o Marco Zero no dia seguinte aos ataques terroristas. Conversou com as famílias das vítimas e trabalhou arduamente em Washington para conceder a elas o apoio financeiro necessário. Clinton estava exausta, tanto emocional quanto fisicamente. Foram meses duros. Mas, pelo menos por um momento, ela se sentiu revigorada com aquela manifestação de afeto.

Era o momento de maior orgulho da carreira de Panetta. Ele ficou parado ali, ouvindo o canto síncrono. Sabia que aquela era uma rara expressão pública de satisfação.

Morell mal podia acreditar. Há uma década, ele ouviu aquele mesmo canto. Nos dias seguintes ao 11 de Setembro, uma onda patriótica varreu a nação. Ele recordou a visita do presidente Bush ao Marco Zero alguns dias após os ataques terroristas.

As Torres Gêmeas do World Trade Center ainda estavam em chamas. Repentinamente, Bush subiu em cima de alguns escombros, colocou o braço em volta de um bombeiro e pegou um megafone. Alguém na multidão disse que não conseguia ouvir o presidente. Então, Bush respondeu com palavras que inspiraram a nação: "Eu consigo ouvir vocês! O resto do mundo consegue ouvir vocês! E os responsáveis pela queda desses edifícios ouvirão todos nós em breve!" A multidão reagiu com um canto alto e prolongado: "EUA! EUA! EUA!"

Agora, do lado de fora da Casa Branca, Morell ouvia o mesmo canto. Ele abraçou Panetta. Era uma forma de agradecer o diretor por sua confiança, diligência e disposição implacável para capturar bin Laden. Panetta sorriu, e Morell o soltou. "Vamos lá", disse o diretor da CIA. Eles caminharam até seus carros enquanto a multidão entoava: "EUA! EUA! EUA!"

CONTAGEM REGRESSIVA:

CONSEQUÊNCIAS

Cidade de Nova York

O pronunciamento de Obama desencadeou ondas de patriotismo pelos EUA. As ruas irromperam em celebrações espontâneas. Aplausos e gritos de alegria vindos do Lafayette Park podiam ser ouvidos de dentro da Casa Branca.

Os nova-iorquinos comemoravam, buzinando e agitando bandeiras. Milhares dirigiram-se ao Marco Zero, em Manhattan, local do World Trade Center, para celebrar a alegria, o alívio e o desfecho que vieram com a morte do terrorista responsável por sua destruição.

Michael Bloomberg, então prefeito de Nova York, fez um discurso que reiterou o compromisso dos EUA de levar à justiça aqueles que planejaram e conduziram os ataques de 11 de setembro. Quase 3 mil pessoas morreram naquele dia, mas, no final, "Osama bin Laden descobriu que os EUA cumprem sua palavra", afirmou ele.

A celebração no Marco Zero ocorreu à sombra de um novo arranha-céu em construção, a Freedom Tower. Ela foi projetada para se destacar na paisagem da cidade de Nova York. Como Bloomberg disse, Osama bin Laden estava morto, e o local do World Trade Center renascia das cinzas.

Para várias pessoas, era um momento histórico há muito esperado. Para outras, era como uma dor resignada.

Jessica Ferenczy estava animada com as notícias. "Finalmente pegaram esse maldito!", pensou. Quantas vezes já tinha imaginado aquele momento de vingança? A justiça havia sido feita, mas Jerome Dominguez, o amor de sua vida, nunca mais voltaria.

Jessica conferiu o relógio. Já era tarde. Ela teria que acordar cedo para trabalhar. Mas, antes de se deitar, entrou no "Legacy" e escreveu uma breve mensagem.

Eu te amo, querido. Apesar de ter esperado tanto por este dia, não me sinto melhor. Sinto tanto a sua falta. Mas nada irá te trazer de volta. Eu te amo como sempre amei, e como já te amava antes de nos conhecermos.

Jessie

Em outros lugares, líderes nacionais e internacionais expressaram seu apoio ao ataque. Nas Nações Unidas, o secretário-geral Ban Ki-moon disse que a morte de bin Laden era um divisor de águas na luta global contra o terrorismo. "Este é um dia memorável para as vítimas e suas famílias não só nos EUA, mas em todo o mundo", declarou.

Benjamin Netanyahu, primeiro-ministro israelense, afirmou que o resultado da incursão era "uma vitória espetacular para a justiça, para a liberdade e para os valores compartilhados por todos os países democráticos que lutam juntos contra o terrorismo".

A reação no mundo muçulmano foi mais moderada. "Espero que a morte de Osama bin Laden traga o fim do terrorismo", declarou Hamid Karzai, presidente afegão. Alguns outros foram menos otimistas.

Bagram, Afeganistão

Robert O'Neill se sentia cansado. Estava operando em um ritmo frenético há tempo demais. Agora, esperando no aeródromo de Bagram, ele tentava relaxar. Em poucos minutos, ele e seus colegas do SEAL Team 6 embarcariam em um C-17 vazio. O avião geralmente parava na Alemanha para reabastecer, mas, dessa vez, seria um voo direto para casa.

Após o debriefing em Jalalabad, os SEALs foram levados para Bagram, onde finalmente tomaram café da manhã em um hangar gélido. O'Neill escolheu um sanduíche de ovo e queijo e colocou um pouco de molho picante. Ele caminhou até uma grande televisão na parte de trás do hangar e mastigou enquanto observava o presidente dizer à nação o que o SEAL Team 6 havia acabado de fazer.

Então, a ficha caiu. Todos em casa sabiam. Obama afirmou que nenhum SEAL foi morto ou ferido, mas O'Neill queria ligar para o pai e avisar que estava bem.

Porém não podia. Ele não tinha acesso a um telefone. O "sigilo da missão" ainda precisava ser respeitado. O'Neill respirou fundo. "Normal", disse a si mesmo. Só precisava de um tempo para processar tudo.

Perto dali, Will Chesney passava pelo mesmo turbilhão emocional. Era estranho estar sentado em um hangar, com Cairo, tomando café da manhã e assistindo ao presidente na televisão apenas algumas horas após o ataque. Todas aquelas semanas de estresse haviam acabado. Chesney queria ir para casa. Em poucos minutos, estaria a caminho. Ele sabia que a morte de bin Laden era uma grande notícia. Mas desconhecia a dimensão do fato — não fazia ideia de que, agora, o mundo todo sabia quem era o SEAL Team 6.

O C-17 estava pronto. O'Neill, Chesney, Cairo e os outros novos heróis pegaram seus equipamentos e começaram a embarcar no avião. Os homens desejavam descansar durante o longo voo. Seria necessário.

Washington, D.C.

Obama esperava que a morte de bin Laden definisse a luta liderada pelos norte-americanos contra o terrorismo, transformando-se em um símbolo da busca implacável pelos criminosos que atacaram Nova York e Washington em 11 de setembro.

Ninguém sabia se os seguidores de bin Laden o transformariam em um mártir. Ninguém sabia se haveria uma reviravolta na guerra no Afeganistão. O impacto exato permaneceria incerto.

Durante anos, a inteligência norte-americana disse que bin Laden era um símbolo importante, mas que ele não tinha qualquer relevância operacional. Estava em fuga, impedido de assumir uma liderança significativa. No entanto, em todo o mundo, seu rosto ainda era a epítome do terrorismo, e mesmo aqueles que menosprezaram sua influência nos últimos anos celebraram sua morte.

Dado o status de bin Laden entre os islamistas radicais, o governo norte-americano preparou-se para uma possível retaliação. As bases militares nos EUA e em todo o mundo adentraram um estado de prontidão. O Departamento de Estado emitiu um alerta internacional, pedindo que norte-americanos em áreas voláteis "permanecessem mais tempo em casa e hotéis e evitassem reuniões e manifestações em massa".

Mas algo estranho aconteceu nos dias e semanas que se seguiram. Apesar das ameaças e insolências, não houve ataques terroristas. Era como se a Al-Qaeda e seus apoiadores estivessem em estado de choque. O líder deles havia morrido. O que fariam?

Quando os ânimos arrefeceram, o presidente Obama notou algo positivo. O clima do país havia mudado. Parecia existir mais otimismo nos EUA. A morte de bin Laden "propiciou uma espécie de catarse". Os norte-americanos tinham vivenciado uma década de guerras. Eles acreditavam que "o extremismo violento duraria para sempre". Mas, agora, haviam recuperado a esperança.

O homem responsável por duas décadas de terror e assassinato estava morto, sepultado no mar. Talvez o mundo tomasse um rumo diferente. Talvez a paz fosse possível. Talvez dias melhores estivessem por vir.

Jalalabad, Afeganistão

O almirante McRaven recebeu inúmeras condecorações. Ao longo de sua carreira, ele supervisionou milhares de missões, mas nenhuma teve o impacto e o reconhecimento daquela.

Da noite para o dia, ele se tornou uma figura pública, o rosto dos SEALs. Muitos aspectos haviam favorecido a missão. Mesmo perante as adversidades, McRaven manteve a calma e o controle. Todos na Sala de Crise, em Langley e em Jalalabad testemunharam sua compostura inabalável sob condições excruciantes. Eles viram como seus homens reagiram.

Obama descreveu o almirante como "notavelmente calmo sob pressão". Se o presidente tivesse que escolher alguém para "representar as qualidades dos militares, seria Bill McRaven".

O almirante não gostava de estar sob os holofotes. Ele retornou ao seu escritório, onde analisou os relatórios da operação para descobrir os detalhes de todas as falhas.

Por que o Black Hawk caiu enquanto pairava sobre o complexo? Os engenheiros disseram que o helicóptero ficou preso em um vórtice de ar causado pelas temperaturas mais altas do que o esperado e pelos grandes muros do complexo, que bloquearam o downwash das pás do rotor. Durante os ensaios gerais, eles usaram cercas de arame, e não paredes de alvenaria. O ar conseguia fluir através das cercas.

McRaven também descobriu outro problema. No dia da missão, os meteorologistas disseram que a temperatura seria de 18°C. Perfeito para a operação. Mas eles se equivocaram. A temperatura estava entre 20°C e 23°C. Voar nessas condições foi um erro. Se soubesse a temperatura real, o almirante teria adiado a missão.

Mas, nos dias e semanas seguintes, McRaven sentiu um imenso orgulho. Ele sabia que o ataque havia sido em prol de todos os mortos no 11 de Setembro, dos homens e mulheres que deram suas vidas no Iraque e no Afeganistão e de todos aqueles que foram feridos nesses conflitos. No final, a missão foi efetuada para "todas as pessoas ao redor do mundo que sofreram com a crueldade daquele terrorista".

O presidente reconhecia o papel crítico que McRaven havia desempenhado na missão e queria agradecê-lo.

Alguns dias após o ataque, quando estava em Washington, o almirante recebeu uma ligação dizendo que Obama queria vê-lo. Quando ele chegou ao Salão Oval, o presidente apertou sua mão e lhe ofereceu "sinceros agradecimentos por sua extraordinária liderança".

Obama disse a McRaven que queria presenteá-lo. Ele abriu a gaveta da mesa e tirou uma bela placa de madeira com uma fita métrica acoplada no centro. McRaven sorriu e lembrou-se da piada que o presidente havia feito ao saber que o almirante usou um SEAL para medir o cadáver de bin Laden.

McRaven entregou a placa ao quartel-general do Comando Conjunto de Operações Especiais em Fort Bragg, na Carolina do Norte, para que ela fosse exibida em uma vitrine. Algumas semanas depois, um homem apareceu na sua casa, em Fort Bragg. Ele disse ao almirante que o presidente havia descoberto que ele tinha se desfeito da placa.

McRaven explicou que não havia se desfeito, mas doado.

O homem sorriu e entregou outra placa a McRaven. "O presidente queria se certificar de que você tivesse uma para repassar a seus filhos."

O almirante ficou comovido com a gentileza de Obama. "Diga a ele que foi uma atitude muito generosa", pediu.

Abbottabad, Paquistão

O Dr. Afridi estava fugindo. Ele tinha que sair do Paquistão. Rápido. O médico leu os jornais. Assistiu aos noticiários. Ouviu o rádio. Os norte-americanos invadiram aquela casa em Abbottabad — a mesma na qual ele tentou entrar. Encontraram Osama bin Laden. O líder terrorista estava morto. Afridi temia ser o próximo.

Quando conversou com a CIA, ele não sabia que bin Laden era o alvo. Não tinha ideia de quem estava dentro do complexo. Osama bin Laden? Afridi nem sequer considerou essa hipótese. Seu coração estava disparado. O médico sabia que, se a notória Inteligência Inter-serviços do Paquistão descobrisse sua colaboração com a CIA, ele estaria em apuros.

Segundo os noticiários, as autoridades paquistanesas estavam investigando toda a cidade. Era só questão de tempo até descobrirem que Afridi tentou entrar naquela fortaleza no final da rua sem saída. Boatos correm rápido demais.

Afridi se apressou para chegar em casa e disse à esposa que precisavam fazer as malas. Não havia tempo a perder. Eles sairiam de Abbottabad. Ela não fez muitas perguntas. Mas sabia que pareceria suspeito. A esposa era diretora de uma escola estadual. O casal tinha três filhos. Eles iriam embora sem qualquer explicação? Mas o semblante aterrorizado do marido dizia tudo.

O médico não tinha um plano. Era difícil raciocinar. Ele só sabia que precisava achar um jeito de atravessar a fronteira para o Afeganistão. Se conseguisse chegar lá, tentaria contatar seus supervisores da CIA. Eles o ajudariam a ir para os EUA. Teriam que ajudar.

Mas não havia tempo para pensar nisso agora. Era preciso arrumar as malas.

Langley, Virgínia

Leon Panetta sorriu. No dia seguinte ao ataque, ele convocou uma reunião da CIA no auditório. Subiu ao palco em meio a gritos, comemorações e aplausos. Em seu estilo típico, ele encarou a plateia e brincou, fingindo seriedade: "Por que vocês estão tão animados?" Todos riram, e o diretor abriu um largo sorriso.

Panetta sabia que não ficaria na CIA por muito tempo. Ele tinha acabado de ser nomeado secretário de Defesa. Naquela manhã, diante dos homens e mulheres da maior agência de inteligência do mundo, a ambição pessoal não importava. O diretor só queria que todos soubessem que a conquista também era deles. Aquela havia sido uma das maiores missões da história dos EUA. Ele dedicou a operação a todos os oficiais que já trabalharam em uma zona de guerra e a todos os analistas que já ajudaram a impedir um ataque da Al-Qaeda no país ou no exterior.

Enquanto isso, Gary, Sam, Maya e toda a equipe de analistas sabiam que havia muito trabalho pela frente. Os SEALs tinham trazido um verdadeiro tesouro do complexo. Dez discos rígidos e cinco computadores revelaram inúmeros segredos, incluindo 79 mil arquivos de áudio, 10 mil vídeos e o diário pessoal de bin Laden. Enquanto não descobriam uma conspiração terrorista iminente contra os EUA ou seus aliados, Gary e outros começaram a explorar as informações.

Virginia Beach, Virgínia

Quando o C-17 desembarcou nos EUA, os SEALs se prepararam para um assédio da mídia. Eles sabiam que a missão era uma grande notícia e que os jornalistas estavam se esforçando para descobrir os detalhes. Os repórteres sabiam que a base do SEAL Team 6 ficava em Virginia Beach, então as ruas estariam cheias de caminhões-satélite. As equipes de televisão iriam a bares e quaisquer outros lugares frequentados pelos SEALs, pois queriam saber tudo sobre "os soldados de elite".

O'Neill percebeu o impacto assim que ligou o celular. *Ping, ping, ping.* Ele foi bombardeado com mensagens de entes queridos. Ele havia participado do ataque? Já estava em casa?

Os celulares dos outros SEALs também estavam apitando. Nenhum deles tinha permissão para falar do ataque. Era sigiloso. Apenas os comandantes podiam comentar sobre o assunto. O'Neill podia confirmar sua participação, mas nada muito além disso.

O comandante de esquadrão estava aguardando os SEALs no desembarque. Ele cumprimentou e abraçou cada um deles individualmente. A distância, O'Neill avistou os ônibus que os levariam de volta à base. Mas, à medida que se aproximavam, ele percebeu que vários colegas da Marinha também estavam lá para parabenizá-los.

O'Neill entrou no ônibus e se recostou no assento. Há apenas uma semana, eles estavam saindo dali, dirigindo-se àquele misterioso complexo no Paquistão. E, agora, haviam retornado. Foi um sonho? Aquilo aconteceu mesmo? Era inacreditável.

Ele ligou para o pai e avisou que estava em segurança. O homem disse que rezou para que o filho retornasse e que suas orações tinham sido atendidas.

O'Neill também precisava agradecer aos céus. Ele pensou que não voltaria daquela missão. Assim como os outros, ele acreditava que os combatentes da Al-Qaeda estavam posicionados na casa, e que o lugar estava repleto de explosivos. Era quase estranho ter sobrevivido. Mas, por fim, a Brigada dos Mártires tinha chegado em casa.

Então, quando O'Neill entrou pela porta da frente, ele abraçou a esposa e as filhas com uma ternura especial. Finalmente era hora de comemorar.

Cheio de alegria, Chesney ligou para os pais a caminho de seu apartamento. Cairo estava sentado no banco do passageiro. Após uma missão, o SEAL deveria deixá-lo diretamente no canil. Os adestradores não podiam levar seus cães para casa. "Hoje nós vamos desobedecer as regras!", pensou Chesney. Cairo cumpriu seu dever. Ele também merecia comemorar.

O cão abanou o rabo. Chesney abriu a porta do apartamento, guardou seu equipamento, foi até a geladeira e pegou dois filés mignons. Jantar de primeira!

Eles se deliciaram. Chesney tomou banho e foi para a cama. Mas ali não era um quartel, e Cairo não dormiria no chão. O cão monopolizou a cama a noite toda. O SEAL não se importou. Tudo ótimo. Ambos dormiram como bebês.

No dia seguinte, quando devolveu Cairo ao canil, Chesney foi repreendido. O policial lhe disse que não poderia fazer aquilo de novo. O SEAL conhecia os regulamentos. Aquilo foi uma exceção. E ele não se arrependia.

Chesney sabia que deveria se distanciar de Cairo, que aquela missão havia sido uma casualidade. Cairo se tornaria um cão de treinamento até que fosse hora de se aposentar.

Por enquanto, eles tomariam caminhos diferentes. Antes de sair do canil, Chesney se ajoelhou, passou a mão na cabeça de Cairo e sussurrou: "Voltarei em breve."

Dallas, Texas

Obama pediu um favor a Michael Morell: ir para Dallas e informar detalhadamente o ex-presidente George W. Bush sobre o ataque.

Obama sabia que eles eram próximos. Morell foi responsável pelo Resumo Diário do Presidente. E estava ao lado de Bush naquele dia fatídico, 11 de setembro de 2001.

Morell disse que ficaria honrado em atender ao pedido de Obama. Ele foi acompanhado por um analista sênior da CIA e um oficial do JSOC. Quando Morell chegou, Bush foi gentil como de costume. "É bom ver você", afirmou enquanto apertava a mão de Morell.

Eles se sentaram e conversaram sobre as novidades da família. Depois, Bush disse que queria saber cada detalhe da operação. Morell assentiu. Claro.

Morell nunca esqueceu o momento em que soube dos ataques terroristas. Ele se lembrava da expressão de Bush ao declarar que, a seu ver, a Al-Qaeda era responsável — e que todos os caminhos levariam a Osama bin Laden.

Pacientemente, o analista sênior da CIA contou a Bush todas as informações, explicando que tudo começou com um mensageiro que os levou a um complexo em Abbottabad. Então, o oficial do JSOC detalhou o ataque, falando sobre o helicóptero caído e o SEAL que atirou e matou bin Laden em um cômodo no terceiro andar da casa principal. Parecia um filme de ação.

No final, Bush sorriu. "Laura e eu combinamos de ir ao cinema hoje à noite, mas isso é melhor do que qualquer filme que já vi", declarou. "Acho que vamos ficar em casa."

Então, enquanto se preparavam para sair, Bush apertou a mão de Morell, que sentiu algo em sua palma. Bush havia lhe dado uma "moeda de desafio" especial; nela, estava gravado "comandante-chefe". Morell tentou conter as lágrimas. Ele e George Tenet, seu chefe na agência, tentaram alertar os outros sobre a Al-Qaeda antes dos ataques do 11 de

Setembro. Morell era assombrado por isso. Agora, pela primeira vez em anos, ele sentiu que havia se libertado.

Fort Campbell, Kentucky

A semana havia sido notável, marcando uma onda de patriotismo que não se via desde o 11 de Setembro. Obama sabia que a missão tinha causado um efeito profundo nos norte-americanos. A nação estava unida. Quanto tempo aquilo duraria? O presidente tinha uma pendência a resolver: agradecer pessoalmente aos SEALs.

Eles se reuniram em Fort Campbell, base do 160º Regimento de Aviação de Operações Especiais, o Night Stalkers, cujos pilotos haviam levado as tropas até o complexo de bin Laden. Lá, as identidades dos SEALs estariam protegidas, e o presidente poderia conversar em particular com os homens que haviam efetuado o ataque.

Os SEALs estavam começando a relaxar quando Gates visitou seus comandantes em Virginia Beach e disse a todos para fazerem as malas. Eles iriam ao Kentucky para se encontrar com o presidente.

Para O'Neill, já havia sido uma semana turbulenta. Os SEALs foram condecorados com Estrelas de Prata. Tentaram se esquivar das câmeras de TV em Virginia Beach. De certa forma, era como ser perseguido por paparazzi. "Então é assim que uma celebridade se sente", pensou O'Neill.

No Kentucky, um dos pilotos do Night Stalkers caminhou até O'Neill e prestou continência na frente de todos os outros — um sinal de grande respeito.

O'Neill se sentiu constrangido. Ele sabia que os outros SEALs ficariam irritados. Desde que voltaram, alguns de seus amigos próximos começaram a excluí-lo. Jonny havia passado pela mesma situação depois que matou o pirata somali. O fato de O'Neill ter executado bin Laden provocava certa inveja nos colegas. Todos queriam ser o responsável pela morte do terrorista. Agora, o SEAL estava descobrindo como era ser "um maldito herói".

Em Fort Campbell, o presidente e Joe Biden entraram na sala com McRaven. Os SEALs se levantaram. "Olá a todos", disse Obama, com uma voz animada.

O presidente descreveu o ataque como uma das maiores operações militares e de inteligência da história norte-americana. Ele expressou o quão orgulhoso estava e condecorou o SEAL Team 6 com a Citação Presidencial de Unidade.

Em seguida, os membros da força de ataque mostraram a Obama uma apresentação em PowerPoint, com mapas, fotos e uma maquete, detalhando as etapas da incursão. Depois, o presidente olhou ao redor da sala e fez um pedido: "Quero conhecer esse cão."

Chesney estava em uma sala separada com Cairo, esperando para se encontrar com Obama. O cão também foi condecorado. Quando entrou na sala, o presidente sorriu. "Então este é Cairo?"

"Sim, senhor", respondeu Chesney.

Obama disse palavras gentis sobre Cairo, descrevendo-o como "parte essencial da missão". Tanto o presidente quanto Biden fizeram carinho no cão, e Chesney pensou que, se pudesse, Cairo teria sorrido. O SEAL percebeu que o cão estava se divertindo — mas, por precaução, colocou uma focinheira nele.

A unidade também tinha um presente para Obama. Nem todos os SEALs votaram nele em 2008. E, politicamente, alguns ainda não o apoiavam. Mas quase todos respeitavam sua coragem de autorizar a missão. O presidente acreditou na capacidade dos SEALs, encarregando-os de uma missão quase impossível, e eles recompensaram sua confiança. Então, na frente da sala, eles lhe entregaram uma bandeira emoldurada dos EUA — a bandeira que levaram para o ataque. Cada um deles assinou a parte de trás da moldura, usando seus codinomes. Obama ficou genuinamente comovido com o gesto.

Após a reunião, o presidente se dirigiu aos milhares de soldados em Fort Campbell. Sob uma gigante bandeira norte-americana, ele discursou para as tropas da 101ª Divisão Aerotransportada, estabelecendo uma conexão entre elas e as unidades de elite, por ele chamadas de "profissionais silenciosos dos EUA". "Como todos nós, eles poderiam ter escolhido uma vida tranquila. Mas, como vocês, eles se voluntariaram", declarou.

Descrevendo os SEALs como "destemidos, experientes e arduamente treinados", Obama afirmou: "Quando dei a ordem, eles estavam prontos. E, nos últimos dias, o mundo descobriu o quão prontos eles estavam."

O presidente também relacionou a morte de bin Laden à guerra em um sentido mais amplo, dizendo que a execução comprovava o progresso dos EUA na desestabilização e desarticulação da Al-Qaeda. Os soldados da 101ª Divisão Aerotransportada estavam repelindo os insurgentes e permitindo que os afegãos recuperassem suas cidades.

"A conclusão é: nossa estratégia está funcionando. E não há maior evidência disso do que finalmente termos levado Osama bin Laden à justiça."

A multidão irrompeu em aplausos.

Em Fort Campbell, O'Neill e Chesney não sabiam quais seriam as mudanças no Afeganistão ou nos EUA. Eles desconheciam o que o futuro lhes reservava.

Porém, naquele dia, isso não importava. Eles haviam participado de uma missão perigosa — a missão pela qual ansiavam desde o 11 de Setembro, tal como uma criança que, ao jogar futebol americano no quintal, sonha em fazer o touchdown vitorioso no Super Bowl. O futuro os aguardava. Mas eles se preocupariam quando chegasse a hora. Até lá, apenas aproveitariam seu momento de glória.

EPÍLOGO

Apesar de todo o seu poderio — o alcance militar, a sofisticação da inteligência, o elevado nível tecnológico —, o governo dos EUA não sabia se Osama bin Laden estava dentro do complexo de Abbottabad até Rob O'Neill entrar naquele cômodo escuro no terceiro andar da casa principal. Só então, na noite de 1º de maio de 2011, eles tiveram certeza que se tratava do esconderijo de bin Laden.

Mas o governo agiu rapidamente para analisar as dezenas de milhares de documentos, arquivos de áudio e vídeo e o diário pessoal de 228 páginas de bin Laden para resolver o mistério de onde o terrorista mais procurado do mundo estava e o que vinha fazendo desde Tora Bora.

A maior surpresa foi descobrir há quanto tempo ele morava em Abbottabad — desde 2005. A primeira regra de segurança operacional para qualquer terrorista em fuga é continuar em movimento, dormir em um local diferente todas as noites e evitar que qualquer pessoa possa seguir pistas até sua localização. Osama bin Laden não só parou de se mover, como também se instalou em um amplo complexo. Duas de suas primeiras quatro esposas moravam no segundo andar. Amal, que aos 29 anos era um quarto de século mais jovem que o marido, dividia a cama com ele no terceiro andar. Havia também doze crianças na casa; a mais nova tinha apenas dois anos.

John Brennan, conselheiro antiterrorismo de Obama na Casa Branca, me disse: "Osama bin Laden nunca deveria ter permanecido naquele complexo por tanto tempo. Acho que ficou um pouco confortável e confiante demais, pensando que nunca seria descoberto."

O terrorista se gabava da capacidade de permanecer foragido. Em uma carta sem data, aparentemente escrita no último ano de sua vida, ele afirmou: "Aqui estamos, no décimo ano da guerra, e os EUA e seus aliados ainda estão perseguindo uma miragem, perdidos em um mar sem praia."

A segunda surpresa foi descobrir o que bin Laden estava fazendo no complexo. Michael Morell, vice-diretor da CIA, disse: "Antes da incursão, nosso entendimento do papel de bin Laden na organização estava equivocado. Pensávamos que Ayman al-Zawahiri, o vice de bin Laden, estava administrando a organização no dia a dia — basicamente um CEO da Al-Qaeda —, enquanto bin Laden era o líder ideológico do grupo, o presidente do conselho, por assim dizer... No entanto, Osama bin Laden não estava apenas administrando a organização a partir de Abbottabad. Ele controlava tudo nos mínimos detalhes."

Quão controlador ele era? Os SEALs recuperaram uma planilha de despesas da organização terrorista, referente ao período de abril a dezembro de 2009. Em 2010, bin Laden aconselhou um de seus comandantes a não fazer adiantamentos de salários aos membros da Al-Qaeda. E havia um formulário que deveria ser preenchido por novos recrutas. Uma das perguntas era "Deseja executar uma operação suicida?", com um espaço para informações de contato do parente mais próximo.

Por meio de seu mensageiro — Abu Ahmed al-Kuwaiti —, ele também tentava definir estratégias e manter a disciplina dentro da Al-Qaeda. Al-Kuwaiti transportava cartas e pen drives que chegavam às mãos de Atiyah Abd al-Rahman, um líbio que atuava como chefe de gabinete de bin Laden. As comunicações refletiam suas preocupações ao longo dos anos.

Entre 2005 e 2006, bin Laden se preocupou com o papel de Abu Musab al-Zarqawi, líder da Al-Qaeda no Iraque, na guerra civil do país. A Al-Qaeda (AQI) estava massacrando outros muçulmanos, tanto xiitas quanto sunitas. Osama bin Laden o instruiu a cessar os ataques, pois temia que fossem prejudiciais para a organização e que "as ruas" se voltassem contra ela, desviando o foco do verdadeiro inimigo — os EUA. Al-Zarqawi não escutou.

Em 2011, a atenção de bin Laden estava focada na Primavera Árabe, que atravessava todo o Oriente Médio. Essa não era uma organização jihadista global que seguia ordens dentro de uma hierarquia. Não, tratava-se de um movimento orgânico e espontâneo que havia conseguido derrubar regimes autocráticos na Tunísia e no Egito e ameaçava outros ditadores. Osama bin Laden esperava que a Primavera Árabe obrigasse os EUA a se retirarem da região. Mas ele também temia a pior coisa que poderia acontecer a um líder carismático — tornar-se irrelevante.

Osama bin Laden fazia o possível para manter sua relevância. Em 2007, ele divulgou um vídeo de meia hora de duração, o primeiro em três anos. Preocupado com sua aparência, ele tingiu o cabelo e a barba de preto. E divulgava uma média de cinco fitas de áudio por ano.

Um aspecto nunca mudou: sua obsessão em atacar os EUA novamente. Em 2011, no décimo aniversário do 11 de Setembro, ele pediu que as afiliadas da Al-Qaeda atacassem grandes cidades norte-americanas, como Nova York, Washington, Los Angeles e Chicago, causando o maior número possível de baixas. Ele incitou o assassinato do presidente Obama, bem como do general David Petraeus, responsável pelo revés sofrido por al-Zarqawi e pela AQI no Iraque. Osama bin Laden continuou a incentivar ataques a companhias aéreas comerciais. Chegou a sugerir o posicionamento de árvores em trilhos de ferrovia para descarrilar os trens. Mas seus comandantes responderam que a Al-Qaeda não tinha mais recursos ou estrutura para realizar tais ataques.

Algo mais emergiu da incursão em Abbottabad — evidências de como bin Laden passara seu tempo durante os anos no complexo. Os SEALs encontraram uma pilha de livros que variam de *The 9/11 Commission Report* a *Obama's Wars,* de Bob Woodward. Mas também havia controversas obras conspiratórias, como *The Secrets of the Federal Reserve,* escrito por um negacionista do Holocausto, e *Bloodlines of the Illuminati.*

Ele tinha fitas de filmes de Hollywood, desenhos animados infantis (um dos seus favoritos era *Tom e Jerry*) e uma extensa coleção de vídeos pornográficos. O mais memorável e devastador foi um vídeo de bin Laden assistindo a clipes de si mesmo na televisão, curvado, aninhado em um cobertor, usando um gorro de lã, com a barba grisalha e o controle remoto da TV na mão.

Em 26 de abril de 2011, bin Laden redigiu uma carta de dez páginas. Ele tentou se vincular à Primavera Árabe, escrevendo: "O que estamos testemunhando nestes dias de revoluções consecutivas é um grande e glorioso evento." Ele propôs uma campanha midiática para "incitar as pessoas que ainda não se revoltaram e encorajá-las a se rebelar contra os governantes". Ele discutiu o destino de reféns franceses na Líbia. E emitiu orientações sobre segurança operacional, afirmando: "Está provado que a tecnologia norte-americana e seus sistemas modernos não podem prender um mujahid [muçulmano envolvido em guerra santa] se ele não cometer um erro de segurança que leve os EUA até ele." Cinco dias depois, bin Laden seria morto a tiros dentro de seu próprio complexo.

Então, o que as Forças Armadas e a Inteligência dos EUA fizeram com aquilo que descreveram como a "maior coleção de materiais de terrorismo de todos os tempos"? Desenvolveram um processo conhecido como F3EA — ou Find, Fix, Finish, Exploit e Analyze (Encontre, Corrija, Conclua, Explore e Analise). Em poucas semanas, o governo Obama lançou uma nova onda de ataques contra a alta liderança da Al-Qaeda. Três dos principais membros foram mortos no verão de 2011, e mais três entre 2012 e 2013. Uma das baixas foi al-Rahman, o homem que recebia as comunicações de bin Laden e atuava como seu chefe de gabinete.

Em seis semanas, a força-tarefa que revisou os registros emitiu mais de quatrocentos relatórios de inteligência. Eles alertaram sobre conspirações da Al-Qaeda contra alvos norte-americanos, incluindo trens. Tais documentos foram usados na acusação de Abid Naseer, condenado na cidade de Nova York por fornecer apoio material à Al-Qaeda e por conspiração para usar um dispositivo destrutivo.

Porém, em relação à Al-Qaeda, o impacto mais importante da incursão foi mais sutil. Michael Morell disse que eles forçaram a organização terrorista a se concentrar na defesa, e não na ofensiva. "A estratégia de decapitação desmantela uma organização terrorista. E isso acontece por duas razões. Uma delas é a eliminação de um líder de alto escalão. Essa pessoa é substituída, mas leva tempo para que esse novo líder aprenda os meandros do trabalho. Consequentemente, há um período em que o grupo fica enfraquecido."

"Mais importante, a estratégia de decapitação obriga um grupo terrorista a tomar medidas extraordinárias para se proteger. Isso o leva a um estado de alerta. E, quando esse grupo é forçado a pensar na própria segurança, ele não tem a oportunidade de pensar em abordagens ofensivas."

Nos anos desde Abbottabad, a Al-Qaeda sofreu uma drástica perda de alcance e influência. Ainda há ramificações. A Al-Qaeda na Península Arábica (AQAP) continua a travar uma guerra civil no Iêmen. Na Somália, o grupo terrorista Al Shabaab tem laços estreitos com a organização. Existem ramificações na África do Norte, na África Central, na Síria, no Paquistão e na Índia. Mas o que era conhecido como Al-Qaeda Central — uma extensa rede terrorista dirigida a partir do Afeganistão e, mais tarde, do Paquistão — enfraqueceu.

Há várias causas para isso. Primeiro, Ayman al-Zawahiri, líder da Al-Qaeda desde Abbottabad, não é e nunca foi nenhum bin Laden. Ele era descrito como "pedante" e sem carisma. Escondido em algum lugar na área tribal montanhosa do Paquistão, ao longo da fronteira com o Afeganistão, ele não conseguiu inspirar jihadistas e novos recrutas.

No entanto, a Al-Qaeda não desistiu. Em dezembro de 2019, na estação aérea naval de Pensacola, na Flórida, um recruta militar inspirado pela AQAP atirou e matou três marinheiros norte-americanos e feriu outros oito. E em setembro de 2014, em uma base naval em Karachi, militantes da Al-Qaeda tentaram sequestrar uma fragata paquistanesa e usá-la para atacar e afundar um navio da Marinha dos EUA, provocando um incidente internacional. Os jihadistas foram detidos após um intenso tiroteio.

Mas há fatores mais relevantes no declínio da Al-Qaeda. Depois que o presidente Obama retirou as tropas norte-americanas do Iraque, surgiu um grupo terrorista rival — o Estado Islâmico do Iraque e da Síria, ou EIIS. Em seu auge, em 2015, o EIIS detinha o controle de cerca de um terço da Síria e 40% do Iraque, dominando o imaginário de terroristas e aspirantes a jihadistas em todo o mundo muçulmano, além de personificar os temores do Ocidente. O líder do EIIS, Abu Bakr al-Baghdadi, e não al-Zawahiri, tornou-se o verdadeiro sucessor de bin Laden.

E a Al-Qaeda não só perdeu sua base no Iraque, como também seu lar original no Afeganistão. Foi lá que bin Laden e os mujahideen lutaram contra a ocupação soviética na década de 1980. Foi lá que a Al-Qaeda planejou o bombardeio de duas embaixadas norte-americanas na África Oriental em 1998, ocasionando a morte de 224 pessoas. Em 2000, a Al-Qaeda realizou um atentado suicida ao USS *Cole* no Iêmen, matando dezessete militares norte-americanos. E foi no Afeganistão que bin Laden planejou e ordenou os ataques do 11 de Setembro, vitimando 2.977 pessoas em Nova York, no Pentágono e em Shanksville, Pensilvânia. Mas o Afeganistão não tem sido um porto seguro para a Al-Qaeda desde que os EUA lançaram sua Guerra ao Terror, em 2001. E agora pode nunca mais voltar a ser. Desde 2018, o Talibã está envolvido em negociações de paz com os EUA. Em um acordo assinado em fevereiro de 2020, o Talibã prometeu cortar laços com todas as organizações terroristas, incluindo a Al-Qaeda. Só o tempo dirá se o Talibã de fato cumprirá essa promessa.

Em 2021, as Nações Unidas divulgaram uma análise antiterrorismo que resultou em um relatório sobre o Estado da Al-Qaeda. O relatório concluiu: "Após um período excepcional de atrito dos seus líderes de alto escalão em vários locais, a Al-Qaeda enfrenta um novo desafio urgente em relação à sua liderança e à sua direção estratégica."

O relatório mencionava o assassinato de Abu Muhammad al-Masri e sua filha, viúva de um dos filhos de bin Laden. Eles estavam dirigindo pelas ruas de Teerã quando dois atiradores se aproximaram do veículo e os executaram. Supostamente, os assassinos eram agentes israelenses, agindo em nome dos EUA. Dois aspectos se destacam. Primeiro, al-Masri era o principal assessor de al-Zawahiri e um dos idealizadores do bombardeio de 1998 das embaixadas dos EUA na África. Segundo, al-Masri foi morto em 7 de agosto de 2020, o 22º aniversário dos atentados à embaixada.

A análise da ONU também citava relatos não confirmados de que al-Zawahiri morreu em outubro de 2020. Mas o site do Departamento de Estado dos EUA ainda oferece uma recompensa de US$25 milhões por informações que levem à sua prisão ou condenação. O departamento afirma que a "coesão da Al-Qaeda nos últimos anos diminuiu devido às perdas de liderança decorrentes da pressão antiterrorista no Afeganistão e no Paquistão e ao surgimento de outras organizações como o EIIS, que servem como alternativa para alguns extremistas descontentes."

Em setembro de 2020, 19° aniversário do 11 de Setembro, a Al-Qaeda divulgou um longo vídeo gravado por al-Zawahiri, no qual ele ataca o falecido chefe do EIIS, Al-Baghdadi, por romper com a Al-Qaeda. Ele critica a rede de televisão árabe Al Jazeera por transmitir uma reportagem que teria prejudicado os mujahideen. Ele estava especialmente irritado, pois a Al-Qaeda "foi injustamente acusada" de atuar como agente "dos EUA, de Israel, do Irã, da Arábia Saudita... e assim por diante". O vídeo estava muito longe da mensagem carismática do homem que os EUA se esforçaram tanto para levar à justiça.

Naquele mesmo mês de setembro de 2020, Christopher Miller, então diretor do Centro Nacional de Contraterrorismo, escreveu um artigo para o *Washington Post*. "Minha avaliação atual é de que a Al-Qaeda está em crise", concluiu. "A liderança do grupo foi severamente enfraquecida pelos ataques dos EUA. As forças da Al-Qaeda estão desorganizadas e focadas apenas na sobrevivência. Essa organização está à beira do colapso."

Contudo, ainda é prematuro dizer que a ameaça terminou. Michael Morell respondeu à análise de Miller, dizendo que, embora seja verdade que o núcleo da Al-Qaeda esteja em crise, "o movimento extremista jihadista agora é muito maior. Hoje, ele se estende da África Ocidental até o Sudeste Asiático" e inclui seguidores do EIIS. "Portanto, o número de extremistas jihadistas dispostos a usar violência é maior hoje do que era em 10 de setembro de 2001. A ameaça permanece significativa."

Em 14 de abril de 2021, o presidente Joe Biden anunciou que retiraria todas as tropas norte-americanas do Afeganistão até o dia 11 de setembro daquele ano, vigésimo aniversário dos atentados, encerrando o mais longo engajamento militar dos EUA. Em seu discurso, o presidente observou: "Eliminamos a ameaça de bin Laden há uma década e permanecemos no Afeganistão por mais uma década, desde então."

Biden explicou que, em 2021, as ameaças terroristas já haviam mudado drasticamente em relação a 2001, tornando-se "mais dispersas, se espalhando por todo o mundo... Com essas ameaças atualmente em tantos lugares, manter milhares de tropas posicionadas e concentradas em apenas um país, a um custo anual de bilhões de dólares, faz pouco sentido para mim e para nossos líderes".

O presidente concluiu falando sobre o ataque ao complexo. "Osama bin Laden está morto, e a Al-Qaeda foi desmantelada no Iraque e no Afeganistão. E é hora de acabar com essa guerra eterna."

Mesmo vinte anos após o 11 de Setembro — e dez anos após a audaciosa missão que executou bin Laden —, o pronunciamento do presidente Biden ainda desencadeou um debate feroz que questionava se era seguro ou não retirar as tropas do país que servia como base de operações dos EUA. Isso só comprovava o terrível legado do líder terrorista.

Ao escrever este livro, tive a sorte de conversar com a maioria dos principais envolvidos — políticos, membros da inteligência e militares — no esforço para encontrar e eliminar Osama bin Laden. No final das entrevistas, muitas das quais duravam horas, e às vezes ao longo de vários dias seguidos, perguntei a cada um quais eram suas principais conclusões daquela empreitada.

Tom Donilon, conselheiro de Segurança Nacional, estava determinado a realizar uma rigorosa revisão da política de resposta à pista que levou ao complexo de Abbottabad, apesar do fato de já manterem uma estrita segurança e as reuniões serem sigilosas, sem a presença de outros funcionários. "Acredito muito na velha frase de Dwight Eisenhower de que um bom processo não garante um bom resultado. Mas um mau processo quase sempre garante um mau resultado. E, de fato, se analisarmos nossas maiores falhas, se examinarmos os maiores erros estratégicos em segurança nacional que este país cometeu na última metade do século, muitos deles podem ser atribuídos a um processo deficiente e indisciplinado."

John Brennan, principal conselheiro antiterrorismo de Obama na Casa Branca, e que mais tarde se tornou diretor da CIA, declarou: "Este tipo de trabalho foi o resultado de uma década de esforço. Os serviços de inteligência são um trabalho muito tedioso que requer foco no longo prazo. É demorado. E não foi uma única informação que nos levou a esse resultado. Foi um trabalho meticuloso que durou muitos anos."

"Não tratou-se de um típico processo interagências. Foi um processo rigoroso, detalhado e minucioso. E houve esforços constantes para tentar obter o máximo possível de informações e perspectivas, e com uma revisão muito honesta das opções."

Nick Rasmussen, diretor de contraterrorismo do Conselho de Segurança Nacional, declarou: "Parece que sou um admirador de Obama ao declarar isso dessa forma, mas a verdade é que ele compensou quaisquer deficiências inerentes ao processo com sua capacidade de fazer um julgamento ponderado sobre as informações. Percebi que ele não se abalou pela probabilidade [de que bin Laden estivesse no complexo] de 40-70% tanto quanto os demais, pois já sabia que sua decisão teria consequências. Se não agisse, enfrentaria as consequências caso bin Laden estivesse no complexo; da mesma forma que enfrentaria se optasse por agir e ele não estivesse lá. Então, em certo sentido, ele era um analista de inteligência dos mais perspicazes. As probabilidades desfavoráveis não o preocupavam tanto quanto aos demais."

Donilon afirmou: "A missão realmente ressaltou a competência dos EUA tanto em termos de inteligência quanto em capacidade operacional. Foi uma demonstração do conjunto singular dos recursos de que dispomos. Dificilmente outro país tem a capacidade de ir a qualquer lugar do mundo para proteger seus próprios interesses."

Hillary Clinton, secretária de Estado, declarou: "Os SEALs se preocuparam em retirar as mulheres e as crianças da casa. Elas não seriam feridas por estilhaços. Não seriam infligidos outros danos ao complexo que pudessem causar ferimentos ou mortes. Quando pensei a respeito, fiquei comovida com o fato de que os soldados norte-americanos tenham se exposto ao perigo constante para salvar as vidas dos inimigos dos EUA. E, sinceramente, pensei que a atitude dos SEALs refletia os valores de nosso país."

Gary, o chefe do Departamento Paquistão-Afeganistão da CIA, foi tipicamente analítico, fazendo três colocações. "Eles atacaram os EUA. E os EUA retaliaram. Costumamos considerar a seguinte questão: 'Onde é o campo de batalha?' E, quando eles trazem o campo de batalha para o solo norte-americano, nós não vamos parar até que volte para lá. Eles o trouxeram para nossas casas e nossas famílias, e nós o devolvemos para sua casa e sua família."

"Segunda questão, eliminamos o líder estratégico da Al-Qaeda. Como ele era o chefe, nós privamos a Al-Qaeda de sua liderança. A organização não conseguirá substituí-lo. Eu li a avaliação do trabalho de Zawahiri. Não parece nada bom."

"Por fim, fechamos um livro aberto no dia 11 de setembro de 2001, desmantelando a principal liderança da rede que organizou esses ataques. Osama bin Laden desempenhou um papel crucial e contínuo na direção da ameaça contra nossa pátria. Era hora de eliminar essa ameaça. E quanto mais cedo fizéssemos isso, melhor."

Robert Gates, secretário de Defesa, que tinha sérias dúvidas sobre prosseguir com a incursão, declarou: "Há uma narrativa de que o governo não consegue fazer nada direito, que ele tropeça nas próprias pernas, comete erros, que as pessoas são corruptas. Que as pessoas estão focadas nas próprias reputações e nas próprias disputas por território. Acho que essa missão é um exemplo maravilhoso de uma atuação governamental à altura das expectativas dos cidadãos norte-americanos. Ela é um exemplo de como o governo deve cooperar, de como as pessoas deixaram os próprios egos de lado e se uniram, e de algo que realmente funcionou bem. Eu já vi isso acontecer outras vezes. Mas é muito raro."

Por fim, Leon Panetta, diretor da Agência Central de Inteligência e, mais tarde, secretário de Defesa de Obama, declarou: "Hoje em dia, há muitos momentos em que questionamos se os pilares de nossa democracia sobreviverão — se seremos ou não capazes de proteger nossa democracia, nossa Constituição e nossos modos de vida. E então penso em tudo que aconteceu, na dedicação das pessoas que deram suas vidas para proteger este país e que fizeram tudo que podiam."

"Nós não vamos desistir. Não vamos desistir da nossa capacidade de perseguir alguém que atacou o nosso país. Esse espírito de não desistir, de persistir, de continuar a lutar até capturarmos o responsável — esse espírito é o que eu acho que acabará salvando nosso país, e não apenas hoje, mas também no futuro."

POSFÁCIO

As celebrações cessaram, as bandeiras foram dobradas e guardadas. A vida continuou. Os EUA retiraram suas tropas do Iraque e reduziram seus contingentes no Afeganistão. A influência da Al-Qaeda diminuiu após a morte de bin Laden.

Em solo norte-americano, Obama foi reeleito para um segundo mandato em 2012. Sua campanha elaborou a frase perfeita: “A GM está viva, e Osama bin Laden está morto.” (Obama salvou a General Motors da falência durante seus primeiros meses no cargo.) O sucessor de Obama foi Donald J. Trump, empreendedor imobiliário e estrela de reality show que Obama havia criticado no jantar anual dos correspondentes da Casa Branca na noite anterior ao ataque. Trump derrotou Hillary Clinton, a secretária de Estado que estava na Sala de Crise naquele fatídico dia em maio de 2011, quando os SEALs executaram bin Laden.

Joe Biden, por sua vez, outro dos presentes, derrotaria Trump em novembro de 2020, em uma eleição agitada e controversa, ocorrida em meio a uma pandemia global. Trump se recusou a admitir a derrota, alegando falsamente fraude eleitoral. Dois meses após o dia das eleições, um grupo de apoiadores de Trump invadiu o Capitólio para tentar impedir o Congresso de certificar os resultados das eleições. Eles falharam. Em 20 de janeiro de 2021, Biden foi empossado como o 46º Presidente dos EUA.

Quase vinte anos após o 11 de Setembro, o Oriente Médio continua instável. Os EUA estão dilacerados por divisões políticas e agitação racial. Para alguns, os dias após o ataque a bin Laden foram a última vez que a nação se sentiu realmente unida. Para aqueles que participaram da caçada ao terrorista, esse dia ficará eternamente gravado na memória.

A CIA

Leon Panetta

Minutos antes de o presidente contar à nação sobre a missão bin Laden, o jantar de Ted Balestreri foi interrompido por uma ligação da esposa de Panetta. "Ted, prepare o saca-rolhas", disse Sylvia. Quando ele perguntou por quê, ela acrescentou: "Ligue na CNN. O presidente vai fazer um pronunciamento." Quando viu o noticiário, Balestreri sorriu e disse: "O filho da mãe armou pra mim."

Alguns meses após o ataque, Panetta finalmente pôde desfrutar daquela rara garrafa de Bordeaux de US$10 mil. Balestreri manteve a promessa que fizera na véspera de Ano-novo — se Panetta capturasse ou executasse bin Laden, ele abriria o Château Lafite Rothschild de 1870.

No estilo típico de Panetta, ele compartilhou a garrafa com mais de uma dezena de amigos, servindo o vinho em copos de shot com o emblema da CIA. Segundo Panetta, aquele era um bom vinho, mas "não valia tanto dinheiro assim".

Panetta fez uma transição tranquila da CIA para o Departamento de Defesa. Atuou como secretário de Defesa até 2013, quando se aposentou. Ele estava na casa dos setenta. Era hora de ir para casa com a esposa e passar algum tempo de qualidade no Panetta Institute for Public Policy, incentivando os jovens a se envolverem no governo.

Após o ataque, Panetta recebeu um tijolo do complexo de bin Laden, que doou ao instituto. De certa forma, aquilo simbolizava o que pode acontecer quando as agências governamentais trabalham juntas para o bem público.

E este é um dos objetivos do instituto: formar líderes fortes de ambos os partidos, capazes de lidar com os problemas enfrentados pela nação. E eles fazem isso aprimorando o conhecimento dos alunos sobre políticas públicas — como implementá-las nos níveis municipal, estadual e federal.

Panetta se enfurece com a ideia de que a nação está dividida demais para realizar algo significativo, acrescentando que virou moda dizer que os EUA nunca estiveram tão divididos. Segundo ele, esse tipo de pensamento é "historicamente ridículo", observando que a nação lutou uma guerra civil para acabar com a escravidão. Ele diz que é ofensivo para "nossa história fingir que as divisões de hoje são comparáveis àquelas".

A nação está mais unida no que é necessário: "Proteger suas famílias e dar a seus filhos uma vida melhor." É responsabilidade dos líderes impulsionar o país nessa direção, e "não conquistar vantagens políticas ou vencer a reeleição". Assim, todos os dias, Panetta está no instituto, tentando fazer o que é certo, promovendo aqueles princípios que podem fazer dos EUA um lugar melhor.

Michael Morell

Quando a empolgação geral diminuiu, Morell voltou ao seu antigo trabalho como vice-diretor, o segundo no comando da agência de inteligência. Morell tinha um novo chefe, o general David Petraeus. Mas então um escândalo aconteceu, e Petraeus demitiu-se por se envolver em um caso extraconjugal com sua biógrafa e por compartilhar informações confidenciais com a amante. Obama aceitou sua renúncia. Morell, então, foi nomeado diretor interino.

Essa era a oportunidade que Morell estava esperando. Embora ele fosse o vice-diretor no momento de um ataque ao consulado dos EUA em Benghazi, Líbia, em setembro de 2012, esse episódio voltaria para assombrá-lo. O ataque levou à morte do embaixador Chris Stevens e outros três norte-americanos. Como diretor interino, Morell e a agência, bem como o governo Obama, enfrentaram críticas da direita em relação a como lidaram com o ataque e como a notícia foi divulgada para o mundo.

Morell negou qualquer tentativa de acobertamento ou influência política na divulgação. Mas ele era o rosto da CIA, e teve que assumir a culpa. Morell informou a Obama que gostaria de tirar o "interino" de seu título; ele desejava ser nomeado diretor. Mas no fim das contas Obama nomeou John Brennan, membro da equipe de Segurança Nacional.

Em janeiro de 2013, o presidente chamou Morell ao seu escritório para dar a notícia.

Morell havia recomendado Brennan para o cargo. E, para sua surpresa, Brennan o havia recomendado.

"Você já ouviu falar de algo assim?", questionou Morell.

"Não nesta cidade, meu amigo", disse o presidente.

Obama perguntou a Morell em que outro cargo ele estaria interessado, e a resposta foi rápida: "Eu quero ser presidente do Conselho do Federal Reserve."

Os dois riram.

Morell ficou desapontado. Ele se aposentou alguns meses depois, após 33 anos na CIA. Por fim, tornou-se conselheiro sênior da Beacon Global Strategies, uma empresa de consultoria de segurança nacional em D.C.

Gary

Gary não perdeu o emprego naquele dia de maio. Muito pelo contrário. A Guerra ao Terror não tinha acabado, mas ele sabia que todos os terroristas sob o comando de bin Laden provavelmente estavam assustados. A agência precisava permanecer diligente, para não "enfrentar outro 11 de Setembro". Ele prometeu a si mesmo que não "tiraria o pé do acelerador", e só conseguiu diminuir de fato o ritmo um mês após a morte do terrorista.

Foi então que Gary realmente começou a pensar sobre o significado da operação: mostrar aos líderes da Al-Qaeda que "pegaremos vocês e faremos justiça, não importa quanto tempo leve".

Após o ataque, ele fez uma pausa para refletir sobre sua vida e carreira. Alguns de seus colegas analistas decidiram deixar a agência, acreditando que nunca mais trabalhariam em um caso tão importante quanto o de bin Laden.

Mas Gary permaneceu. Dedicara toda a vida àquilo, e agora queria transmitir seu conhecimento. No início da carreira, ele teve bons agentes como mentores, e isso fez dele um oficial de operações melhor. Agora, ele estava disposto a fazer o mesmo.

A incursão lhe trouxe uma nova perspectiva. Ele ainda seria empenhado, mas faria "uma pausa" para passar mais tempo com sua família, e passaria a ajudar seus colegas na CIA a "ampliar suas capacidades".

Gary sabia que seu sucesso fora construído com o apoio de homens e mulheres brilhantes que acolheram um "jovem ansioso e disseram: 'Ei, tente isso' ou 'Não, não faça aquilo. Aqui está a metodologia, e essa é a teoria por trás dela.'" No final, Gary finalmente encontraria a paz como mentor, marido e pai.

A VÍTIMA

Jessica Ferenczy

Nos anos seguintes aos ataques terroristas, a policial Jessica Ferenczy tentou seguir em frente com sua vida. O fato de bin Laden estar morto ajudou. Em 2013, ela sabia que não poderia mais trabalhar para o departamento de polícia. Após vinte anos vestindo o uniforme, era hora de se aposentar.

Agora, ela vive naquela casa nas Montanhas Adirondack e passa seus dias ao ar livre. Além disso, ajuda a cuidar do pai idoso, que mora nas proximidades.

Todos os anos, nas três datas especiais, ela ainda escreve um tributo para Jerome no "Legacy".

Ferenczy nunca se casou, e afirma que nunca o fará.

Osama bin Laden foi responsável por trazer muita tristeza à sua vida, mas ela encontra certo conforto trabalhando ao ar livre em sua propriedade. Lá, Jessica consegue ter um pouco de paz e esperança. Ela acredita que um dia verá Jerome novamente, e que eles se encontrarão, não importa quanto tempo demore.

O ESPIÃO

Shakil Afridi

No Paquistão, horas após a notícia do ataque, o Dr. Shakil Afridi fez as malas, pegou a família e fugiu de Abbottabad. Ele ficou foragido por algumas semanas, mas foi capturado em 23 de maio de 2011, perto da fronteira afegã.

Afridi nunca foi acusado por qualquer conexão com a missão bin Laden. Suas acusações envolviam ajudar — tanto médica quanto financeiramente — militantes do Lashkar-e-Islam na região tribal de Khyber.

Sua família negou as acusações, declarando que o governo estava fazendo dele um bode expiatório, punindo-o por ajudar os EUA em uma operação que envergonhou as autoridades paquistanesas.

Afridi foi condenado a 33 anos de prisão por um tribunal tribal, pena que foi reduzida a 23 anos na apelação. Seu irmão mais velho, Jamil Afridi, disse que o médico estava sendo mantido em condições "deploráveis" e que ficou extremamente fraco e debilitado.

Enquanto isso, Afridi foi aclamado como um herói nos EUA. Um ano após o ataque, Leon Panetta expressou sua raiva pela prisão do médico e afirmou temer por sua segurança. "Para mim, é um erro brutal da parte deles tomar essa atitude contra alguém que estava ajudando a acabar com o terrorismo", declarou.

Dez anos depois, no entanto, Afridi ainda estava em uma prisão paquistanesa. Sua família continua a enfrentar uma árdua batalha por sua libertação.

OS SEALs

Robert O'Neill, o homem que executou Osama bin Laden, voltou para casa como um herói, mas o público não sabia disso. As pessoas só sabiam que os SEALs haviam matado o líder terrorista.

Os militares mantiveram segredo e esconderam as identidades dos SEALs por questões de segurança. Esse anonimato só aumentou a mística em torno do SEAL Team 6 — os soldados mais corajosos do mundo. Hollywood fez filmes sobre eles. Uma série televisiva chamada *SEAL Team* retrata os romances e as proezas de um esquadrão de soldados que não mede esforços quando o assunto é atirar.

Para O'Neill, esse era um drama muito familiar.

Ele não se gabava da missão e aderiu ao código de silêncio dos SEALs. Porém notou que alguns dos colegas — que ele conhecia há anos — o tratavam de forma diferente. Estavam com inveja. Circulavam rumores de que ele havia assinado um contrato para um livro.

Em 2011, ele completou quinze anos como SEAL. Desejava permanecer na equipe por pelo menos vinte anos e se aposentar, mas agora estava reconsiderando.

O'Neill refletiu sobre uma vida fora do casulo militar. Além de um salário, os militares proporcionavam estrutura, amizades e respeito. O que ele faria depois que tudo isso tivesse desaparecido? Que tipo de trabalho poderia ter? Ele não cursou faculdade e não tinha muitas habilidades que pudessem ser transferidas para a vida civil.

Tantas missões afetaram seu casamento. O'Neill ainda morava com a esposa, Amber, mas eles dormiam em quartos separados. Finalmente, decidiu assumir outra missão. Talvez no Afeganistão ele pudesse fugir de todo aquele caos.

A tragédia ocorreu pouco antes de sua partida. Em 6 de agosto de 2011, insurgentes abateram um helicóptero de transporte Chinook no Afeganistão, matando todos os 38 tripulantes. Quinze SEALs do esquadrão de assalto do Team 6 e um cão militar morreram no ataque. Foi a pior perda da história dos SEALs.

A tragédia foi devastadora para o Team 6, e também para O'Neill. Em um instante, ele perdeu amigos de muitos anos, irmãos de armas com quem havia lutado lado a lado.

A missão de O'Neill não correu como planejado. O inverno afegão era extremamente frio. Sua base de operações era atingida por morteiros todos os dias. Nos velhos tempos, eles iam atrás dos criminosos; mas já não pareciam estar fazendo muito isso.

E havia mais uma coisa: ser SEAL era fisicamente desgastante. Aos 34 anos, O'Neill começou a sentir o peso da idade.

Então, em uma missão perigosa, ele se viu explicando táticas básicas para um oficial recém-chegado. Estava frustrado. Naquele momento, O'Neill estava "tão acostumado à guerra que nada mais o impressionava". Ele sabia que "quando você se acomoda demais, fica desleixado. E o desleixo é fatal". Aquela acabou sendo a sua última missão.

O'Neill havia completado quatrocentas missões de combate ao longo de dezesseis anos e meio. Foi condecorado com duas Estrelas de Prata e recebeu todos os tipos de medalhas. Ao se preparar para deixar a Marinha, ele percebeu que também "tinha uma hipoteca, nenhuma pensão, nenhum diploma universitário e nenhum emprego".

E todo aquele papo sobre O'Neill escrever um livro? O projeto caiu por terra quando outro SEAL que participou da operação escreveu *Não Há Dia Fácil: Um líder da tropa de elite americana conta como mataram Osama bin Laden*, publicado no verão de 2012. A autobiografia de um SEAL que participou da missão.

O'Neill pensou em montar uma empresa de consultoria com outros ex-SEALs, mas o projeto não foi em frente. Ele acabou conseguindo um emprego como palestrante motivacional, no qual compartilhava histórias de suas missões. Ao longo dos anos, tornou-se um palestrante muito requisitado, considerado "o profissional silencioso", o "soldado em campo de que nunca ouvimos falar, mas sabemos que está lá".

Finalmente, ele se divorciou, mas mantém uma boa relação com a ex-esposa. É presente na vida das filhas, tentando compensar todos os aniversários e feriados perdidos. Em 2017, O'Neill casou-se novamente.

Ele conheceu sua segunda esposa, Jessica, em uma de suas palestras. A cerimônia de casamento em Cape Cod, Massachusetts, foi cercada por um alto esquema de segurança. Ele sabe que, pelo resto da vida, poderia ser um alvo para terroristas tentando vingar a morte de bin Laden.

Nesse ínterim, O'Neill criou uma instituição de caridade, a Your Grateful Nation, que ajuda veteranos na transição da vida militar para a vida civil. Ele afirma ter frequentado sessões de aconselhamento para ajudá-lo a lidar com todos os anos de estresse de combate. E finalmente escreveu um livro, *The Operator*, sobre sua vida e suas missões.

A certa altura, ele se perguntou se ser o responsável pela morte de bin Laden era a melhor ou a pior coisa em sua vida. Hoje em dia, O'Neill tenta não pensar muito a respeito. Ele prefere levar um dia de cada vez.

Will Chesney

Após a operação bin Laden, Chesney continuou a carreira como SEAL — mas sem Cairo. Sempre que pode, ele vai ao canil para visitar o cão. Cairo sempre o reconhece. Chesney queria adotar o cão quando este finalmente se aposentasse, mas não parecia que isso iria acontecer tão cedo. Chesney foi enviado para o Afeganistão em 2012, mas com um cão diferente.

Um dia, no meio de um tiroteio em um complexo afegão, um insurgente jogou uma granada por uma janela. Estilhaços crivaram o corpo de Chesney.

Ele foi tratado na base, depois em um hospital norte-americano na Alemanha e, mais tarde, no Walter Reed National Medical Center, em Maryland. Seu pai viajou para ajudá-lo a se recuperar. Meses depois que Chesney chegou em casa, as enxaquecas começaram. Parecia que sua cabeça estava sendo esmagada. Ele mal conseguia pensar direito.

Ele voltou ao trabalho, mas já não podia participar da ação. Então, tornou-se um instrutor de treinamento dos SEALs.

Mas as dores de cabeça debilitantes tomaram conta de sua vida, desencadeando um ciclo de dor e depressão.

Chesney, um cara feliz e tranquilo que nunca deixava as coisas o incomodarem, mudou lentamente. Perdia a calma com facilidade. Não tinha paciência. Estava perdendo a memória. Descobrir que seu melhor amigo havia sido morto no Afeganistão foi mais um duro golpe. Ele já havia perdido vários amigos quando o Chinook foi abatido.

Na primavera de 2013, Chesney não estava bem. Só uma coisa parecia ajudá-lo: Cairo, que estava naquele canil em Virginia Beach. Ele passava cada vez mais tempo lá, brincando com o cão. Cairo estava com oito anos. Embora não tivesse mais a mesma agilidade, ainda estava sendo usado em treinamentos.

No canil, ninguém dizia nada sobre as visitas frequentes de Chesney, que eram claramente terapêuticas. Em casa, o SEAL bebia demais. Ele se sentava no sofá, apertando as têmporas, e olhava para as fotos de seus amigos, chorando por tudo que havia perdido.

Então, no outono de 2013, ele conheceu uma garota chamada Natalie Kelly em um café local. Eles formavam um bom par. A vida foi melhorando.

Chesney ouviu dizer que Cairo estava prestes a se aposentar, mas que havia outros interessados em adotá-lo. Por meses, ele travou uma disputa com os militares para ficar com o cão. Foi Chesney quem carregou Cairo ferido nos braços enquanto este sangrava no campo de batalha, certo? Pela primeira vez em um longo tempo, ele se dedicou a um propósito, como fez quando passou pelo BUD/S ou pela seleção para o SEAL Team 6.

Por fim, em abril de 2014, quase três anos após a operação bin Laden, ele levou Cairo para casa. Chesney rapidamente descobriu que Cairo sofria de TEPT, assim como ele. O cão não gostava de ficar sozinho, seguia Chesney por toda parte e odiava tempestades e barulhos repentinos.

Nesse meio-tempo, ficou claro que Chesney precisava fazer algumas mudanças em sua vida. Por Natalie, pelos amigos que o apoiaram e por Cairo. Ele passou a frequentar um programa para tratar a dependência química e conseguiu controlar a bebida.

Ele se recompôs, mas então a saúde do cão começou a se deteriorar. O veterinário lhe dera pouco tempo de vida. De coração partido, Chesney e Natalie levaram Cairo em uma última viagem, para Nova York, a fim de visitar o Memorial do 11 de Setembro.

Ao voltar para casa, Chesney sabia que Cairo estava sofrendo. Era hora de se despedir.

A última noite do cão em casa foi em 31 de março de 2015, o 31º aniversário de Chesney. Cairo dormiu em sua cama favorita. Chesney dormiu no chão ao seu lado.

No dia seguinte, eles foram ao veterinário buscar os medicamentos para a eutanásia. Chesney carregou Cairo para o apartamento em seus braços, assim como fizera quando o cão foi ferido, assim como fizera dentro da casa de bin Laden, para que ele não machucasse as patas nos estilhaços de vidro. Ele gentilmente colocou-o em sua cama preferida. Lutando contra as lágrimas, Chesney injetou o Tramadol para fazê-lo se sentir mais confortável. Quando o cão estava relaxado, Chesney injetou a droga que mataria seu melhor amigo. Cairo fechou os olhos, enquanto Chesney, deitado ao seu lado, sussurrava: "Está tudo bem, amigo. Eu amo você."

Poucos minutos depois, ele partiu. Chesney e Natalie levaram o corpo para um pequeno crematório. Após alguns dias, foram buscar os restos mortais. O atendente lhes deu duas urnas com as pegadas de Cairo ao lado. Uma guardava suas cinzas; a outra, os implantes metálicos que haviam sido inseridos em seu corpo para salvar sua vida anos antes.

Enquanto dirigia para casa, Chesney pensou que o cão nunca soube quantas vidas humanas haviam sido salvas por ele, incluindo a sua própria, quando ajudou-o a se recuperar. Cairo sabia como alegrar as vidas das pessoas.

Chesney escreveu um livro sobre seu tempo com Cairo: *No Ordinary Dog: My Partner from the SEAL Teams to the Bin Laden Raid*, o que o ajudou a lidar com a dor emocional e física. Ele sabe que ainda tem um caminho árduo pela frente. Mas, sempre que as coisas ficam difíceis, ele pensa em Cairo. E isso o ajudou a lidar com todos os desafios de sua vida.

Almirante William McRaven

Após o ataque, a lenda em torno de Bill McRaven continuou a evoluir. Depois de 37 anos em serviço, ele sabia que era hora de se aposentar. Em 2015, ele deixou a Marinha e se tornou reitor da Universidade do Texas. Dois anos depois, renunciou ao cargo, alegando questões de saúde.

Ao longo do caminho, McRaven escreveu diversos livros e deu palestras sobre liderança, a qualidade que ele mais admirava em Leon Panetta e Barack Obama. Eles foram os líderes responsáveis por montar a equipe que dera a McRaven "a liberdade para fazer meu trabalho".

"Obama dominava a arte do trabalho em equipe. Era o homem mais inteligente na sala em todas as reuniões", disse McRaven, acrescentando que Obama tomou uma "decisão incrivelmente ousada ao autorizar a missão".

Em maio de 2020, McRaven discursou virtualmente na formatura dos alunos do Instituto de Tecnologia de Massachusetts (MIT), onde recordou seu tempo com os SEALs e como comandante do esquadrão de elite. Mas, naquele dia, ele realmente queria se concentrar no futuro — os grandes problemas que o mundo vinha enfrentando e como eles poderiam ajudar a resolvê-los.

Quando menino no Texas, ele sempre quis ser o Super-Homem, com "seus poderes de voar, sua invulnerabilidade, sua força descomunal. Um herói que todos os dias salva o mundo de alguma catástrofe".

Porém, quando cresceu e se tornou militar, McRaven testemunhou guerras, mortes e destruição. E, nesse ponto, ele percebeu a dura verdade: o Super-Homem e o Capitão América nunca viriam nos resgatar. "Se quisermos salvar o mundo de pandemias, guerras, mudanças climáticas, pobreza, racismo, extremismo, intolerância, então vocês, as mentes brilhantes do MIT, terão que salvá-lo. Mas, por mais notáveis que vocês sejam, seu intelecto e talento por si só não serão suficientes", disse.

Não, para salvar o mundo, eles e outros como eles precisariam de coragem, integridade e compaixão. McRaven pode não ter salvado o mundo naquele dia em maio de 2011, mas seu trabalho árduo, habilidades de liderança e tenacidade sob pressão foram recompensados pela gratidão de toda a nação.

Isso era algo que todos os homens e oficiais que serviram com McRaven ao longo dos anos sabiam muito bem. E eles demonstravam sua admiração.

Em uma parede a caminho de seu escritório no segundo andar em Bagram, McRaven manteve um cartaz com as palavras "Procurado: Morto ou Vivo" acima do rosto de bin Laden. Aquilo já existia desde antes de McRaven chegar, em 2004, e servia como um lembrete de que capturar bin Laden era o motivo de todos estarem ali.

Logo após a incursão, quando McRaven entrou em seu escritório, notou que o cartaz havia sumido. Ele ficou furioso. "Só podem estar de brincadeira! Alguém resolveu roubar o cartaz?", pensou. Então, perguntou a seus oficiais Erik Kurilla e Tony Thomas se sabiam onde estava o cartaz. Eles sorriram e o tiraram de trás da mesa de McRaven. Agora, estava emoldurado. McRaven teve que conter as lágrimas.

A história não acabou aí. Alguns anos depois, em maio de 2016, McRaven leiloou o cartaz em benefício do Texas Children's Cancer Center, em Houston, Texas. No evento de arrecadação de fundos para o centro de tratamento de câncer, o cartaz emoldurado rendeu US$100 mil.

Após o leilão, o casal que comprou o cartaz se aproximou de McRaven. A mulher tentou conversar, mas ele não conseguia entender o que ela estava dizendo por causa do barulho. Olhando para o rosto dela, ele percebeu que ela estava chorando.

McRaven disse que falaria com ela após o evento. Então, depois que as 3 mil pessoas foram embora, ele encontrou o casal. Ali, no silêncio do salão de festas, a mulher contou a ele por que havia arrematado o cartaz.

Na manhã do 11 de Setembro, ela estava trabalhando em uma das torres do World Trade Center. Estava grávida de nove meses e saiu para ir a uma consulta médica.

"Se eu não tivesse ido à minha consulta, estaria no prédio quando os aviões colidiram", afirmou. "Quem sabe o que teria acontecido?"

A mulher e o marido tiveram uma garotinha. "Então, demos a ela o nome de Grace, pela graça de Deus."

McRaven ficou comovido com a história, e se sentiu mal por ela ter pagado tão caro no leilão. "Eu teria lhe dado o cartaz", declarou.

Ele sabia que o cartaz acabaria guardado na garagem. "Mas o fato de que significava tanto para essas pessoas era muito importante para mim", disse.

O casal acabou doando o cartaz para o Memorial e Museu do 11 de Setembro, construído no local do Marco Zero, em Nova York — um lugar onde as pessoas podem entender o que aconteceu naquele dia fatídico, tantos anos atrás.

AGRADECIMENTOS

Eu só escreveria outro livro *Contagem Regressiva* se conseguisse juntar toda a equipe de novo. Felizmente, todos toparam. Espero que tenham gostado do resultado de um verdadeiro esforço em equipe.

Achei que este era o momento perfeito para detalhar a operação da caçada a bin Laden, não apenas pelo vigésimo aniversário daquele dia devastador em setembro de 2001. Claro, esse também era um fator importante. Mas, em um momento no qual os EUA estão tão divididos — quando não podemos concordar sobre fatos básicos, sobre a verdade do que aconteceu —, achei que seria válido lembrarmos o que este país tem de melhor.

E foi isto que a operação bin Laden significou: os líderes da nação se unindo, deixando de lado a divisão partidária, os egos e as disputas, tudo para levar o idealizador do 11 de Setembro à justiça. A comunidade de inteligência se recusou a desistir e, depois de nove longos anos de pistas que não deram em nada, finalmente encontrou aquela "fortaleza" em uma rua sem saída de Abbottabad.

Nossos líderes políticos analisaram cuidadosamente todas as evidências e opções, apostando em uma tese cuja probabilidade de confirmação era, na melhor das hipóteses, de 50%.

E, então, nossos magníficos militares planejaram uma missão meticulosa — não tão ensaiada quanto gostariam, mas ainda assim eficaz em alcançar seu objetivo.

Houve um problema ao relatar esta história. A operação foi tão restrita — e os envolvidos estavam tão focados em tudo o que tinham que fazer — que ninguém manteve um registro detalhado do que exatamente aconteceu. Quando comecei minha primeira entrevista com Bill McRaven, ele tocou exatamente neste ponto: “Se houver alguma discordância quanto à sequência dos acontecimentos, considere a versão dos outros, em vez da minha. Eu estava ocupado demais fazendo o meu trabalho.”

Isso impôs um desafio na tentativa de escrever esta história. Mas, ao longo de horas de entrevistas, e ainda mais tempo analisando documentos que deixaram de ser sigilosos, procuramos definir uma linha do tempo e os detalhes dos acontecimentos. E, quando não tínhamos certeza, contatávamos os principais envolvidos para confirmar a informação.

Ao agradecer às pessoas por tornarem este livro possível, quero começar com aqueles oficiais que desempenharam um papel crucial na operação bin Laden, e que foram tão generosos em participar de entrevistas longas e detalhadas. Alguns deles pediram para não ser mencionados. Então, vou destacar um deles: Gary, agente da CIA designado para o caso e chefe do Departamento Paquistão-Afeganistão. Ele nunca contou sua história antes e sabia que, ao conversar conosco, estava se colocando em perigo. Fizemos o possível para proteger sua identidade. Mas ele estava assumindo um risco, e sou muito grato por confiar em nós.

Então, há toda a equipe reunida novamente: Mitch Weiss, meu estimado coautor, e Lori Crim, nossa valiosa pesquisadora. Mitch é jornalista investigativo da Associated Press e ganhador do Prêmio Pulitzer. Fiquei honrado em, mais uma vez, compartilhar uma trincheira histórica com ele. E Lori, minha pesquisadora no *Fox News Sunday* há mais de uma década, tem minha total confiança para esclarecer os fatos e garantir que eu relate a verdade. Ela sempre consegue.

Agradeço também aos meus dois consultores, que me ajudaram a encarar o desafio que é escrever um livro. Larry Kramer, meu empresário de longa data, me apresentou a Claudia Cross, da Folio Literary Management, antes de *Contagem Regressiva: 1945*. Eles cuidaram — muito bem, diga-se de passagem — de toda a parte comercial, de tal forma que pudemos nos concentrar em contar esta história.

E isso me leva à nossa grande editora. Mais uma vez, fizemos parceria com a Avid Reader Press, liderada pelo editor Jofie Ferrari-Adler e seu chefe, Jonathan Karp, da Simon & Schuster. A cada passo do caminho, contamos com o benefício de sua sabedoria, experiência e apoio, e também com o apoio da grande equipe que eles montaram. Quero agradecer a Ben Loehnen, Meredith Vilarello, Jordan Rodman, Alison Forner, Amanda Mulholland, Jessica Chin, Jonathan Evans, Ruth Lee-Mui, Brigid Black, Richard Ljoenes, Math Monahan, Julianna Haubner, Morgan Hoit, Carolyn Kelly, Elizabeth Hubbard, Gil Cruz e Amy Guay.

Por mais que eu trabalhasse neste livro, nunca esqueci que tinha um emprego regular. Portanto, gostaria de agradecer aos executivos da Fox News por serem compreensivos quando eu desaparecia por um dia ou dois durante as pesquisas para este livro. Quero expressar minha gratidão a Suzanne Scott, diretora-executiva da Fox News; ao presidente Jay Wallace; a Irena Briganti, vice-presidente-executiva sênior de comunicações corporativas; à vice-presidente Carly Shanahan; e à minha equipe na *Fox News Sunday*, que ocasionalmente teve que assumir o leme, sobretudo à produtora executiva Jessica Loker e à produtora Andrea DeVito.

Finalmente, Mitch e eu agradecemos às nossas famílias pela compreensão enquanto dedicávamos tanto tempo a este livro e a nossos trabalhos regulares — ele na Associated Press e eu na Fox News. Depois de mais de um ano de distanciamento social durante a Covid, no entanto, suspeito que nossas famílias possam ter gostado dessa trégua.

Novamente, quero concluir expressando minha gratidão a dois membros da minha família. Primeiro, à minha filha Catherine Wallace, que passou mais de uma década no mercado editorial antes de decidir mudar de carreira. Ela tem sido valiosa, orientando-me naquilo que parece estar se transformando em uma série de livros *Contagem Regressiva*.

E, por fim, agradeço à minha amada esposa, Lorraine. Você suporta tudo, incluindo o dia em que um raio queimou meu computador. Amo você, e me faltam palavras para expressar o quanto lhe sou grato.

NOTAS

CONTAGEM REGRESSIVA: 247 DIAS

2 "Precisamos conversar a sós": Michael Morell, entrevista para o autor, 29 de outubro de 2020.

2 as conversas eram iniciadas informalmente: Gary, entrevista para o autor, 9 de fevereiro de 2021.

2 "Vamos ao meu escritório": Leon Panetta, entrevista para o autor, 23 de novembro de 2020.

3 "Encontramos esse cara chamado Abu Ahmed al-Kuwaiti": Morell, entrevista para o autor, 29 de outubro de 2020.

4 de uma fonte improvável: Gary, entrevista para o autor, 4 de fevereiro de 2021.

5 foi submetido ao afogamento simulado 183 vezes: Morell, entrevista para o autor, 17 de março de 2021.

5 ele poderia revelar o paradeiro de bin Laden: Gary, entrevista para o autor, 4 de fevereiro de 2021.

6 quando eles interceptaram um telefonema: Morell, entrevista para o autor, 29 de outubro de 2020.

6 eles se posicionaram estrategicamente ao longo das estradas para Peshawar: Ibid.

7 "Que Allah esteja com você": Bowden, *The Finish*, p. 66.

7 "É uma fortaleza": Gary, entrevista para o autor, 4 de fevereiro de 2021.

8 De todos os detalhes nas imagens: Panetta, entrevista para o autor, 17 de novembro de 2020.

9 "informações precisas": Panetta, ABC News, *This Week*, 27 de junho de 2010.

9 "Como é evidente, bin Laden tem se escondido muito bem": Ibid.

9 "Precisamos saber mais, muito mais": Panetta, entrevista para o autor, 17 de novembro de 2020.

CONTAGEM REGRESSIVA: 236 DIAS

10 O'Neill era detalhista: Robert O'Neill, entrevista para o autor, 5 de dezembro de 2020.

11 Quando se alistou: Ibid.

15 essa capacidade foi útil: Ibid.

17 "Mãe, não se preocupe": O'Neill, entrevista para o autor, 5 de janeiro de 2021.

CONTAGEM REGRESSIVA: 233 DIAS

19 "falar um pouco sobre os esforços contínuos": Barack Obama, obamawhitehouse.archives.gov, 10 de setembro de 2010.
19 "Mas você ainda não capturou bin Laden": repórter, obamawhitehouse.archives.gov, 10 de setembro de 2010.
19 "não resolveria todos os problemas": Obama, obamawhitehouse.archives.gov, 10 de setembro de 2010.
19 "Eu não me oponho a todas as guerras": Obama, National Public Radio, 2 de outubro de 2002.
20 "Se encontrarmos Osama bin Laden": Obama, CNN, 7 de outubro de 2008.
20 "Osama bin Laden tem que ser o primeiro da fila": Panetta, entrevista para o autor, 17 de novembro de 2020.
21 "Estamos mais perto?": Ibid.
22 "Se for o caso, temos esperança": Ibid.
23 "Sr. Presidente, ainda é cedo": Ibid.
23 Tony Blinken, conselheiro de Segurança Nacional do vice-presidente Joe Biden, estava cético: Bergen, *Manhunt*, p. 125.
23 "bastante cautelosos": Thomas Donilon, entrevista para o autor, 19 de janeiro de 2021.
23 "Primeiro: Leon e Michael": Panetta, entrevista para o autor, 17 de novembro de 2020.

CONTAGEM REGRESSIVA: 232 DIAS

27 "Hmmm... É o meu presente de Natal?": Jessica Ferenczy, entrevista para o autor, 5 de dezembro de 2020.
29 De repente, Frank teve uma convulsão: Frank Dominguez, entrevista para o autor, 10 de dezembro de 2020.
34 "Sempre tento pensar no dia": Ferenczy, Legacy.com, 11 de setembro de 2010.

CONTAGEM REGRESSIVA: 205 DIAS

38 Morell cresceu em: Morell, entrevista para o autor, 30 de outubro de 2020.
39 "Não é boa o suficiente": Morell, *The Great War of Our Time*, p. 346.
39 "quase perfeito": Ibid., p. 346.
39 "A economia é uma das": Ibid., p. 3.
39 "Venha trabalhar aqui": Ibid., p. 4.
40 "mas estou um pouco ocupado agora": Ibid., p. 6.
41 "Acalme-se": Ibid., p. 19.
42 "Você precisará": Ibid., p. 29.
43 "Interessante": Ibid., p. 31.
43 "Eu quero que você olhe": Ibid., p. 41.
44 "Michael, quem fez isso?": Ibid., p. 55.

CONTAGEM REGRESSIVA: 198 DIAS

48 "Cairo! Venha aqui, amigo!": Will Chesney, entrevista para o autor, 15 de setembro de 2020.
48 "Aguente firme, garoto": Ibid.
53 "Ei, amigo, como você está?": Ibid.

CONTAGEM REGRESSIVA: 192 DIAS

56 "Se quiser um amigo": Panetta, entrevista para o autor, 23 de novembro de 2020.
56 "humanidade do mundo": Ibid.
59 "Somos guerreiros silenciosos": Ibid.
60 "Quem aqui é responsável": Panetta, entrevista para o autor, 17 de outubro de 2020.

CONTAGEM REGRESSIVA: 182 DIAS

62 O Wolstein Center: *Cleveland Plain Dealer*, 31 de outubro de 2010.
64 depois de apenas nove meses: Obama, obamawhitehouse.archives.gov, 10 de dezembro de 2010.
65 "Sei que não há nada de fraco": Ibid.

CONTAGEM REGRESSIVA: 181 DIAS

66 Encheu uma tigela: Gary, entrevista para o autor, 9 de fevereiro de 2021.
68 "reincidente": Ibid.
70 "Preparem-se": Ibid.

CONTAGEM REGRESSIVA: 179 DIAS

73 Afridi não sabia: *New York Times*, 28 de janeiro de 2012.

CONTAGEM REGRESSIVA: 177 DIAS

75 "Somos a CIA": Panetta, entrevista para o autor, 23 de novembro de 2020.
76 "Esta é a principal prioridade": Ibid.
77 "Faça o que": Ibid.
77 "Sabe, eu vi": Ibid.
77 "Podemos acessar": Jeremy Bash, entrevista para o autor, 10 de novembro de 2020.
78 "Vocês já esgotaram": Panetta, entrevista para o autor, 23 de novembro de 2020.
78 frustrado pela: Gary, entrevista para o autor, 11 de fevereiro de 2021.
79 "Não acho que Gary": Bash, entrevista para o autor, 10 de novembro de 2020.
79 "Proponham alguma coisa": Ibid.
79 "Não questionem": Ibid.

CONTAGEM REGRESSIVA: 138 DIAS

82 "um bando de": Obama, *A Promised Land*, p. 677.
84 "Achamos que é": Ibid., p. 679.
84 "Qual é a sua opinião?": Ibid.
84 "Há uma grande chance": Ibid.

CONTAGEM REGRESSIVA: 133 DIAS

87 "O despertador tocou": Ferenczy, entrevista para o autor, 28 de dezembro de 2020.
88 "Você entra na rodovia": Ibid.
90 "Meu amor, Feliz nosso aniversário": Ferenczy, Legacy.com, 19 de dezembro de 2010.

CONTAGEM REGRESSIVA: 121 DIAS

93 Em Washington, Panetta alugou: Panetta, entrevista para o autor, 19 de março de 2021.
96 "um certo brilho em seus olhos": Ibid.
96 "Pode apostar": Ibid.

CONTAGEM REGRESSIVA: 120 DIAS

97 muitas mudanças: O'Neill, entrevista para o autor, 5 de dezembro de 2020.
99 "Onde está bin Laden?": Ibid.

CONTAGEM REGRESSIVA: 107 DIAS

103 Enquanto isso, Panetta continuava: Panetta, entrevista para o autor, 23 de novembro de 2020.
103 "Não distorçam nada": Ibid.

CONTAGEM REGRESSIVA: 93 DIAS

106 "Acreditamos que o Pacer": Morell, entrevista para o autor, 30 de outubro de 2020.
106 "Parabéns a todos": almirante William McRaven, entrevista para o autor, 30 de novembro de 2020.
110 "cara que acredita e faz": Obama, *A Promised Land*, p. 681.
111 "O que você acha": McRaven, *Sea Stories*, p. 271.
111 "Senhor, é um complexo": Ibid.
111 "De quantos homens": Ibid.
111 "OK, Bill. Não sei": Ibid., p. 272.
111 "você não pode contar a ninguém": Ibid.

CONTAGEM REGRESSIVA: 75 DIAS

115 Panetta telefonou para seu homólogo: Panetta, *Worthy Fights*, p. 305.
116 "trabalho minucioso": Nicholas Rasmussen, entrevista para o autor, 3 de dezembro de 2020.

CONTAGEM REGRESSIVA: 70 DIAS

118 "O que houve, amigo?": Chesney, *No Ordinary Dog*, p. 160.
118 "praticamente ensopadas": Ibid.
118 "Vamos testar": Ibid., p. 161.

CONTAGEM REGRESSIVA: 65 DIAS

122 "a estratégia mais": Panetta, entrevista para o autor, 23 de novembro de 2020.
124 "Se comprovarmos": Ibid.
126 "Acho que": Ibid.

CONTAGEM REGRESSIVA: 58 DIAS

128 Para tornar a campanha de vacinação: *Guardian*, 16 de julho de 2011.
131 "Eu já contei a eles": Panetta, entrevista para o autor, 23 de novembro de 2020.
132 "Ainda estamos avaliando as informações": Donilon, entrevista para o autor, 19 de janeiro de 2021.
132 "O que você queria": John Brennan, entrevista para o autor, 18 de novembro de 2020.
132 "Preciso manter os comitês": Ibid.
132 "Não tenho escolha": Ibid.
133 "extremamente experientes, intensos": Gary, entrevista para o autor, 11 de fevereiro de 2021.

CONTAGEM REGRESSIVA: 48 DIAS

134 "Tudo bem, Bill": McRaven, *Sea Stories*, p. 285.
135 "muita coisa acontecendo no mundo": Ibid.
135 "É a Líbia?": Ibid.
135 "Certifique-se de que a reunião": Hillary Rodham Clinton, entrevista para o autor, 17 de dezembro de 2020.
135 "totalmente sigilosa": Ibid.
137 "Perderíamos nossa maior": Panetta, entrevista para o autor, 23 de novembro de 2010.
137 "causaria um enorme": McRaven, *Sea Stories*, p. 282.
138 "A ISI deve saber": Ibid., p. 283.
138 "Acho que a única opção viável": Panetta, entrevista para o autor, 23 de novembro de 2020.

139 "Sr. Presidente, Bill está": McRaven, *Sea Stories*, p. 288.
139 "Senhor, é possível": Ibid.
139 "De quantos você": Ibid.
139 "No mínimo": Ibid.
140 "esboço de um planejamento": Obama, *A Promised Land*, p. 682.
140 "Só posso afirmar": Ibid.
140 "Então vamos fazer a lição de casa": Ibid.

CONTAGEM REGRESSIVA: 35 DIAS

142 "experientes em combate": McRaven, *Sea Stories*, p. 290.
143 "Senhores, em menos de duas semanas": Ibid., p. 291.
144 "OK. Vocês já sabem": Ibid., p. 292.

CONTAGEM REGRESSIVA: 33 DIAS

146 "Nada", respondeu um deles: Bash, entrevista para o autor, 10 de novembro de 2020.
146 "Poderíamos coletar": Ibid.
147 "É um péssimo plano": Brennan, entrevista para o autor, 18 de novembro de 2020.
149 "Vocês conseguem passar": McRaven, *Sea Stories*, p. 294.
149 "Nesse ponto, o som": Ibid.
150 "E as mulheres": Ibid.
150 "É um desafio": Ibid.
150 "Se usarem um colete": Ibid., p. 295.
151 "Não meçam esforços para sair": McRaven, entrevista para o autor, 30 de novembro de 2020.
151 "Você consegue cumprir a missão": McRaven, *Sea Stories*, p. 295.

CONTAGEM REGRESSIVA: 26 DIAS

154 "Seria ótimo se": O'Neill, *The Operator*, p. 246.
154 "Ei, amigo, pague": Ibid.
155 "Só tem um jeito de resolver": Ibid., p. 251.
155 "Eu sei. Não viemos": Ibid.
156 "aperto de um gatilho": Ibid., p. 253.
158 "Arrume suas coisas": Chesney, *No Ordinary Dog*, p. 205.

CONTAGEM REGRESSIVA: 25 DIAS

160 O caso havia progredido: Gary, entrevista para o autor, 16 de março de 2021.
160 "Por que vocês precisam": Ibid.

CONTAGEM REGRESSIVA: 24 DIAS

165 "O que estou prestes": O'Neill, *The Operator*, p. 274.
165 "Que tipo de apoio aéreo": Ibid., p. 275.
165 "Não haverá": Ibid.
167 "Temos razões para acreditar": Gary, entrevista para o autor, 16 de março de 2021.
167 arrebatador: Bash, entrevista para o autor, 10 de novembro de 2020.
168 "oportunidade única": Chesney, entrevista para o autor, 15 de setembro de 2020.
168 "excluir do mundo": O'Neill, entrevista para o autor, 5 de dezembro de 2020.
169 "que foram trabalhar em uma manhã de terça-feira": O'Neill, entrevista para o autor, 29 de novembro de 2020.
169 "ato de vingança": Chesney, entrevista para o autor, 15 de setembro de 2020.
171 "pressa cuidadosa": Bash, entrevista para o autor, 10 de novembro de 2020.

CONTAGEM REGRESSIVA: 20 DIAS

172 "Você pode passar aqui?": John Thompson, entrevista para o autor, 19 de janeiro de 2021.
172 "Claro, senhor": Ibid.
173 "Quer uma cerveja?": Ibid.
173 "Você precisa manter": Ibid.
174 "Nosso mundo é assolado": carta do pai de Thompson para o filho. Cortesia da coleção de J. T. Thompson.
177 "esperar pelo melhor e preparar-se para o pior": Thompson, entrevista para o autor, 19 de janeiro de 2021.
177 "seis ou sete possíveis decisões": McRaven, entrevista para o autor, 12 de janeiro de 2021.

CONTAGEM REGRESSIVA: 18 DIAS

179 Os SEALs seguiam os planos: O'Neill, entrevista para o autor, 5 de dezembro de 2020.
180 "ler e reagir": Chesney, entrevista para o autor, 15 de setembro de 2020.
182 "Estamos fazendo isso por": O'Neill, entrevista para o autor, 5 de dezembro de 2020.

CONTAGEM REGRESSIVA: 16 DIAS

186 "Preciso que vocês": Panetta, entrevista para o autor, 23 de novembro de 2020.
186 "O que você acha, Sam?": Ibid.
186 "Na sua opinião": Ibid.
186 "95%": Ibid.

CONTAGEM REGRESSIVA: 13 DIAS

190 "Presumo que vocês": McRaven, *Sea Stories*, p. 301.
190 "Vamos garantir que": Ibid.

190 "Nós já levamos isso": Ibid.
190 "Vai dar tudo certo, JT": Ibid.
193 Mullen prestou muita atenção: almirante Michael Mullen, entrevista para o autor, 17 de novembro de 2020.
193 "Vi que você incluiu": McRaven, *Sea Stories*, p. 303.
194 "não será necessário": Ibid.

CONTAGEM REGRESSIVA: 12 DIAS

196 Panetta insistiu que: Panetta, entrevista para o autor, 23 de novembro de 2020.
196 "a lei dos rendimentos decrescentes": Ibid.
197 "chegar ao alvo": McRaven, entrevista para o autor, 30 de novembro de 2020.

CONTAGEM REGRESSIVA: 7 DIAS

198 Por isso, aquele telefonema: Chesney, entrevista para o autor, 15 de setembro de 2020.
199 "Só queria avisar": Ibid.
199 "Há algo importante acontecendo": Ibid.
201 Momentos depois de chegarem em casa: O'Neill, entrevista para o autor, 30 de dezembro de 2020.

CONTAGEM REGRESSIVA: 6 DIAS

202 Jerome faria: Ferenczy, entrevista para o autor, 5 de janeiro de 2021.

CONTAGEM REGRESSIVA: 4 DIAS

206 "Mas não seremos": Obama, obamawhitehouse.archives.gov, 27 de abril de 2011.
206 "não há tempo": Ibid.
206 "somos melhores do que isso": Ibid.
207 também estava na base: O'Neill, entrevista para o autor, 5 de janeiro de 2021.

CONTAGEM REGRESSIVA: 3 DIAS

210 "Preciso de você": Panetta, entrevista para o autor, 23 de novembro de 2020.
211 "Trabalhei em estreita colaboração": Obama, obamawhitehouse.archives.gov, 28 de abril de 2011.
212 "A história tinha o seu peso": Donilon, entrevista para o autor, 19 de janeiro de 2021.
213 "de A a Z": Mullen, entrevista para o autor, 17 de novembro de 2020.
213 "testado adequadamente seus resultados": Obama, *A Promised Land*, p. 685.
213 "Mesmo no menor grau": Michael Leiter, entrevista para o autor, 18 de março de 2021.
214 "Sr. Presidente, acredito": Morell, entrevista para o autor, 30 de outubro de 2020.

214 "Então, Michael, se há": Ibid.
215 "utilizo a seguinte fórmula": Panetta, *Worthy Fights*, p. 318.
216 "rara oportunidade": Clinton, entrevista para o autor, 17 de dezembro de 2020.
216 "Sei que estamos tentando": Obama, *A Promised Land*, p. 685.
216 "revelarei meu parecer": Ibid., p. 686.

CONTAGEM REGRESSIVA: 2 DIAS

219 E, na noite anterior: Obama, *A Promised Land*, p. 688.
219 "chinelos surrados": Ibid., p. 687.
220 Era difícil ouvir: Donilon, entrevista para o autor, 5 de fevereiro de 2021.
221 "Cartwright mencionou algo": McRaven, *Sea Stories*, p. 307.
221 "Bem, é um pouco": Ibid.
221 "Só estamos esperando": Ibid., p. 308.
222 "Podemos avançar": Donilon, entrevista para o autor, 19 de janeiro de 2021.
223 "Estou rezando por vocês": McRaven, entrevista para o autor, 30 de novembro de 2020.
223 "Entrem, capturem bin Laden": Ibid.
225 "Nossas tropas são capazes de cumprir a missão": Mullen, entrevista para o autor, 17 de novembro de 2020.
225 "O que está acontecendo?": Ibid.
226 "Pouco importa o jantar dos correspondentes": Morell, entrevista para o autor, 30 de outubro de 2020.
226 "Ah, desculpem, vocês não": Clinton, entrevista para o autor, 17 de dezembro de 2020.
227 a difícil tarefa: Brennan, entrevista para o autor, 18 de novembro de 2020.
227 "Ótima notícia!": Ibid.

CONTAGEM REGRESSIVA: 1 DIA

228 "O presidente autorizou": O'Neill, *The Operator*, p. 295.
229 "Faço isso todas as noites": Ibid., p. 296.
231 "Tudo em ordem": McRaven, *Sea Stories*, p. 309.
231 "Só ajam quando": Ibid.
232 "Se ele estiver lá": Ibid.
232 "se equilibrar em uma corda bamba": Obama, *A Promised Land*, p. 694.
232 "Meus companheiros norte-americanos": Obama, obamawhitehouse.archives.gov, 30 de abril de 2011.
233 "Sei que ele tem sido criticado": Ibid.

CONTAGEM REGRESSIVA: 10 HORAS

246 "Gostaria de estar aí": O'Neill, entrevista para o autor, 5 de janeiro de 2021.
246 "Ei, pai. Só queria": Ibid.

246 "Tenho que ir": Ibid.
247 "Iniciar a força de ataque": McRaven, *Sea Stories*, p. 315.
250 "Um, dois, três...": O'Neill, entrevista para o autor, 5 de janeiro de 2021.
252 "espectadores, não participanteS": Morell, *The Great War of Our Time*, e-book.
252 "O general Petraeus está": McRaven, *Sea Stories*, p. 316.
253 "A própria liberdade foi atacada": O'Neill, entrevista para o autor, 5 de janeiro de 2021.
254 "tantas pessoas juntas": Leiter, entrevista para o autor, 18 de março de 2021.
256 "um arrepio de medo": Obama, *A Promised Land*, p. 694.
256 "Ah, meu Deus, Murphy apareceu": Denis McDonough, entrevista para o autor, 7 de dezembro de 2020.
257 "Caiu. Está inutilizável": Morell, entrevista para o autor, 30 de outubro de 2020.
258 "Bill, que diabos": Panetta, *Worthy Fights*, p. 322.
259 "Os SEALs continuarão": McRaven, *Sea Stories*, p. 318.
261 "experiência realmente intensa e estressante": Clinton, entrevista para o autor, 17 de dezembro de 2020.
262 "Eu não queria": O'Neill, entrevista para o autor, 5 de janeiro de 2021.
265 "Khalid, venha aqui": Ibid.

CONTAGEM REGRESSIVA: GERONIMO

270 "Por Deus e pela nação": McRaven, entrevista para o autor, 30 de novembro de 2020.
271 "Fiquem quietos!": McRaven, *Sea Stories*, p. 320.
272 "Nós o pegamos": Obama, *A Promised Land*, p. 695.
272 "Sr. Vice-Presidente, tenho": Mullen, entrevista para o autor, 19 de março de 2021.
273 "Cara, acho que acabei de matar": Chesney, entrevista para o autor, 15 de setembro de 2020.
273 "Eles encontraram vários": McRaven, *Sea Stories*, p. 321.
275 "Aqui está o seu cara": O'Neill, *The Operator*, p. 312.
277 "Parabéns, chefe": Obama, *A Promised Land*, p. 695.
277 "Ainda temos um longo": McRaven, *Sea Stories*, p. 323.
278 "Ainda não terminaram?": Ibid.
279 "Você tem que presenteá-la": O'Neill, *The Operator*, p. 316.
279 "Acho que consigo": Ibid.
279 "Bem, acho que estou": Ibid., p. 317.
280 "Qual é a sua altura?": McRaven, *Sea Stories*, p. 325.
280 "OK, Bill, deixe-me": Ibid., p. 326.
280 "Obrigado, senhor.": Ibid.
281 "Excelente trabalho": Panetta, *Worthy Fights*, p. 326.
282 "Hoje, estou propenso": Ibid.
283 "Precisamos de um rascunho": Ibid., p. 327.

283 “Que bom que vocês”: Mullen, entrevista para o autor, 17 de novembro de 2020.
284 “Imagino que Hillary já tenha te contado”: Clinton, entrevista para o autor, 17 de dezembro de 2020.
285 “Aconteceu alguma coisa terrível?”: Morell, *The Great War of Our Time*, p. 167.
288 “um terrorista responsável”: Obama, obamawhitehouse.archives.gov, 1º de maio de 2011.

CONTAGEM REGRESSIVA: CONSEQUÊNCIAS

292 “Osama bin Laden descobriu”: *New York Times*, 2 de maio de 2011.
293 “Eu te amo, querido”: Ferenczy, Legacy.com, 1º de maio de 2011.
293 “Este é um dia”: Ban Ki-moon, secretário-geral das Nações Unidas, comunicado de imprensa, 2 de maio de 2011.
293 “uma vitória espetacular”: Benjamin Netanyahu, primeiro-ministro israelense, comunicado de imprensa, 2 de maio de 2011.
293 “Espero que a morte”: Hamid Karzai, presidente afegão, comunicado de imprensa, 2 de maio de 2011.
295 “propiciou uma espécie de catarse”: Obama, *A Promised Land*, p. 698.
296 “notavelmente calmo sob pressão”: Ibid., p. 681.
296 “todas as pessoas ao redor do mundo”: McRaven, entrevista para o autor, 30 de novembro de 2020.
297 O presidente queria: McRaven, entrevista para o autor, 12 de janeiro de 2021.
298 “Por que vocês estão”: Panetta, *Worthy Fights*, p. 329.
301 “Laura e eu”: Morell, *The Great War of Our Time*, p. 174.
302 “um maldito herói”: O’Neill, *The Operator*, p. 314.
303 “Então este é Cairo?”: Chesney, *No Ordinary Dog*, p. 237.
304 “Como todos nós”: Obama, obamawhitehouse.archives.gov, 6 de maio de 2011

CONTAGEM REGRESSIVA: EPÍLOGO

305 um quarto de século mais jovem: Bowden, *The Finish*. Ebook.
305 “Osama bin Laden nunca deveria”: John Brennan, entrevista para o autor, 18 de novembro de 2020.
306 “Aqui estamos”: carta de bin Laden, sem data.
306 “Antes da incursão”: Morell, *The Great War of Our Time*.
306 “Deseja executar”: *New York Times*, 20 de maio de 2015.
307 Chegou a sugerir o posicionamento de árvores: Bergen, *Manhunt*. Ebook.
308 “O que estamos testemunhando”: *Letter from Usama bin Laden to Atiyatullah al-Libi*, CTC em West Point, www.ctc.usma.edu/wp-content/uploads/2013/10/Letter-from-UBL-to-Atiyatullah-Al-Libi-2-Translation.pdf, 26 de abril de 2011.
308 Desenvolveram um processo: *Letters from Abbottabad: Bin Laden Sidelined?*, CTC em West Point, ctc.usma.edu/letters-from-abbottabad-bin-ladin-side lined, 3 de maio de 2012.
308 a força-tarefa que revisou: *Washington Post*, 1º de julho de 2011.

308 "A estratégia de decapitação": Morell, 11 de setembro de 2020.

310 "a Al-Qaeda enfrenta um novo desafio urgente": Conselho de Segurança das Nações Unidas, 3 de fevereiro de 2021.

310 "coesão da Al-Qaeda nos últimos anos ": Departamento de Estado dos Estados Unidos, programa Recompensas pela Justiça, Ayman al-Zawahiri.

311 a Al-Qaeda "foi injustamente acusada": Long War Journal, FDD, 11 de setembro de 2020.

311 "Minha avaliação agora": Miller, *Washington Post*, 9 de setembro de 2020.

311 "o movimento extremista jihadista": Morell, 11 de setembro de 2020.

311 "Eliminamos a ameaça": Biden, 14 de abril de 2021.

312 "Acredito muito": Donilon, entrevista para o autor, 19 de janeiro de 2021.

313 "Este tipo de trabalho": Brennan, entrevista para o autor, 18 de novembro de 2020.

313 "Parece que sou": Rasmussen, entrevista para o autor, 3 de dezembro de 2020.

313 "Os SEALs se preocuparam": Clinton, entrevista para o autor, 17 de dezembro de 2020.

313 "Eles atacaram os EUA": Robert Gary, entrevista para o autor, 11 de fevereiro de 2021.

314 "Há uma narrativa": Gates, entrevista para o autor, 1º de dezembro de 2020.

314 "Hoje em dia, há muitos momentos": Panetta, entrevista para o autor, 23 de novembro de 2020.

CONTAGEM REGRESSIVA: POSFÁCIO

317 "Ted, prepare o saca-rolhas": Panetta, entrevista para o autor, 23 de novembro de 2020.

319 "Você já ouviu falar": Morell, *The Great War of Our Time*, p. 150.

319 "pegaremos vocês": Gary, entrevista para o autor, 16 de março de 2021.

327 "Obama dominava": McRaven, entrevista para o autor, 30 de novembro de 2020.

329 Só podem estar de brincadeira!: McRaven, entrevista para o autor, 12 de janeiro de 2021.

329 "Se eu não tivesse ido": Ibid.

BIBLIOGRAFIA

LIVROS

Aid, Matthew. *Intel Wars: The Secret History of the Fight Against Terror.* Nova York: Bloomsbury, 2012.

Bergen, Peter. *Holy War, Inc. Inside the Secret World of Osama bin Laden.* Nova York: Simon & Schuster, 2001.

———. *The Longest War: The Enduring Conflict between America and Al-Qaeda.* Nova York: Free Press, 2011.

———. *Manhunt: The Ten-Year Search for Bin Laden from 9/11 to Abbottabad.* Nova York: Broadway Books, 2012.

Bowden, Mark. *The Finish: The Killing of Osama bin Laden.* Nova York: Grove Atlantic, 2013.

Brennan, John. *Undaunted: My Fight Against America's Enemies, at Home and Abroad.* Nova York: Celadon Books, 2020.

Briscoe, Charles, Richard Kiper, James Schroder e Kalev Sepp. *U.S. Army Special Operations in Afghanistan.* Boulder, CO: Paladin Press, 2006.

Burke, Jason. *The 9/11 Wars.* Nova York: Penguin, 2011.

Bush, George W. *Decision Points.* Nova York: Crown, 2010.

Cheney, Dick. *In My Time: A Personal and Political Memoir.* Nova York: Simon & Schuster, 2011.

Chesney, Will e Joe Layden. *No Ordinary Dog. My Partner from the SEAL Teams to the Bin Laden Raid.* Nova York: St. Martin's Press, 2020.

Clinton, Hillary Rodham. *Hard Choices.* Nova York: Simon & Schuster, 2014.

Coll, Steve. *The Bin Ladens: An Arabian Family in the American Century.* Nova York: Penguin, 2008.

———. *Ghost Wars: The Secret History of the CIA, Afghanistan, and bin Laden, from the Soviet Invasion to September 10, 2001.* Nova York: Penguin, 2004.

Fawaz, Gerges. *The Rise and Fall of Al-Qaeda*. Oxford, Reino Unido: Oxford University Press, 2011.

Feith, Douglas. *War and Decision: Inside the Pentagon at the Dawn on the War on Terrorism*. Nova York: Harper Perennial, 2009.

Frederick, Jim. *Special Ops: The Hidden World of America's Toughest Warriors*. Nova York: Time, 2011.

Fury, Dalton. *Kill Bin Laden: A Delta Force Commander's Account of the Hunt for the World's Most Wanted Man*. Nova York: St. Martin's Press, 2008.

Gates, Robert M. *Duty: Memoirs of a Secretary at War*. Nova York: Alfred A. Knopf, 2014.

Greitens, Eric. *The Heart and the Fist: The Education of a Humanitarian, the Making of a Navy SEAL*. Boston: Houghton Mifflin Harcourt, 2011.

Hastings, Michael. *The Operators: The Wild and Terrifying Inside Story of America's War in Afghanistan*. Nova York: Blue Rider Press, 2012.

Jones, Seth: *Hunting in the Shadows: The Pursuit of Al Qa'ida since 9/11*. Nova York: W. W. Norton & Company, 2012.

Kessler, Ronald: *The CIA at War: Inside the Secret Campaign Against Terror*. Nova York: St. Martin's Press, 2003.

Lawrence, Bruce, ed. *Messages to the World: The Statements of Osama Bin Laden*. Nova York: Verso, 2005.

McDermott, Terry e Josh Meyer: *The Hunt for KSM: Inside the Pursuit and Takedown of the Real 9/11 Mastermind, Khalid Sheikh Mohammed*. Nova York: Little, Brown and Company, 2012.

McRaven, almirante William H., *Sea Stories: My Life in Special Operations*. Nova York: Grand Central Publishing, 2019.

———. *Spec Ops: Case Studies in Special Operations Warfare: Theory and Practice*. Nova York: Random House, 1996.

Morell, Michael e Bill Harlow. *The Great War of Our Time: The CIA's Fight Against Terrorism — from al Qa'ida to ISIS*. Nova York: Twelve, 2015.

Obama, Barack. *A Promised Land*. Nova York: Crown, 2020.

O'Neill, Robert: *The Operator: Firing the Shots That Killed Osama Bin Laden and My Years as a SEAL Team Warrior*. Nova York: Scribner, 2017.

Owen, Mark e Kevin Maurer. *No Easy Day: The Firsthand Account of the Mission That Killed Osama Bin Laden*. Nova York: Penguin Group, 2012.

Panetta, Leon e Jim Newton. *Worthy Fights: A Memoir of Leadership in War and Peace*. Nova York: Penguin, 2014.

Runkle, Benjamin. *Wanted Dead or Alive: Manhunts from Geronimo to Bin Laden*. Londres: Palgrave Macmillan, 2011.

Tenet, George. *At the Center of the Storm: My Years at the CIA*. Nova York: Harper Collins, 2007.

Woodward, Bob. *Bush at War*. Nova York: Simon & Schuster, 2002.

———. *Obama's Wars*. Nova York: Simon & Schuster, 2010.

Wright, Lawrence. *The Looming Tower: Al-Qaeda and the Road to 9/11*. Nova York: Vintage, 2007.

ENTREVISTAS

Bash, Jeremy. 6 de novembro de 2020; 10 de novembro de 2020.

Brennan, John. 18 de novembro de 2020.

Chesney, Will. 15 de setembro de 2020.

Clinton, Hillary Rodham. 17 de dezembro de 2020.

Dominguez, Frank. 10 de dezembro de 2020.

Donilon, Thomas. 19 de janeiro de 2021; 15 de fevereiro de 2021.

Ferenczy, Jessica. 15 de novembro de 2020; 5 de dezembro de 2020; 28 de dezembro de 2020; 5 de janeiro de 2021.

"Gary". 4 de fevereiro de 2021; 9 de fevereiro de 2021; 11 de fevereiro de 2021; 16 de março de 2021.

Gates, Robert. 1º de dezembro de 2020.

Leiter, Michael. 18 de março de 2021.

McDonough, Denis. 7 de dezembro de 2020.

McRaven, William. 30 de novembro de 2020; 12 de janeiro de 2021.

Morell, Michael. 29 de outubro de 2020; 30 de outubro de 2020; 17 de março de 2021.

Mullen, Michael. 17 de novembro de 2020; 19 de março de 2021.

O'Neill, Robert. 29 de novembro de 2020; 5 de dezembro de 2020; 30 de dezembro de 2020; 5 de janeiro de 2021.

Panetta, Leon. 17 de novembro de 2020; 23 de novembro de 2020; 19 de março de 2021.

Rasmussen, Nicholas. 3 de dezembro de 2020; 16 de março de 2021.

Thompson, John. 19 de janeiro de 2021.

Vickers, Michael. 11 de dezembro de 2020.

JORNAIS E REPORTAGENS TELEVISIVAS

BBC News. "UK bomb plot suspect Abid Naseer found guilty." 4 de março de 2015.

New York Times. "In Osama bin Laden Library: Illuminati and Bob Woodward." 20 de maio de 2015.

New York Times. "Al-Qaeda's Nº 2, Accused in U.S. Embassy Attacks, Was Killed in Iran." 13 de novembro de 2020.

Michael Morell. "The Road to Abbottabad: Ten Years After." 11 de setembro de 2020. Disponível em: www.youtube.com/watch?v=d7LbMfyZOZg.

Washington Post. "Bin Laden document trove reveals strain on al-Qaeda." 1º de julho de 2011.

Washington Post. "This 9/11 anniversary arrives with the end of the war on al-Qaeda well in sight." 10 de setembro de 2020.

DOCUMENTOS E PERIÓDICOS

Letters from Abbottabad: Bin Ladin Sidelined? 3 de maio de 2012. Combatting Terrorism Center at West Point.

Letter from Usama bin Laden to Atiyatullah al-Libi, 26 de abril de 2011. Combatting Terrorism Center at West Point.

Gabinete do Diretor de Inteligência Nacional. Documentos sobre o Complexo de Abbottabad. Esse arquivo contém mais de 470 mil documentos extraídos do computador pessoal de Osama bin Laden, incluindo seu diário pessoal, bem como outros materiais apreendidos durante a incursão dos SEALs.

Rahman, Umer. "Identity, Nationalism and Ethnic Divide: A Case Study on Dr. Shakil Afridi's Reputation." Florida International University. 2013.

Twenty-seventh report of the Analytical Support and Sanctions Monitoring Team concerning Islamic State in Iraq and the Levant (Da'esh), Al-Qaida and associated individuals, groups, undertakings and entities. Conselho de Segurança das Nações Unidas. 3 de fevereiro de 2021.

Senado dos Estados Unidos, Comissão de Relações Internacionais. *Tora Bora Revisited: How We Failed to Get Bin Laden and Why It Matters Today.* 30 de novembro de 2009.

Senado dos Estados Unidos, Comissão de Inteligência. *Study on Central Intelligence Agency Detention and Interrogation Program.* 9 de dezembro de 2014.

Joscelyn, Thomas. "Zawahiri asserts Al-Qaeda's independence in new message." Foundation for Defense of Democracies' Long War Journal, 11 de setembro de 2020.

REVISTAS

Aikins, Matthieu. "The Doctor, the CIA, and the Blood of Bin Laden." *GQ*, 19 de dezembro de 2012.

Filkins, Dexter. "Khalid Sheikh Mohammed and the C.I.A." *New Yorker*, 31 de dezembro de 2014.

Hudson, John. "The Crooked Case Against Pakistan's CIA-Assisting Doctor." *Atlantic*, 30 de maio de 2012.

DISCURSOS

Joseph R. Biden. "Remarks by President Biden on the Way Forward in Afghanistan." Washington, D.C., 14 de abril de 2021.

Barack Obama. "Remarks by the President in Address to the nation on the Way Forward in Afghanistan and Pakistan." Washington, D.C., 1º dezembro de 2009.

Barack Obama. "Remarks by the President at the Acceptance of the Nobel Peace Prize." Oslo, Noruega, 10 de dezembro de 2009.

Barack Obama. "Economic Recovery." Washington, D.C., 10 de setembro de 2010.

Barack Obama. "President Obama on Death of Osama bin Laden." Washington, D.C., 1º de maio de 2011.

Barack Obama. "Opposition to Iraq War." Chicago, Illinois, 2 de outubro de 2002.

SITES GOVERNAMENTAIS

Departamento de Estado dos Estados Unidos. Programa Recompensas pela Justiça. Procurado: Ayman al-Zawahiri. rewardsforjustice.net/english/ayman_zawahiri.html.

ÍNDICE

Símbolos

A

B

R

S

T

U

W

Z

CRÉDITOS DE IMAGEM

PÁGINA/CRÉDITO

4	Agência Central de Inteligência
8	CIA
14	Cortesia da coleção de Rob O'Neill
21	Pete Souza/The Obama White House
28	Cortesia da coleção de Jessica Ferenczy
37	Departamento de Defesa dos Estados Unidos
45	Associated Press
49	Cortesia da coleção de Will Chesney
56	CIA
61	Departamento de Defesa dos Estados Unidos
72	Associated Press
76	Getty Images
83	Pete Souza/The Obama White House
85	Getty Images
108	Força Aérea dos Estados Unidos
119	Cortesia da coleção de Will Chesney
123	CIA
128	Getty Images
130	Pete Souza/The Obama White House
168	CIA
175	Cortesia da coleção de J. T. Thompson
256	Pete Souza/The Obama White House
281	Pete Souza/The Obama White House
285	Pete Souza/The Obama White House
288	Pete Souza/The Obama White House

SOBRE OS AUTORES

CHRIS WALLACE é âncora do programa *Fox News Sunday*. Em seus dezoito anos na Fox, Wallace cobriu quase todos os acontecimentos políticos importantes. Ao longo de suas cinco décadas como apresentador, ele entrevistou diversos líderes dos EUA e do mundo, incluindo sete presidentes norte-americanos. Wallace ganhou os principais prêmios de notícias por suas reportagens, incluindo três prêmios Emmy, o duPont-Columbia Silver Baton e o Prêmio Peabody. É autor best-seller do *New York Times* pelo livro *Contagem Regressiva 1945: A Extraordinária História da Bomba Atômica e os 116 Dias que Mudaram o Mundo* [Editora Alta Books].

MITCH WEISS é jornalista investigativo da Associated Press e vencedor do Prêmio Pulitzer, cobrindo assuntos que abrangem a má conduta militar, a corrupção governamental, os crimes de colarinho branco, o colapso do mercado imobiliário e os dispositivos médicos inseguros. Ele também é um autor e coautor de nove livros aclamados pela crítica.

Projetos corporativos e edições personalizadas dentro da sua estratégia de negócio. Já pensou nisso?

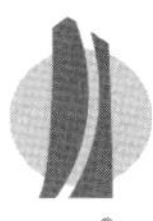

Coordenação de Eventos
Viviane Paiva
viviane@altabooks.com.br

Contato Comercial
vendas.corporativas@altabooks.com.br

A Alta Books tem criado experiências incríveis no meio corporativo. Com a crescente implementação da educação corporativa nas empresas, o livro entra como uma importante fonte de conhecimento. Com atendimento personalizado, conseguimos identificar as principais necessidades, e criar uma seleção de livros que podem ser utilizados de diversas maneiras, como por exemplo, para fortalecer relacionamento com suas equipes/ seus clientes. Você já utilizou o livro para alguma ação estratégica na sua empresa?

Entre em contato com nosso time para entender melhor as possibilidades de personalização e incentivo ao desenvolvimento pessoal e profissional.

PUBLIQUE **SEU LIVRO**

Publique seu livro com a Alta Books. Para mais informações envie um e-mail para: autoria@altabooks.com.br

 /altabooks  /alta-books  /altabooks  /altabooks 

CONHEÇA OUTROS LIVROS DA **ALTA BOOKS**

Todas as imagens são meramente ilustrativas.